哥窑與弟窑

徐渊若 著
江興祐 整理

西泠印社出版社

前言

龍泉青瓷的生產有着悠久的歷史。它始於三國兩晉，在南宋時達到鼎盛，其中尤以哥窑與弟窑的產品享譽中外。哥窑為宋代五大名窑之一，弟窑則為民窑之巨擘，它們在我國青瓷史上占有極其重要的地位。自明代中期以來，人們談論宋代龍泉窑，往往以『哥窑』『弟窑』取而代之。明代文獻像《格古要論》《遵生八箋》《七修類稿》《天工開物》以及清代文獻如《博物要覽》《陶說》《文房肆考》《景德鎮陶錄》等等都稱哥窑與弟窑為宋代名窑。然而，上述文獻在提及哥窑與弟窑時，往往片言隻語，語焉不詳，使人難窺全貌。民國三十四年（一九四五）由龍吟書屋出版發行的《哥窑與弟窑》一書，第一次對哥窑與弟窑作了係統的專題研究，是迄今為止有關哥窑與弟窑不可多得的文獻。

《哥窑與弟窑》，徐淵若著。徐淵若，江蘇江陰人，畢業於日本早稻田大學，一九三三年至一九三六年任行政院農村復興委員會農村經濟考察專員，兼任上海光華大學教授。一九三六年任浙江省建設廳技正，一九四〇年隨建設廳遷到龍泉，並於一九四三年二月至一九四六年四月任龍泉縣長之職。

一九四三年一月，龍泉縣成立了修志館。徐淵若到任後，『暇與邑紳談修志，咸以為哥窑於我國文化史上放一異彩，而邑乘所載，寥寥數則，殊未足饜考古者之渴望，似應另輯專章，以存文獻』，於是『着手親炙瓷片，翻閱載籍，並與斯道之權威相往來』。一九四四年秋天，徐淵若經過琉田（大窑所在地），親歷窑址，又遍觀藏家珍品。回縣衙後，他便產生『撰述成章為修志作一準備之意』，從十一月十二日夜裏動筆寫作，到二十二日脱稿，歷時十一天。此書撰寫的目的，在於『用備史館之採擇，兼供同好之參考』。有趣的是，由於多種原因，修志館並未編纂出新的縣志，而『為修志作一準備』的《哥窑與弟窑》一書，卻幾十年來一直受到國內外陶瓷研究者和愛好者的青睞，其價值也越來越引起人們的注目。

《哥窑與弟窑》設有『概説』『哥弟窑之研究』『隨筆』三章文字，另有附錄『龍泉青瓷圖錄』和『參考書日錄』。就文字部分而論，其價值主要體現在兩個方面。首先，此書廣徵博引，資料豐富。在這本數萬字的書稿中，作者除了『參考書目錄』所羅列的十七種著述外，尚引用了《典略》《格古要論》《五雜俎》《通雅》《春風堂隨筆》《博物要覽》《稗史類編》《飲流齋説瓷》《妮古錄》等二十多種著述，共計引徵他人著作達四十餘種。其次，作者注重對窑址的實地考察，重視對地下出土瓷片的研判。無論是斷定哥窑與弟窑產品的胎骨、釉色，還是辨別哥窑與弟窑產品的開片、花紋，作者都以調查研究和實物為依據，而盡力避免臆斷，因而他所得出的推斷或結論往往經得起時間的考驗。

圖錄部分由兩百六十多幅手繪圖構成，分屬於『開片』『花紋』『款式』三個門類。它是此書的有機組成部分，與文字內容為水乳交融的關係，兩者相輔相成，缺一不可。其意義不僅在於是對文字內容的補充，更在於一旦刪去圖錄，則全書的價值將減去一半。如果說，此書的文字內容將作者的推斷、識別、結論傳遞給了讀者，那麼，圖錄則將哥窑與弟窑產品的開片、花紋、款式形象地展現在讀者面前，直觀而簡潔，便於理解和掌握。

此次點校，以民國三十四年（一九四五）龍吟書屋本為底本。因無可比勘的版本，本人主要做了下列工作：一、以目前通行的標點規範對全書的標點作了統一，如將『典略』『天工開物』『陶說』『格古要論』『飲流齋說瓷』『博物要覽』等等，均加上書名號，又對原來引號與句號混亂之處加以糾正。二、改正了書中的錯字或訛字，像《自序》將『自已』錯成『自己』，第一章第一節將年代『九六〇』誤為『九〇六』，第二章第二節將『鰲裙』訛成『鰲裙』，第五節誤『五管瓶』為『五菅瓶』，第三章將『萬曆』誤為『萬歷』。諸如此類，點校時均加以改正。三、對全書的異體字進行了規範，如將『鉼』『盌』『盃』『刱』等等，對應統一為『瓶』『碗』『杯』『創』。四、將原置於『目次』前的《自序》改置在『目次』後。五、將『龍泉青瓷圖錄』中的手寫文字改排為印刷體，並根據底本所附的《龍泉青瓷圖錄勘誤》，調整誤置圖形的位置，刪去或注明誤繪的圖形及改正文字的筆誤。

自清光緒二十年（一八九四）前後，德國傳教士掘地發現古瓷，流傳國外，始引起各方注意，出現發掘古窑址之熱。民國時期，隨着出土青瓷不斷增加，逐漸形成古青瓷研究熱潮。特別是抗戰時期間，由於浙江省政府和浙江大學部分學院遷到龍泉，大量官員、學者、商人對青瓷發生濃厚的興趣，研究成果不斷涌現，最重要的標志是出現了不少專門的著作。然而，由於歷史原因，大量著作並沒有及時發表和出版。時至今日，許多著作已無從尋找。《哥窑與弟窑》所附《參考書目錄》中注明『未出版』『未發表』的著作也大部分佚失，如錢叔青的《龍泉瓷窑之研討》、裘造時的《龍泉章窑》、吴文苑的《龍泉古瓷》、陳佐漢的《古歡室青瓷研究淺說》。這是學術傳承的一大缺憾。

徐淵若在《哥窑與弟窑》中多次提到陳佐漢對龍泉青瓷的見解，並在附錄二《參考書目錄》中說明此書的撰寫參考了陳佐漢的《龍泉青瓷彙觀錄》《古歡室青瓷研究淺說》。前者當是一本有關龍泉青瓷的圖錄，後者則是一本關於龍泉青瓷的文字著述。《哥窑與弟窑》在敘述中直接引用過《古歡室青瓷研究淺說》。而陳佐漢手繪的圖錄則由其兒子陳戰生保存下來。上世紀九十年代，陳戰生請當地文人林世榮修裱圖錄，林世榮題簽稱其為《古龍泉窑寶物圖錄》。二〇一二年由中國書店出版的《古龍泉青瓷文化探究——以民國紳士陳佐漢手稿為例》徑直以題簽命名手繪圖錄。以後人的題簽來稱呼前人的著述，並不妥當。相對來說，手繪圖錄更可能是《龍泉青瓷彙觀錄》的原稿或初稿，因而稱它為《龍泉青瓷彙觀錄》似乎更為妥貼。

《龍泉青瓷圖錄》的繪制直接參考了《龍泉青瓷彙觀錄》的成果，這主要反映在第三門類『名器款式』中，但兩者存在着根本的區別。首先，前者分為開片、花紋、款式三大門類，每一大類中又分為若干小類，所有圖錄都是用以印證、補充文字論述的；後者所收全是青瓷完整器具，且沒有係統的分類。其次，前者純為圖示，除了名稱之外，沒有更多的說明文字，側重點在學術研究，後者則是說明文字與器具相得益彰，這些文字着重介紹了瓷器的年代、胎體、器足、釉色、釉片開裂、紋飾以及來源、市場價格，側重點在青瓷的商業價值。再次，已發現的古龍泉青瓷器形就這麽一些，無論是誰繪製圖錄，都不可能超越實物的范圍。而兩者說明文字均為手寫，手寫筆跡不同，繪圖者也自然不同，不存在抄襲的問題。此外，後者圖示中摻入個別仿古作品，這是古董商人慣用的手法。現將《龍泉青瓷彙觀錄》作為附錄三收入本書中，意在為研究者提供第一手文獻。

潘臣青也是《哥窑與弟窑》多次提到的一位青瓷愛好者和收藏者。潘臣青於一九三九年避亂到龍泉，擔任龍泉郵電局長。六七年間，他收集到龍泉古青瓷四百多件，是當時收藏最為豐富的人士。他於一九四七年回到杭州，收藏的青瓷已散失十分之二三，於是將藏品分類拍照，加以說明，並各賦一詩，這便是《龍泉青瓷詩》的由來。一九六三年，王一鳴在柳浪聞鶯茶室巧遇潘臣青，兩人成為忘年交。潘臣青不僅贈送給王一鳴幾件哥窑瓷器殘片，而且同意王一鳴全文鈔錄《龍泉青瓷詩》。而金志偉又從王一鳴手中獲得了手鈔本的復印件。承蒙金先生的厚愛，將復印件提供給本人整理。

《龍泉青瓷詩》鈔寫在普通筆記本上，筆記本頁碼標至『五十』，其中第一頁為『序』，第四十九頁為『論自重』，第五十記錄哥弟窑釉色，后兩頁的內容與詩作無關。其余四十七頁均為詩作，共錄詩九十首，而鈔錄者標明為八十五首，實際上內容重復者達十首之多。此外，詩中標明青瓷口、高、底、腹圍的長度單位均為厘米。此次整理，删去了重復的十首詩，標明了詩題，而將其他說明文字作為注文處理。同時，改正了詩中個別訛字和誤字。雖然見不到實物照片，但詩歌所吟詠的器皿在本書附錄一和附錄三中基本都能找到。將詩歌與圖錄對讀，對總體把握龍泉青瓷的特徵不無益處。因而，本書將《龍泉青瓷詩》作為附錄四收入在內。

限於學識，本人在整理時一定存在遺漏，敬請方家指正。同時，如有廣博君子見到當時的文獻，亦請明示。

江興祐

二〇一四年六月於杭州

目録

自序

龍泉以寶劍、哥窑著稱。煉劍之法，自歐冶子後，久已失傳。近坊間應市之品，徒具形式，已無復五采龍文之妙。哥窑秘制，雖亦隨章氏兄弟而俱亡，顧殘尊碎鉢，猶足供考古者之摩挲鑒賞。

余旅浙已垂十年，曾因公數出龍泉，雖耳聞有此瑰寶，顧以旅程匆促，未遑顧問。三十二年春來知縣事，暇與邑紳聚談修志，咸以爲哥窑於我國文化史上放一異彩，而邑乘所載，寥寥數則，殊未足饜考古者之渴望，似應另輯專章，以存文獻。余深韙是言，乃着手親炙瓷片，翻閱載籍，並與斯道之權威相往來。歷久所見者多，癖好亦隨之而益深。今秋督徵南鄉，道出琉田，既親歷窑址，復遍觀藏家珍品。歸乃有撰述成章為修志作一準備之意。

十一月十二日，國父誕辰，午後乘暇與錢叔青、潘臣青、吴文苑諸氏同賞殘片，歸後意興甚高。是晚府中演劇示慶。當袍笏登場，笙歌盈耳之際，獨於衙齋伸紙吮毫，從事於第一章之寫作，至九時許，忽有墜機之事發生，自茲擾攘經旬，心力交瘁。然仍於夜深人靜，陸續走筆，至二十二日脱稿。復幾經修飾補充，其間因一言之得，一字之疑，與各方家或則一日之間，信使往還者數次；或則反復辨證，至夜闌燈燼不忍別；或則鳩首一室，屏絶賓客，廢餐事以之；務期斟酌損益，心安理得而後已。書成，友好恐其散佚，慫恿付梓。余以涉獵未廣，研鑽不深，雖應其請而終赧然不能心釋。

余以為研究哥弟窯最感困難者，要為過去文獻之不足，以及史料之未可盡信。於浩如煙海之冊籍中，幾費翻尋，始求得片言隻句；顧一經匯合而比較研究之，則又互相矛盾，莫衷一是。以言二章之時代：或指北宋，或指南宋。以言哥窯之精粗：或言南宋優於北宋；或言北宋而後，官哥均趨衰落。而古籍所載之釉色、紋片、式樣、坯胎，不語近鋪張，即事涉神秘，或更道聽途說，摭拾成文。舉例言之：有言哥窯為厚胎鐵骨；有言哥窯以薄胎為貴；或言弟窯色濃，哥窯色淡。隔靴搔癢，曾無是處。是蓋由上方珍品，寶貴甚至，非近御侍從、貴戚世族，未由展玩。若彼兔園寒士、山僻眊儒，罔覩靈威，莫窺禁臠，雖劬考古制，而物力既澀，聞見亦窘，對於哥窯製品及其產地等，初未有若何真切之調查研究，非轉載前人之說，即以耳代目。縱駔儈貴游，或略知鑒別，意有所會，又少筆之於書。以至後人之研究者，已無確實之史料可據。反不若今日學者，摩挲斷片，考證廢基，或可得與事實較近之真相。

次為發掘物之層出不窮，今人不敢遽下斷語。例如發掘之初，羣以弟窯或其他雜窯之開片者為哥窯。及後厚胎鐵骨發現，乃知哥窯弟窯之作品，截然不同，又嘩然以厚胎鐵骨為哥窯之典型，並證實二章治窯之地必在大窯。漸更於溪口發現薄胎鐵骨，說者乃開始致疑於窯基之所在地，並知鐵骨有厚薄之分，又紛然謂大窯專出厚胎，溪口專出薄胎。再後於溪口附近亦發現厚胎鐵骨之碎片，於是愕然知前說之未必盡然，轉而迷惘於兩地窯業之孰為先後。是以據發掘而引伸之推斷，今日以為是者，明日因新發現而成非。是以本書列論，是否殺青之日，即全盤為更新之事實所推翻，殊難臆斷。

余撰是書，意在將見聞所得，參證所知，組織成章，用備史館之採擇，兼供同好之參考。

所望海內賢達，能更作精深之研究，使此古代藝術，今後得發揚而光大之，則披荊之責，所勿敢辭。嚶鳴之求，實有勿能自已者。

本書以哥窑弟窑為研究對象，命名之際，曾幾費躊躇。蓋稱處青則範圍過廣，稱龍泉青瓷亦覺包括元明以後，均與本書範圍不合。至於琉田窑則專指哥窑，章窑或龍泉窑則專指弟窑，對於二章作品，殊無一足以概括之名稱，最後始取今名。

書中立論，由錢叔青先生啟示特多，並承親為校讎。吳文苑、陳佐漢、金叔聞、蔡聚文諸先生賜借貴重之參考資料。馬驤、王毅君、楊競秋諸先生代為繪圖。陳訓平、姜嘉棨、袁錫瓚、陳春英諸先生代為膳正。尤以各專家未出版或未發表之作品，或則遠道郵贈，或則搜尋見示。均所心感，附誌於此，用表謝忱。

徐淵若　三十三年十一月二十三日於龍泉縣政府

第一章　概說

第一節　哥弟窑時期及所在地之探討

我國宋代名窑，為世所艷稱者有五，曰官、哥、汝、定、鈞，哥窑其一也。窑創自宋代，邑乘載生二章青器有云：『章姓，生二名，不知何時人。嘗主琉田窑，凡磁器之出於生二窑者，極其精瑩純粹，無瑕如美玉然。今人家亦鮮存者，或一瓶一鉢，動博數十金。厥兄名章生一，所主之窑，其器皆淺白斷紋，號百圾碎，亦冠絕當世。今人家藏者，尤為難得。世稱其兄之器曰哥哥窑，稱其弟之器曰生二章云。』又范炳華《典略》云：『哥窑久不知出處，志云不知何時人。』近閱《雲谷卧餘》一書：『南宋時龍泉有章姓者，兄名生一，弟名生二。兄弟各主一窑，而生一所製為佳，故以哥窑別之。哥窑多斷紋，今溫處珍之。』朱琰《陶說》謂：『宋哥窑本龍泉琉田窑，處州人章生一、生二兄弟於龍泉之窑，各主其一。生一以兄故，其所陶者曰哥窑。生二所陶者，仍龍泉之舊，曰龍泉窑。』又云：『柴窑之外，定、汝、官、哥，皆宋器也。流傳至今，惟哥窑質重耐藏，稍易得，定汝難於完璧。』又云：『龍泉窑土細質厚，色甚葱翠，妙者與官窑爭艷。』此章窑在宋無疑矣。惟章窑與官窑並貴，而定官製，自宣和正和間，至南渡後製法稍拙，章窑亦然。則章窑之在南宋時，似非確證也。宋應星《天工開物》稱：『浙省處州麗水、龍泉兩邑，燒造過釉杯碗，青黑如漆，名曰處窑。宋時龍泉華琉山下，有章氏造窑，出款貴重，古董行所謂哥窑器者即此。』觀此，諸家於哥弟窑之製於南宋（西曆一一二七至一二七九年）抑北宋（西曆九六〇到一一二七年）眾議紛紜，而於主窑之人為二章，燒窑之地為龍泉，建窑之時為兩宋，則已略無疑義。此外，諸書所載，大致從同。琉田（又名琉珊）在龍泉南鄉小梅鎮之大窑村，當時該地治瓷業不下四十餘家，而以章氏兄弟為傑出。生一所主者為琉田窑，因其為兄，又名哥窑。生二所主者為龍泉窑，又稱弟窑，亦稱章窑。世俗總名之曰大窑。又復別哥窑曰前窑，弟窑曰後窑。兩者中又有所謂御窑者，即哥弟窑中精品，類皆進呈大內。蓋官窑為客貨之對稱，御窑為官窑之尤精者。御窑為至尊所御，官窑則妃嬪以下所用。相傳其妹工於繪事，在弟窑協助雕飾，頗稱工巧。或傳其妹亦另主一窑，有妹窑之稱。已無從稽考矣。

哥窑以鐵骨為貴，初僅於大窑村採掘得之，及後又在溪口墩頭間之瓦窑垟一帶發現。大窑村在查田南十五里，而溪口則在查田之北約五里許，故典籍所載之窑址，由於上述兩窑基之發現，頓成疑案。時人以溪口附近之八寶山（志稱馬鞍山）所產之泥，可製鐵骨，又因溪口附近發現古石磨，疑即當時碾粉製瓷所用，因之推斷哥窑窑址，當在溪口。此言雖不足徵，但精美之鐵骨作品，頗多出現於溪口一帶，則哥窑窑址在溪口之說，要亦言之成理。

吾人歸納各家之說，以及近人對於出土貨之推斷，關於章氏兄弟之時代及哥窑窑址，大概可類別為下列諸說：

一、關於二章之時代者：甲、二章生於北宋。理由及根據：（一）《典略》載：『章窑與官哥並貴，而定官製，自宣政間，南渡後製法稍拙，章窑亦然。』（二）《陶雅》載二章為初宋時人。乙、二章生於南宋。理由及根據：（一）《雲谷卧餘》載：『南宋時龍泉有章姓者，兄名生一，弟名生二。』（二）《飲流齋說瓷》載其友人所藏哥窑加彩之器，古氣盎然，不類後加者。又謂：至宋末而加彩興。則哥窑當在南宋。（三）陳佐漢氏曾見一哥窑角，上鐫『紹興三年』字樣，紹興為高宗南渡後年號。此兩說尚多疑問，因所謂哥窑加彩之器及哥窑角，不能斷定其為哥窑，抑係當時之仿哥，且該角並非鐵骨。宋末而加彩興之興字，既可作開始講，亦可作流行或興盛講。（四）傳說南渡後官窑不振，哥窑乃仿製而享盛名。且其時冠蓋雲集於江南，供應極繁，哥窑乃代興。此說亦未能信而有徵。據《中國陶瓷史》載：『北宋之瓷，坯胎稍厚，釉上現蠟淚及現胎骨。至大觀政和等時作品，則釉薄如紙，胎薄如蛋，聲如玉磬，且有胎和釉溶成難分之瓷。瓷器至此，可謂登峰造極。』云云。哥窑極品之作，似在北宋。

二、關於哥窑之地址者：甲、生一窑在大窑村，溪口所出者係另一個所造。理由及根據：（一）《陶說》載：『宋哥窑本龍泉琉田窑。』（二）《天工開物》載：『宋時龍泉華琉山下有章氏造窑。』（三）《五雜俎》載：『哥窑質重難藏，故易得。』似哥窑專指厚胎而言，厚胎鐵骨，以大窑所出為多。乙、溪口之窑，係生一所主。理由及根據：（一）《格古要論》載：『古龍泉青器，土脈細且薄。』似古人以質薄為龍泉青器特點之一。《中國陶瓷史》所刊哥窑雙耳碗，似亦係薄胎作品，適一反《五雜俎》之說，溪口出土貨，以薄胎哥窑較多。（二）邑乘僅載生二主琉田窑，並未指明生一窑址，則生一於相距僅二十華里左右之溪口，獨主一窑，說似可通。且弟窑又名章窑，似係繼承祖業之習稱，生一居長而未獲襲稱章窑者，可為遷地治窑之一旁證。此說似略較牽強。

以上各說，均有其立論之根據。惟關於哥窰作品，究指厚胎，抑指薄胎；哥窰盛時，究在南宋，抑且北宋，仍難獲一愜心貴當之結論。吾人根據目前資料，參證當地出品，有可得而言者，政和年間，窰業鼎盛。徽宗潛心藝術，上有好者，下必風然景從。雍乾瓷業之耀彩一時，可為明證。是以哥窰以民間之秀，與定、汝、鈞窰爭一日之長，為時當在北宋，此論哥窰之時期。生一在日，既負時譽，朝廷責貢，決非一人精力所能兼顧，勢必廣收學徒；或有出藍之士，繼其餘緒，仿哥而可亂真，或更有所改進。亦有後起之秀，同仿官窰而得其神似，顧為生一盛名所掩者。是不問大窰與溪口所產，孰者為精為粗，似均不足據以為斷，此論哥窰之地址。總之，吾人所可根據之資料有限，難免盲人捫象之譏。將來隨發掘之進展，必將更有嶄新之佐證，足資考據。時人常謂大窰專出厚胎，溪口專出薄胎，顧據郭哲綿談其珍藏之象蓋，係最精之薄胎鐵骨，出自大窰；並聞溪口瓦窰垟雖未發現完整之厚胎鐵骨，但破片已數見不鮮，且曾掘出一碑，有『後窰』字樣。前說遂不攻自破。近人又有溪口之鐵骨，較古於大窰之說，其所持之理由，以為溪口所產之鬲爐，三足緊靠，非特陳設不穩，抑且式樣不佳，有似陶器。而大窰所產者則三足分立，美觀實用，且溪口之鐵足，不及大窰作品光整，是大窰之優點，當係改良所致。惟此論亦殊多未協，蓋溪口之出品，除鬲爐外，其他大致與大窰無甚差異，至仿銅仿陶，視各人之取樣而異，近代亦偶有取範於三代之器式者，決不能指為古於宋瓷也。且後人亦有仿前人而不逮之處，決難以鐵足之優劣而斷其先後。聞一般市儈，因溪口之窰，初無藉藉名，故常混充大窰出品以求售，吾人於此，實益增躊躇之色。惟古人於吹釉法未發明前，不易製造薄胎，誠能考證吹釉法之發明時期，亦殊有助於吾人之推斷也。

余又以為龍泉窑業，當發祥於大窑。且在二章以前，必已有相當之基礎。古冢中發現之唐瓷晉瓷，釉色式樣，已大有可觀，堪為明證。及後為圖原料採集之便，運輸往來之速，遂逐漸遷至溪旁，是溪口窑業之後於大窑，殆可斷言。及後又一面沿溪至八都木岱，一面沿溪而至麗水寶定，均有脈絡可尋。翻閱陳著《青瓷之調查及研究》，亦有類似之說，可謂 先我而言之矣。

第二節　發掘之經過

龍泉之大窑遺址，久已淹沒成田，或恢復山陵原狀，是以或則縱横阡陌，或則凄迷蔓草，已了無跡象可尋。邑人亦僅少數士子，知龍泉曾有此瓌寶。至於地在何所，品屬何形，則類都茫然不解。大約在光緒二十年前後，德教士奔德購地墾種，發現古瓷，流傳國外，始引起各方注意。光緒二十八年，小梅吳井蘭、城區廖獻忠等，至大窑發動村民，採掘一種鋼筋爐，終在葉塢底掘出，由吳井蘭購去，村民方知地下埋有此貴重之古物。繼在村内大堂後踴躍發掘，深入山地數十丈，掘出古物多種，並發現古廟址一所，爛銅廢鐵若干。至光緒三十年，上海古玩商日人天野靜之，首來大窑收購，側重於鋼筋爐及小件瓷器。繼之有日人松田元哲來購。至宣統二年，福州南台大和藥房主人日人行原始平至大窑。嗣後年必數次，首尾十餘年，至則必住月餘，隨帶有參考書籍。據稱鋼筋爐形式奇妙，質料細純，適於裝飾，脫手較易。行原曾在大窑與村民合作發掘，遇有未成熟之瓷坯，即加以復窑；破碎者加鋸修整。又倡導加彩之可貴，是以鋼筋爐及加彩品，均一經品題，聲價十倍。

民初奉令開墾墓園，發現古瓷，遂有多人到處尋掘古墓。其出品則有鬲爐、鼎爐、八卦鼓釘、凸花牡丹爐及鳳耳瓶、鯉魚瓶、凸花瓶、龍虎瓶、五德壺等。及後江蘇松江胡協記、上海周黄生、江西沈翰屏、福州方振遠、寧波周奎齡、葛文慰、永嘉王紹埭等客商，相繼前往採購，知事楊毓奇亦親往巡視。掘地發墓者益眾。民十六年，美人洪羅道來收羅各瓷，履勘發掘地址，且將各類瓷器，攝影留念。德國亦有領事至大窑拍攝採掘地點。法人某由松陽天主堂介紹前來，專集碎片，成箱運往法國。日人尚有九井等相繼而來。大窑已漸成世界考究哥窑者之聖地。

溪口墩頭方面之哥窑，過去無人注意，至民二十八年十月間，有江西客商章九堤、王少泉等前來採購，始認真開掘，遂知有鐵骨、鐵沙底、銅邊、鐵足等區別。據邑人吳文苑氏談：溪口之舊窑址，上層均係普通之龍泉窑，三十年秋，更發掘而下，始發現現時之薄胎鐵骨云。

大窑周圍五華里之內，凡較低山麓，似多有窑址散佈。聞該村自宋迄明，村民從事窑業者相繼不絕，窑址當在數百以上。迄今凡顯著之遺址，均大致發掘殆盡。據稱發掘方法，首需察看地面磁片與燒窑磁套之多寡，以及土質之鬆實，而後施以人工，方較有把握。開掘時尤貴持之以恒，心細如髮，常有數日之間毫無所獲，而一旦掘得佳品值千金者。惟一般均不講究科學方法，或從旁掘入，或開一大窟窿，故毀損者極多。除發掘古冢外，幾無完美者。

發掘者與山主之關係，如由山主雇工採掘，則係雇傭關係。如由山主出租，則係租佃關係。後者要需視山地蘊藏豐富與否與窑址之是否密集而定其租價之多寡。普通又分二種：一曰抽山稅，山主抽掘出物總值之二成至四成；一則由發掘者向山主先行斷價買掘。現因外銷路斷，而稅率較高，萬一發掘後無高價物品甚至一無所獲，而租稅則仍需完納，故採掘已不若昔年之盛云。

至於發掘墳墓，以民三四年間為最盛。事先考據縣志及宗譜，以確定巨室墳墓之所在。掘時首需以鐵條試探，如其下有石板，即可挖掘，時間均在晚間。龍泉於南宋時高官顯爵極多，有管、鮑、張、何四大姓，發掘墳墓本為軍法所嚴禁，惟當時某令趨附時尚，令準開掘。大概一墳內有古器一件或五件不等，普通約有三件，即花瓶一對與杯子一隻，多者始有龍虎瓶。龍泉目下盜墓犯人，由於當時所養成者尚多。厚葬本為古人所戒，以其易啟覬覦之心也。然千餘年來，水火盜賊所侵，精品漸趨毀滅，設非深冢埋玉，吾人尚能覩此燦爛輝煌之完璧乎？

第三節　哥弟窑之仿製

哥窑自章氏以後，大致有一時期失傳。林撝《典略》載有哥窑復陶之說，謂：『《皇明紀略》都大僕穆言：仁宗監國，問諭德楊士奇曰：「哥窑器可復陶否？」士奇恐啟玩好心，答曰：「此窑既變，不可復陶。」他日又以問贊善王汝玉，汝玉曰：「殿下陶之，則立成，何不可之有！」仁宗悅，命陶之，果立成。』據此，則明時復陶之瓷，能與原窑出品無異。惟諸書所載，元明繼起者，類都不及原品，陶雅老人所謂『龍泉官窑，代有仿製，坯質泥鬆，物多罅窳』也。惟元瓷有一特徵，即以釉色為主，其釉厚而垂，濃處或起條紋，淺處仍見水浪，且其花紋以印花為主。《陶說》有謂：『哥窑在元末新燒，土脈粗燥，色亦不佳。龍泉窑在明初移處州府，青色土塋，漸不及前。』《中國陶瓷史》載：『處窑為章生所燒龍泉窑之舊，明初移於處州，時為處器，或仍有呼為龍泉窑者。所製之器，云不甚精。』《古歡室青瓷研究淺說》載：『明季瓷器中興，有龍泉窑在琉田，後遷麗水寶定。存坑窑在存坑村，安福窑在安仁，竹口窑在慶元，當正統間，尚有顧仕成者，在劍川自折鄉（琉田）築窑製器，色惡品劣。』邑乘亦有『明正統時顧仕成製者，已不及二章遠甚，化治以後，質粗色惡，難充雅玩矣』等記載。陶雅老人亦謂：『廠村所謂哥與龍泉，大抵明仿為多。』元明間繼起之說，實彬彬可考。（正統以後化治以前為西曆一四四九年至一四六五年。）

竹口窑，據邑人沈慶如氏謂：『在距大窑四十華里之慶元竹口鎮，現已湮沒不知所在。其器龍慶及鄰近縣屬尚有家藏。』按此窑爐、瓶、盂、盋（即鉢），表裏俱厚。釉多白湖，梅子綠與湖綠次之。紋片粗細不一，式樣亦仿宋章兄弟。製法：瓶有鯉魚耳瓶、鰲魚耳瓶、雙耳環瓶，約高尺許，可數數觀。爐則八卦大爐、鼓釘八卦爐、牡丹燒花爐，口徑尺餘。盂有雕空卐字雙套盂。盋有雕空卐字雙套盋。寺廟祠宇，先時到處可見，今被滬商購買殆盡，完善之品，絕無僅有。

此外，明代龍南孫坑，亦建有民窑，窑今猶存。多製仿二章瓷器，大抵為爐瓶大盤，滬商稱為老孫坑。其價格低而質料粗，釉帶黃色或梅子綠，亦有紋片者。清光宣年間，尚有范祖紹、祖裘昆仲同主孫坑窑，所出仿古，亦係老孫坑一流，不甚精妙。（龍泉古代窑基，有大窑、新亭、金村、岱根、坳頭、大磨、硋湖、墓窑、前賴等地，而以大窑區域最大。）

降及現代，民初龍泉人蔡齡，於宮頭設立瓷業工場，聘景德鎮技師，出品精美，荷蘭人爭相訂購。及其逝世，改為官商合辦，即一蹶不振，卒至閉歇。惟其出品式樣，力求現代化，與仿古不同。自德傳教士奔德宣傳出土貨後，外人競來採購，供不應求，邑人廖獻忠首謀仿古，幾可亂真，是為近代仿古之嚆矢。西鄉寶溪鄉之溪頭，有陳佐漢、李君義等亦建兩窑，原製日常用品，繼仿大窑古法製器，如爐、瓶、盆、缸、盒等，式樣不一，種類繁多。爐有鬲爐、直桶爐（俗名弔腳爐）、鼎爐（俗名筆管爐）、扁爐、彝爐、穿心爐、鼓釘爐。瓶有龍虎瓶、五德瓶、三管瓶、牡丹瓶、天球瓶、鳳耳瓶。盆有雙魚洗、梅花盆、菊花盆。缸有金魚缸、鼓式缸。盒有光素印泥盒、雲鶴印泥盒、山水印泥盒等。均仿二章破器製之。釉色有粉青、天青，或葱翠、或點彩，但梅子青、白湖、片紋、魚子紋，則不易仿製。尤以胎骨太厚，間有跳釉不勻，更泥土中夾雜黑點，而底腳端燒現紫色，較諸真品，難望項背。但擇其精者用弗酸浸洗，去其新光，亦可混珠。其巧者即鑒賞家亦茫然難辨。海上此貨，戰前頗為充斥。

此外仿古能手，尚有溪頭之張高禮、高樂兄弟，車輿龔慶芳及子子敬、弟慶靖、慶平，八都吳蘭亭、吳祥麟、蔣建寅、黃觀光，木岱口徐子聰，以及外邑人如永嘉張漢卿、金德利等，或則雁行合土，或則聯袂選青，亦極二難之美。過去名工，大都一時興會所至，業餘偶一為之，惜各守秘密，不通研究。亦有欺售外人，冀博高價者。製成之器，出窑時燒損極多，甚有全窑毀壞，什中得成六七，已屬大幸。藝術品之不能必其成，大都類此。此種仿古品，昔日大概用以饋贈紳宦親友，或傾銷滬上，坊間不易購得。及抗戰軍興，外銷呆滯，近於市肆間，亦已羅陳求售矣。

外省仿製二章作品，據《陶雅》載：『宋定明祭及仿哥，皆有紋片而夾以彩畫，甚無謂也。

紋片而施於觀世音之面部，則彌為無理。』明瓷仿哥之鮮艷者，廠人俗稱之謂綠郎窑，滬瀆稱之曰果綠。又明仿弟窑，有一種色極葱倩，廠人亦妄呼為綠郎窑。且滿身紋片，甚為細碎，價乃奇貴。永樂款之碗，有青花，有五采，有仿哥，有脫胎暗龍。在明代，又有宜興歐子明仿造官、哥、鈞窑，采色甚多，是曰歐窑。此外，明代及清初，景德鎮曾有此舉。其仿哥者皆炒米色，蛋白色，留傳迄今，價亦甚巨。雍正所仿弟窑，皆無紋者也，製佳而款精，有後起者勝之說。滬瀆呼雍正仿龍泉之品曰哥綠，以弟為兄。或又謂之果綠，仍係哥音之轉，非蘋果綠之省。又或謂哥綠者，鸚哥綠也，於義較通。乾隆所仿，亦珍同拱璧。惟雍正豆青，為仿龍泉之最美麗者，乾隆以後，往往間以金繪，夔龍古紋，價稱昂貴。又雍正時唐英（字俊公，漢軍旗人，官內務府員外郎。）在景德鎮所仿，胎釉乃迥乎不同，大抵豆綠色有暗花者，即唐所仿也。《陶雅》載：『古窑之存於今世者，在宋曰鈞，曰汝，曰定，曰官，曰哥，曰龍泉，曰建，曰元之紫釉，曰明之祭紅、積紅、鷄油黃、青花五彩、鱔魚皮。六朝及唐瓷，獨偶一遇之，紫則無可徵考。官哥雅甚古茂，而不甚見重於當世，蓋仿製較多，真者千不得一。』以陶雅老人鑒賞之精，閱歷之廣，獨對哥窑少所論列，自認所見不多，則吾人之眼福，於哥窑較前人為勝矣。

仿瓷之難，第一步為胎骨，第二步為品名式樣，第三步為釉彩。蓋昔時所用之石質，時過境遷，不易覓得，或業已用罄。我國對此土質，又未予以科學的分析，故無法覓代。至於品名式樣，由於古器之不盡完整，故尺寸不易停當，釉彩亦難獲秘傳。《飲流齋說瓷》以汝、鈞、哥、定同比謝宣城、陶彭澤之詩，淡而彌永，淵淵作金石聲，去三百篇未遠。千載之後，欲求神似，此仿古之所以難能也。

過去龍泉幅員極為廣袤，故窑瓷種類亦至龐雜。凡斯土之產，概名之曰龍泉窑，總名之曰處青，蓋以處州出名者也。然胎骨釉彩，種種不同，後之考古者實無法區別其時代與窑名。惟有摩挲殘片，以求其神會而已。

日人亦有仿龍泉之作品，曰七官手，滬上名之曰老東洋。以鼎爐等式樣為多，其所仿鋼筋爐亦甚可觀，間有於器上畫金花者。惟其顏色係將顏料攙入釉內，不若我國處青釉料之能天然發綠。且老東洋略帶黃色，質輕，火度不高，擊之無音，露胎處發灰色，一望可辨。

陳瀏謂：『哥窑之真者，光彩照人，式樣亦最古雅，今所以見輕於世人者，皆贋作也。』足徵仿哥作品之多。方密之《通雅》云：『假哥窑碎紋不能鐵足，鐵足則不能聲。龍泉不能得其淡色，淡則無聲。紫亦鑒古之精者也。』云云。姑存此說，以俟博雅。

第四節　哥弟窑之鑒別

哥窑弟窑之別，於此三折肱者一望而知。否則朝夕以此兩種碎片，比較觀摩，亦可心領神會。捨是則雖千言萬語，不足盡其奧蘊也。諸書所載，均以有無斷紋為別，實係皮相之談。蓋弟窑間亦有斷紋，（出窑時雖未必有，但經久遇氣候變化後，亦可發生斷紋。）哥窑間亦有無斷紋或斷紋隱而不顯者。且元明之物，斷紋甚多，豈可僅以斷紋而別哥弟？惟諸家均以此為主，且初學者亦惟有依此為斷，稍可得其一二。日人大村西崖所著《中國美術史》亦言：『哥窑頗似官窑而略有不及，色淡白者即所謂米色，稍濃者稱為豆綠，斷紋為魚子。又有所謂百圾碎者，見之宛如裂百條。亦以紫口鐵足為多。龍泉窑與哥窑相異之處，則為無斷紋。色有粉青翠青二色，未上釉者如瓦屑，呈赭色。器式以觚、瓶、鬲、爐、葵花菱盤等為最上器。』此外如《春風堂隨筆》載：『哥窑淺白斷紋。』《稗史類編》載：『哥窑則多斷紋，號百圾碎。』《博物要覽》載：『龍泉窑妙者與官哥爭艷，但少紋片紫骨耳。器質厚實，極耐摩弄，不易茅蔑。』《陶說》載：『清秘藏古宋龍泉窑器，土細質厚，色甚葱翠。妙者與官窑爭艷，但少紋片紫骨鐵足耳。且極耐摩弄，不易茅蔑。第工匠稍拙，製法不甚古雅。有等用白土造器，外塗釉水，翠淺，影露白痕，乃宋人章生所燒，號曰章窑，較龍泉製度，更覺細巧精緻。』唐英謂：『兄弟二窑，其色皆青，其別即在有無紋片耳。』吳仁敬等所著《中國陶瓷史》亦載有：『二窑皆民窑之巨擘，足與官窑相抗。哥窑土質細薄，釉色以青為主，濃淡不一。亦有為錳及鈷之淡紫色，或銻之鮮黃米色，亦有鐵足紫口，頗似官窑，以碎紋著名，見之仿若裂痕百條，號曰百圾碎。有時亦作魚子紋，頗為可觀。各種裂紋，係一種濕隱裂，實際上有此種裂紋，並不能為最精之作品，故哥窑仍應以釉水純粹，無紋者為最貴。弟窑胎薄如紙，光瀾如玉，有粉青翠青二色。弟窑之長處，以青色無斷紋，其別於哥窑之處，亦在無斷紋。唐人稱瓷為假玉器，若弟窑之青瓷，其滋潤瑩澈，足可以稱為真玉器而無愧矣。其土質亦與哥窑及官窑相同，故亦有鐵足。其未上釉者，則呈赭色。又有以白土製者，則無鐵足。』均以紋片為哥弟之分，文內且有弟窑胎薄如紙之語，徵之吾人所見之弟窑作品及其各種碎片，殊不盡然。

前述諸家之說，於紋片外亦有以鐵足為別者。《博物要覽》及《清秘藏》所載，均主弟窑無鐵足，其胎乃白土所製。《稗史類編》則曰：『章生一生二之窑，皆青，濃淡不一，其足皆鐵色，亦濃淡不一。舊聞紫足，今少見。』據此，則哥弟窑又同是鐵足。蓋昔人尚鐵足紫口，故薄弟窑者則舉其以白土製胎之器，而惜其無鐵足紫口。而維持之者，則舉其赫色土製胎之器，而贊其亦有鐵足紫口以頌揚之。不知弟窑亦有用白土製胎、赭色土製胎二種之分別也。

輓近邑人之言哥弟窑者，如周佩蘭、王坦然等氏謂：『哥窑有文武片製紋：文片細如絲爪絡、桔絡；武片則粗長不一，其胎則有厚薄兩種，厚者少而薄者多。弟窑之胎，亦有厚薄二種，無紋片者多而有紋片者少。』又云：『二窑胎質均白，微帶灰色。弟窑陶煉最純，哥窑則別有紫泥黑泥二種。』葉正生氏謂：『凡鐵骨料薄有紋，釉色白糊或梅子青為哥窑，其餘紅白泥質，綠與黃釉較多者為弟窑。』陳佐漢氏謂：『相傳光素冰紋者為哥窑，凸花者為弟窑。』云云，似尚不脫前人窠臼。惟陳氏凸花之說，殊為新穎，蓋哥窑僅見荷瓣等劃花之器也。余常與邑中之古董商談弟窑，覺彼輩之所謂弟窑，與吾人所見之弟窑，界限頗有寬狹之分，彼等將一切宋窑皆名之曰弟窑。尤以一般掮客，似有知，似無知，鑒別貨物，或曰此大窑也，或曰此弟窑也，或曰此官窑也，或曰此鐵骨也，似隨口而出，又似略有所據。蓋由於不學無術，未經考據，僅憑洋莊客商之牙慧，摭拾而織成一膚淺之常識。余常覺弟窑之可愛，不亞哥窑，其底部有者直與哥窑爭艷。（余藏一哥窑碎片及弟窑碎片，色彩略似，而底部則幾難分彼此。）即其光瑩精麗，亦兩無多讓。雖不能詳言其理，而總認為非此不足以言弟窑。為語錢叔青、潘臣青諸氏，亦為首肯。

古人亦有不以斷紋分者，如《春風堂隨筆》：『弟所陶青器，純粹如美玉，為世所貴，即官窑之類。兄所陶色淡。』此則以顔色而加以區別者，亦不免隔靴搔癢之憾。近人有謂：『章氏兄弟窑，近世皆謂哥窑，色白而有冰裂紋，實則贋本甚多。哥窑有粉青一種，較弟窑更為幽艷。弟窑色緑，即龍泉窑也。東西商人以無紋者為貴。』語較可採。惟亦可與解者道，難與路人言。

第二章　哥弟窰之研究

第一節　胎骨

胎骨，簡名胎，又稱坯胎。瓷質之貴，在於瓷泥。瓷泥者，以地質學語釋之，乃一種富於粘性之衡積土也。大抵由山水衡激，積而成砂，復濾細成泥。世俗以鐵骨代稱哥窰，蓋因其胎骨用青黑石質研細，或謂用含有鐵質之瓷泥製成，故作青黑色，且較堅硬。近仿古者每取紫金泥為之，紫金泥類似礬紅，胎骨中多含此泥，則骨黑似鐵。哥窰中雖亦有灰胎，惟以鐵骨為多。又分厚胎薄胎兩種。厚胎鐵骨，堅硬黝黑，令人直疑真鐵，蓋觥觥巨器之大件作品，均係厚胎，否則不克支撑其重量。而小件則多薄胎，釉薄者，往往襯出黑氣。薄胎質薄玲瓏，入手甚輕。其精者映日光中，幾可透視指尖之羅紋。胎骨之薄，在疑有疑無之間，稱之曰脫胎。哥窰又有紫口鐵足之稱。蓋器足露胎，胎骨如鐵，故曰鐵足。薄者幾如一線，譬諸刀口，與他窰瓷底之上下同粗者不侔，且極匀和圓淨。紫口者，因口上包有釉彩，僅能隱隱現出紫色。仿古者用紫金泥亦能製此。尚有所謂銅邊者，其理亦同。蓋釉薄胎受高熱，遂成紫色或黄色。惟紫金泥不耐火力。今人稱門筍合縫處曰子口，或疑即紫口之訛音。《陶雅》載：『宋哥茗具，碗邊作老黄色，或即所謂紫口者歟？』《格古要論》云：『舊哥窰色青，濃淡不一，亦有紫口鐵足。色好者類董窰，今亦少有。』《陶說》謂：『紫窰足多粗黄土。官哥龍泉皆鐵足，至明永樂壓手杯，沙腳滑底。宣德窑壇盞，釜底線足。嘉靖窑魚扁盞，饅心圓足，踵事而精矣。』云云。哥窑之紫口鐵足，實係仿官窑而製者也。

弟窑胎質，陶煉最純，多青灰色，或紫色，黃色。以薄胎為佳。近代仿古者之灰胎，多用白土垔，但亦攙紫金泥。白土成份較多，燒製後有釉處胎成綠色，無釉處成紅色。《格古要論》謂：『古龍泉窑，有一等，盆底有雙魚，盆外有銅掇環，體厚者不甚佳。』其土質與哥窑相同者，亦有鐵足。其未上釉者則呈赭色。又有以白土等製者，則無鐵足。《稗史類編》：『論二章作品，有云其色皆青，濃淡不一，其足鐵色，亦濃淡不一。舊聞紫足，今少見。』其餘安福、溪口、竹口等窑，胎骨顏色，極不一致。至明代龍泉瓷胎骨皆仿弟窑，而全係血色。其原因有二說。一謂胎骨造成坯後，在未上釉前，必先塗以紅色，有如晉制，其底部全露。所抹紅色者，曰血底，故其器上釉彩不到之處，所露胎骨，亦現紅色。一說為白土之坯胎，凡未上釉處均現紅色。兩者均稱硃砂底。更有於器面邊緣或底部，特為露胎，另雕成各式花邊，及其他圖案如心猿意馬、福祿、鴛鴦等者。底心不論有釉無釉，尖起如乳頭者曰鷄心底，宋瓷常見此式。時下商販認為宋瓷除腳底外，餘均有釉。元瓷腳底底心均有釉，惟底心外有一圈無釉。明瓷則腳底及底心均無釉。此係當時用圓筒托燒所致。惟亦不能一概而論，明瓷亦有足底外均上釉水，元瓷亦有中間無一釉心者。蓋元代享國不久，數十年間，尚不能與明初宋末有顯著之分別，惟滬商以其胡族入主，文化不振，故苦綠帶黃及其他釉劣質粗者，每歸之元代。尚有以細針頂托燒製，則底部全釉，僅有針孔。余嘗見一弟窑名七星盤者，即以七針頂托該盤燒製而成。大致哥窑弟窑文具之工緻者，頗多不落底足胎骨之品，大器則足雖露骨，底仍上釉。

至於一般粗糙者，底足全露，所謂客貨是也。

器皿之有蓋與否，全視其邊緣之是否露胎及外翻。露胎則必有蓋。否則無。外翻者大致無蓋，此亦購買時所應有之常識也。

錢叔青氏論宋瓷，謂黃泥之坯胎，大概為北宋出品，白胎始自南宋。又北宋之胎泥較鬆，此論細繹之，信然。

術語中有所謂衝口窰風者。衝口指碎痕直達器口，有如裂拆。《陶雅》所謂：『滀滿其碗，或觸或震，亦成直縫，則謂之衝口。』腹紋亦有衝裂者。窰風指底部或邊緣，發生裂縫。此外器裂一角，或拆一邊，統以窰風名之。皆由於胎骨韌度不足、不耐火力之故。《陶說》載：『瓷器出窰，分類揀選，有上色、二色、三色、腳貨之名，定價高下。』腳貨即指窰風。又《稗史類編》云：『官窰開窰之日，反復比量而美惡辨，蓋以器品有定，而火候必開窰始見也。志稱窰乾、坯乾、柴乾，則少拍裂沉暗之患；土細、料細、工夫細，則無粗糙汙滓之患。又必火候均勻，釉色光瑩，器自完好，上色必能備此。以次而降，釉澤不具曰骨，罅折曰篾，邊毀剝曰茅，當在腳貨中矣。』云云，對窰風解釋甚詳盡。又《陶雅》有窰縫冷紋之說：『坯質偶鬆，土漿不勻，火力折之，厥有短縫，則謂之窰縫。釉初離火，冷氣驟襲，驚紋不透，止在一面，則謂之冷紋。冷紋者瓷質未傷，窰縫者不為虧缺。』又謂：『驚紋多在碗之內層，而外層未穿透，細審碗邊，亦復無所覺察，又謂之冷紋，與衝口迥不相同。其曲折有致者可以目為開片。』近代出土貨，毀損殊甚，若窰風者，已不足為病矣。

第二節　釉色

漢代與羅馬及東歐諸國交通，得其製琉璃之法，而發明各色之釉藥。將石英類（白色者為矽，紫綠色者為石英，藍黃色者為晶）研成細末，塗抹器上，用高熱度溶解成釉。有青色、濃綠、青褐色、白灰色、漆黑、淡黃等色，其質料與玻璃略等，故有若干哥窑，幾光若玻璃，世稱玻璃釉。

製釉之法，據陳佐漢氏言：以稻殼石灰百與三十六之比，燒灰後搗碎，用水浸淘，去其沉澱，稱曰烏油。以十成烏油加十二成白土及五六成紫金泥，即成釉水。亦有不用稻殼而用鳳尾草者，前者多綠色，後者多青色。白土重則成白湖色，烏油成份多則發綠色，烏油中紫金泥成份過多則發黑色。火度如過高，則石灰中之石英質燒成玻璃質而顯露於外，即不類玉器，故玻璃釉並非佳品。烏油中必攙白土者，可使釉堅凝不流。宋代製釉之法，今已失傳，惟其理則初無二致。

凡上釉一次而成者曰一道釉，稱曰純色，或稱單彩釉。龍泉窑瓷均屬之。據仿古者言：仿古之品，類皆上釉數次，否則釉色不深，因疑哥弟窑等亦必蘸釉數度，否則無此艷色。釉色據往籍所載，為蛋白色，或稍帶黃色如炒米色，均有紋片。惟近世習見之鐵骨哥窑，大都青褐色。《陶雅》載：『宋哥茗具，滿身皆褐色細斑。』所謂蟹甲青（綠多無碎點者）與鱉裙，（深綠之有棕眼者為新橘，近墨者為鱉裙，近黃者為蟹甲，此三者為一類。北人呼鱉曰忘八，故稱鱉曰忘八綠。）又有為錳及鈷之淡紫色，或銻之金黃色。至於黑色，淡黑等色，則僅見斷片。

而黑白相間，白色仍帶灰暗者，則於郭哲綿處見一象蓋，聞大窑尚有一膽瓶，余亦有此一碎片。此種白色，據王坦然氏言，係火力不到，釉沫未消之故。適東與仿古者龔子敬氏來談，舉以訊之，亦以為然。予細察象蓋及余之碎片，見火力到處即發黑色，且有開片，白色處則無絡紋。始信其言之確。錢叔青氏疑哥窑之所謂蛋白色炒米色，或係誤以明清景德鎮之仿製品，目為哥窑。余以為吾人所見有限，尚難下此斷語。《陶雅》載：『章氏兄弟窑，近世皆謂哥窑，色白而有冰裂紋，實則膺本甚多。』疑白色多膺本則可，謂為無之，則載籍彰彰明甚，似尚非的論。

弟窑之釉色，以深湖綠色及淡綠色為正宗。《格古要論》載：『古龍泉窑，今日處器、青器、古青器，土脈細且薄，翠青色者貴，有粉青色者。』《陶雅》載：『宋龍泉青器，濃淡不一其色。』故其餘有慘綠色者，有淡如葡萄水者，有魚肚色而稍泛綠光者。此外尚有米色者，鱔魚黃者，（成化仿宋，有黃色碎點於底腳內外圍燒一周，姿致活潑者，謂之鱔魚皮。）及醬黃色者，大抵為宋時出品。弟窑之釉，雖較哥窑為厚，但勻淨細膩則過之，精光內蘊，宛如碧玉。至各小窑仿弟窑之器皿，則釉或過厚過薄，色亦不勻。元明仿弟窑之胎骨極厚重，釉色亦混濁，雖列處青一系，實有霄壤之別。載籍所說：『明仿龍泉與宋無甚大異，惟其色略淡，其釉略薄耳。』此說殊不甚確。又《陶雅》載：『哥窑有粉青一種，較弟窑更為幽艷，弟窑色綠，即龍泉窑也。』云云。蓋古瓷尚青，在晉曰縹；唐越秘色，亦曰峰翠。柴窑曰雨過天青；宋東窑有碧青、淡碧青、油青、東青；汝窑有天青（深者蔚藍）、卵青、粉青、豆青；官窑有天青、翠青、粉青、月下白、大綠。龍泉窑有果綠、天青、粉青、翠青、葱翠青；麗水窑有油青、灰青；哥窑有豆綠、翠青、粉青、淺青、灰青；鈞窑有天藍；降及明清，又有瓜皮綠、孔雀綠、子母綠、菠菜綠、鸚哥綠等色。又復分硬軟兩種：硬彩即深色，有蟹甲青、鱉裙、氈包青、寶石藍、酒藍等；軟彩即淺色，有松葵、松花、葡萄水、西湖水、天藍、灰藍等。凡綠色藍色，均以青色括之。故縹瓷入潘岳之賦，綠瓷紀鄒陽之編；陸羽品茶，青碗為上；東坡吟句，青碗浮香。許之衡亦謂：『古瓷尚青，宜品茗酒耳。若肴饌則素瓷青花白質瓷為佳。鄒陽賦：「醪釀即成，綠瓷是啟。」陸羽《茶經》：「越瓷青而茶色綠。」《七啟》：「盛以翠樽。」季南金詩：「聽得松風並澗水，急呼縹色綠瓷杯。」東坡詩：「青浮卵碗香。」觀數公句，可知尚青止杯盞之類，亦非如柴汝之青色也。』云云。雖以茗酒為限，亦可覘當時青色之風尚。柴窑為宋瓷之典範，其時官哥均仿柴窑，而柴窑相傳司事者請瓷器式，世宗批其狀曰：『雨過天青雲破處，者般顏色作將來。』故此種淡藍之雨過天青瓷色，極為名貴。汝東哥弟各窑，均以此為準則者也。（說見《飲流齋說瓷》及《陶錄》。）此外白湖梅子綠次之，淡綠、米色、黃色等又次之。

瓷類用釉之法，據《中國陶瓷史》載，有塗釉、淋釉及吹釉之別。塗釉之法，便於厚胎者。瓷上所以現淚者，蓋因塗釉太厚之處，釉藥垂流，故燒成後成淚痕或堆脂之形。若胎薄，則不能承受如此厚重之釉，燒之必成畸形，或完全溶塊。淋釉則較簡便，但曲綫過多之作品，總有淋不到處。若加淋第二次，則以前淋有釉質之處，其因吸水過多，每被第二次之釉水衝去，且釉質之黏力極小，初次淋時，因坯胎吸水，故釉能與坯密黏，若乾後再淋以釉水，則前之乾釉因浸漲而剝落。故在此時瓶類兩肩多有現胎骨者。又淋釉之法，若胎坯過薄時，極易崩潰。故在吹釉法未發明前，極少薄胎之作品。吹釉者，截經一竹筒，長七寸，口蒙細紗，蘸油以吹，吹之遍數，視坯大小與釉之等類為多寡之差，多至十七八遍，少亦三四。淋釉之件與吹釉者一望可辨，蓋淋釉者，其無釉處截然而止，吹釉則較多曲綫也。

殘器中常見跳釉縮釉之現象，蓋因釉質與胎不能密合，故經火力後與胎骨脱離而成上縮或下垂之象，《陶雅》所謂火候驟緊，斂釉露骨，即稀且微，若斷若續者是也。《説瓷》亦謂：古瓷中常有不及底，露出胎骨大小片段不等，甚至有半有釉半無釉者，謂之露胎，其小者謂之縮釉。又有隨意掛釉，不令到底，宋元器皿，往往有之，則謂短釉。釉汁未乾，兩皿相並，黏而為一，擘之使開，則謂之黏釉。釉厚如堆脂，謂之密淋釉。其掛釉至底之處，往往若蠟淚，任其滲出，謂之鼻涕釉。物相擊觸，幸未嘯裂，但損釉質，或及胎骨，則謂之磕碰。黏釉者病在先天，磕碰者不至瓦解。良釉經火，變為他色，濃煙重翳，乃如潑墨，則謂之串煙（今名穿煙或衝煙）。釉汁星星，光未發亮，火氣蒙罩，如錫如飴，則謂之麻癩。串煙者濃淡攸分，麻癩者精神頓減。純色之皿，案磨布擦，細紋如毛，或若枯臘，則謂之傷釉。

釉有名橘皮釉者，其形如橘皮，殊可愛。又有所謂棕眼者，即釉中含有魚子般之小汽泡，亦屬可珍。前人謂釉汁中有小沫，起泡如碎珠者謂之唾沫星；邊圈不起泡沫，而若含淚盈眶者謂之水眼，凹而縮者曰棕眼，淺大而滋潤者曰橘眼。又曰：釉汁之美者曰水眼，其次曰棕眼，曰橘眼，若唾沫星，又其次也。《陶雅》載：『釉汁中含有水星，如小珠歷歷可數曰水眼，若起泡沫與膜質，則不得冒此名稱矣。棕眼較巨，縮而凹，亦謂之鬉眼。』又載：『唾沫星之所以異於水眼者，其泡質中空，水汁不勻，有似卵幕（即蛋膜）。若水汁暈於四圍，逼成無數圓形之小點，而星星不散者，則精華之所凝沍也。故水眼為曠代一遇之絕品。』按水眼由於火力稍猛；橘皮由於火力稍微；棕眼由於胎質粗鬆，補水欠勻。

哥弟窯之埋藏過久者，往往被土所侵蝕，生一種剝蝕現象，是曰土蝕。又有未至剝蝕程度而泥土密契，瓷面成一泥水跡者，或曰土花。

一道釉之器上，另繪較深或其他彩色之花紋，以增美觀者，謂之加彩。加彩一名夾彩，加夾同音。《飲流齋說瓷》謂：『本地色加彩，蓋始於宋。或謂始於明者，非也。』又謂：『至宋末而加彩興，稍稍趨於華美。元瓷間有花彩，然大都步宋規模，且不及宋製之精，時露古拙氣象。大抵蒙古歷年既短，故製品稍遜宋代歟。』又云：『至元法花之品，花與底不一色，已開夾彩之權輿。』據此，則加彩與夾彩之義不同，且加彩始於宋代。實則唐已有之，即今甘陝所發現之唐三彩是也。又有於瓷器邊口加若干黃黑諸色混雜之斑點者，普通亦統名之曰加彩，亦稱金彩。此在晉瓷曰點彩。考瓷器由彩陶、黑陶而鋼陶加釉，成最初之瓷器（如晉瓷等）。晉瓷有一種較東青略黃之釉色，其妙者亦有蝦青，但尚嫌其不美觀，故有點彩之舉。歷代瓷器有此者價格較高。點彩有人為及自然兩說。據稱前者甚勻整，大概大邊口上四分之一處各有一點，且摸去不若釉面之光滑。後者疏密不成章法，隱於釉內，係屬窯變之一種。惟據若干仿古者言，點彩係於上釉後將金質磨成細粉，蘸塗器上，入窯燒製即成，如放金或錫，則燒製後成紅色。過去溫州張漢卿氏於古瓷上亦能點彩，蓋極薄金屑，遇低溫即可溶貼也。尚有所謂黑點紅斑者，較少見。哥窯加彩之器，據《說瓷》載，古物保存所有之，其友人復藏一具，古氣盎然，不類後加者。

哥弟窯之出土貨中，常有胎骨上釉而未經燒就之品，蓋由火力不足，石英類未能溶解。

可以用野豬鬃洗刷乾淨後再入窑燒之，是名複窑。復窑後或則碎裂，或則釉彩雖顯而火氣過重，大損古趣，故若干癖好者不喜複窑，以存其真。《博物要覽》云：『有一種複燒者，取舊官哥瓷器，如爐欠耳足，瓶損口稜，以舊補舊，加以釉藥，一火燒成，與舊製無二。但補處色渾然，得此更勝新者。愚謂用吹釉之法補舊，補處可使無跡。』所謂複燒，係指整補舊器後加釉重燒，與複窑之意不同。近代張漢卿亦能此，凡器損三分之一，均可修補，與原器渾然一色。惟不能落水，且歷久即發黑色。張曾任省議員，自備小窑，且能偽造年號，已亡故。

哥弟窑頗多窑變，窑變係由於酸化之作用而生各種光怪奇麗之窑變色，如紅斑等。與四周之釉色相映，光彩輝耀，有時其斑且作蝴蝶等生物之形。惟古人每疑神疑鬼，傳說紛紜，咸以為形態亦變者。《天工開物》云：『正德中內使監造御器，時宣紅失傳，不成，身家俱喪。一人躍入自焚，託夢他人造出，競傳窑變，好異者遂妄傳燒出鹿象諸異物也。』《清波雜誌》云：『饒州景德鎮，陶器所自出，大觀間有窑變。色紅如硃砂，謂熒惑躔度，臨照而然，物反常為妖，窑戶急碎之。』

官哥窑之窑變，記於載籍者，有《博物要覽》載：『官哥二窑，時有窑變，狀類蝴蝶、禽鳥、麟豹等像，於本色釉外，變色或黃或紅紫，肖形可愛，乃火之幻花，理不可曉。』

廖獻忠為仿古名手，余獲覩其製釉秘方，惟暮年走筆，字體多訛，間雜方言，多不可曉。經與龔子敬氏仔細推敲，除百索不得其解之處，姑存其舊外，餘均斟酌實際情形，另為輯定，附錄如下：

廖氏初期製釉方：碧湖（即麗水之碧湖）缸釉一斤三兩，碗廠（即土窑）白釉二斤，（以白土放窑尾燒一次，置水碓內搗三天，入水桶內加石灰一碗，予以掏撥，其粗者沉澱在下，即將上層泥水另入一桶。其沉澱物即白釉。此法廖氏名之曰飛，下依此。）碗廠烏釉七兩。

廖氏改良製釉方：鳳尾草（龍泉人稱燥郎機）二百八十斤與石灰七十四斤共燒，燒時應時用鐵鏟翻騰，以求火力之均勻。再入水碓搗七日夜，經水飛過後五日，將底層烏灰取出曬乾即得。南楓樹橋（地址未能考查明白）有製磁泥，即今時窑廠做碗套之泥，用水飛極細，飛時最好一日三淘，泥少再添，最後之細泥，曬乾後用碗廠白泥三成配合之，亦佳。

廖氏內釉方（即初次所上之底釉）：碗廠白釉十斤，碗廠烏釉四斤。

廖氏極貴萬金難換方（即最後所上之釉）：碗套泥十兩，自煆即煨過之烏釉十一兩，碗廠白釉一兩，青竹灰（即毛竹灰）三錢（加此後可使釉色更綠）。

廖氏新方：（自註：二十二年舊曆五月二十一日如死後復活，徹底細思斟酌而定。）內釉方：白釉一成七，烏灰一成。又方：工廠烏灰一斤，工廠白釉一斤二錢，土鬬二兩，竹灰二兩。又方：工廠白釉一兩五錢，工廠烏灰五錢，畢鬬五錢，竹灰二錢五分。又方：特金龍一兩，工廠烏灰一兩二錢，竹灰二錢。又方：工廠烏灰八錢，特金龍一兩，竹灰二錢，生灰一錢。

廖氏未試方：烏石金龍一兩，竹灰七錢。又方：龍恭（山中雜樹名）灰七錢，烏石金龍一兩。又方：濁足灰七錢，烏石金龍一兩。

瓷釉原料，隨在都有。龍泉烏石山（疑即現地方銀行後面之山）後朱家墳一帶甚多。配合之釉，入碓搗十日夜，再用磨至極細，方稱精緻。

廖氏上釉法：上初步之釉，以五十件為一次，排列成序。先以瓷坯浸入清水（此點與今法不同）約一秒鐘取出，俟全部浸畢後，即再依次上初釉，亦以一秒為度。上畢，以刀剔去底足不要釉之部份，免粘器套。然後放入土碗窑窑尾間，即不燒器之處烘之。烘過後上大釉，即貴重之釉。仍照上初釉辦法依序排列，亦投清水中一秒鐘，然後取出，俟五十器浸畢，再自第一器起逐一投入釉桶，口中默數至三十即取出（因過久防跳釉）。上大釉視釉之厚薄而定度之多寡，惟最少必須三次。上釉畢，亦須剔去底足不需釉部份，放平底套內。如不放套內，過久將有毀損之虞。瓷底須用泥餅填燒，否則硃砂（即底腳）必多損傷。仿古之器，應放土窑第三間（普通十七間之窑，以三四五各間為最佳），火力較適。孫坑窑燒法，將各器疊成一堆放入窑內，中段之器，因火力得當，色澤最佳。

以上為廖氏秘方，由潘士祥氏代為搜尋而得，書中滿載祈求上帝之語，蓋廖生前係篤信耶教者。並自述其一生精力家財，盡費於古瓷之研究中，現遺堂孫廖良廣，希傳其秘方之瓷廠，能酌予提攜云云。並為附誌及之。

第三節　開片

哥窑以碎紋著名，術語曰開片，或曰斷紋。各種裂紋，係一種『濕隱裂』，蓋釉係石英類，經高熱度溶解成釉，當時或經若干年後，因受空氣冷熱之影響，釉質中縮而起變化，遂激成開片。釉質之硬度愈高，開片愈速；釉彩愈厚，開片愈大。其始出於天然，為釉之病態，及後視其雅馴，乃有人為之作品。哥窑開片，其裂縫大都成白色，所謂白絡是也。實際上有此裂紋，並不能為最精之器。依照近代仿古慣例，釉水如石灰與白土為十與十二之比，則軟硬適度，如等分則易開裂，蓋石灰多則釉水嫩。經高熱度後，玻璃質既溶解而出，同時亦現裂紋，故玻璃釉及裂紋，可謂燒毀之作品。古人亦謂哥窑之佳者，釉純無紋。日人不喜有紋片者，類多選購弟窑。蓋弟窑之精光內瑩，酷似碧玉，乃配釉及火力適度所致，所謂初寫《黃庭》，恰到好處，非不能為開片與琉璃，蓋嫌其不似玉器也。

開片有各種名稱，曰冰裂紋、蟹爪紋、鱔血紋、百圾碎、牛毛紋、魚子紋等。龍泉窑瓷之研討，對此有詳情之註釋，茲為分述如下。

冰裂紋：無論角度大小欹斜，均為直綫。

蟹爪紋：如蟹爪爬過，起一種不規則之劃痕，多作弧線彎曲之狀。

鱔血紋：因碎痕有紫色如鱔血，故名。其開片多作方塊，大小均匀。

百圾碎：先有大塊開片如冰裂紋者，其無裂紋之處，又作不等邊細小裂痕，而在釉面仍毫無形跡。見之仿若裂痕百條，亦稱白芨碎。

牛毛紋：彎曲兩端截然而止，並不如他紋之接續，在器上疏落有致，彷佛天際微霞，又類似一簇牛毛，故名。

魚子紋：器上滿布細小密集之開片，有如魚子，亦稍有顏色。惟較鱔血紋為略淡。此外尚有各種形態，如蚯蚓紋似蚯蚓走泥，菟絲紋狀似菟絲，流水紋各紋平直不曲，葉脈紋類雙子葉之網狀脈，種類繁多。惟處青之習見習聞者，大致為上述數種。

俗稱小開片曰文片，大開片曰武片。哥窑開片，以冰裂紋與百圾碎為多。牛毛蟹爪，為開片之大者，魚子為開片之小者，冰裂有大有小。吳文苑氏謂有若干哥窑之開片，底緣一圈，似有規律，其中即任意碎裂之冰裂紋，頗為可觀。西人不喜牛毛紋。《陶雅》載：『西人重豆青，不重東青，以東青多有牛毛紋。乃謂釉質之不匀，由於瓷力之不稱。是以哥窑雖古，幾無過而問者。』至於魚子紋則不甚經見。錢叔青氏曾見若干片，其釉作淡黄色，甚薄，但並非宋器，大都為唐瓷之一種，因釉薄年遠，始有此種現象。《陶雅》載：『輾石為粉，不易開片者，命曰瓷胎；泥醬之質，易於開片者，命曰漿胎。漿胎開片，開在坯胎，代遠年湮，堊澤亦因之而迸開。有小開片，有大開片，開有先後，片有新舊，翳後開之新片，證歷年之久遠。小片之細碎者曰魚子紋，大片之稀疏者曰牛毛紋。魚子紋最為劣下，不以廁諸作者之列；牛毛紋微帶黄色，若隱若現，毫氂未拆其釉質也。』又謂：『龜折者坼及坯胎，若魚子與牛毛，其拆也，與坯胎無涉也。』云云，蓋哥窑之開片，雖紋痕破碎，而釉之表面則毫無形跡。且哥窑之開片，出窑即然，並非由於歷久而裂。《陶雅》載：『哥窑瓷胎，大片入骨，出窑經風，隨時迸裂。其裂也，乃具有特種之性質，坯胎與色澤而俱拆，渺不關乎經年與累月，是以西人重其古而嫌其拙。』《博物要覽》載：『官窑質之隱紋如蟹爪，哥窑質之隱紋如魚子，但釉質不如官窑。』其弟生二所製，則無開片，以其深湖色與淡湖色之色澤，與釉彩之匀淨滑膩擅勝場。聊鑣方轡，各有千秋，可謂難兄難弟矣。

弟窑初無紋片，已如前述。惟歷時過久，自然碎裂。此種開片，易於損及釉面。今弟窑頗多開片者，其形狀大都在百圾碎與蟹爪紋之間，觀之甚為雅馴，殆生二生時所未及料者歟。

元明間之仿弟窑，有迄今尚未開片者，蓋釉質硬度不足之故。其有開片者，類皆鱔血紋，大都人為之開片，極不自然，反見蛇足，真所謂婢學夫人者矣。其他仿哥之粗糙者，片紋入骨，亦謂之冰紋，仿哥所開之片，大都為粗片。

仿古器之開片，係屬偽造。先將瓷器浸入水鍋內，用高熱度火力使其沸騰，滿一小時，即以最敏捷最短促時間取出，隨浸入冷水內，器面釉質遇冷驟縮，即成開片。如欲其裂紋有色，可用五倍子水或兒茶再浸一度即成。此亦仿古者不傳之秘也。

第四節　花紋

處青之花片，有所謂隱青者，又名影青。先在坯胎上淺刻浮雕各種圖案或花卉，然後罩以一色之釉，花紋隱現肌裏作青色，故名隱青。《陶雅》載：『以刀刻劃花紋於未經糊釉之先，陽文為凸雕，陰文為平雕，隱於瓷質之內，而瓷質極薄者，上釉之後，內外皆平，以手指按摩之，固不能覺也。若向日光或燈光照之，始見花紋，則謂之隱青。』二章所製據《格古要論》載：『古龍泉窑其雕花種類之多，頗似南定，不過定窑較深，弟窑較淺。』惟實際所見，甚鮮此類，有之則哥窑有螭虎、獸頭，弟窑龍虎瓶上之龍虎等，然皆突出坯外，等於雕瓷，嚴格言之，不得謂為隱青。雙魚盤內之雙魚，亦屬浮雕，蓋隱青之花，僅較坯胎高米許，視之仍作平面，狀若凸雕者，名曰法花，若玲瓏剔透，高低不下，則雕瓷也。隱青大概分印花、劃花、雕花三種。用板印成者曰印花，用刀刻淺而纖細有勁者為劃花，粗細不一花紋婉轉生動者為雕花。

此外尚有用針刺成之繡花，用錐鑿成之錐花，以筆蘸泥成凸堆之堆花，用刀刻平雕之暗花，兩面透明之鏤花，另刻花紋而嵌入之嵌花等，青瓷中嵌花尚不鮮見。

器邊形之習見者為捲荷邊、菱花邊、瓜稜邊、六角稜邊、八角稜邊、葵花甌口邊、泛沿邊、弦紋邊、海棠花邊、蔗段邊等。

邊緣圖案有雷紋（俗稱鎖殼）、方雲鈎、鋸齒（俗稱狗牙）、複式鋸齒、方格、方格加點、秋葉、蕉葉、水浪、繩紋、三角、卍勿斷、鼓釘、四如意、八吉羊等。

內外花紋，指不勝屈。花卉分異形花與正形花兩種：前者如秋葵、芍藥、牡丹等複瓣花類屬之；後者如桃梅等圓者圓，尖者尖之正瓣正形花類屬之。植物類習見者有荷花、蘭花、牡丹、菊花、纏枝西番蓮、寶相花、海棠花、菱花、桃花、梅花、牽牛花、葵花、秋葵花、甜瓜、竹葉、蕉葉、荷葉、靈芝等；動物類有雙魚、千年龜（大小經寸者曰千年龜，大概息荷葉上）、雲龍、雙雲龍、飛龍、坐龍（即正面龍，大概為團龍）、雲鳳、雙雲鳳、丹鳳朝陽、雙鳳、雙雲鶴、雙鶴、麟、麟吐玉書、蟠螭（一雌一雄，雌者兩足，雄者四足）、雙螭、饕餮、虎、獬豸、犧等，圖案紋有海濤、八卦、方勝、卍字、吉羊、八吉羊、四出古錢文、風車、多幅風車、雲紋、雷紋、暗八仙等。在盤底者有兒童騎竹馬、馬上封侯等，花紋之簡者，僅在碗盤裏底作風車形、多幅風車形或蓮瓣、梅瓣。碗有內外滿花者。王坦然氏有一黃釉大碗，裏底有圓形隱青花，其花紋為荷花螽斯，在龍泉瓷器中有昆蟲花紋，尚屬創見。

在花紋以外，又有文字百歲，篆文顧氏福壽等者。據陳萬里氏於大窑所搜集之碎片中，計有下列之字樣：

福（正書一種，篆書兩種，草書一種。）秀（正書一種。）吉（正書一種。）金玉滿堂，中嵌石林二字（篆書一種。）吉利（正書一種）上黨（正書一種。）平昌（正書一種。）河濱（篆書一種。）清溪（篆書一種。）壽（正書一種，草書一種。）石林（在碗底無釉處凸花兩側一種，反正一種。）張（篆書一種。）李氏（篆書一種。）王（正書在花紋旁一種。）積（正書一種。）定（正書一種。）賓（正書一種。）禮（篆書一種。）顧氏（篆書一種，行書一種。）河濱遺範（正書一種。）

龍泉道泰綠窑所產之瓷器，有字者最多。市上曾見有一水中丞，刻有『勤治筆墨早攀仙桂』八字。一五穀瓶，上刻『倉蔭子孫』四字，一花瓶，上刻『文武雙全』四字。此外因昔時民間陋俗，有病祈神者每定製瓶爐之類，獻納寺廟，上多題有祈保家口平安，弟子某人敬獻等字樣。哥弟窑之題字者甚少，陳佐漢氏曾見一哥窑角，上鎸『紹興三年文廟祭器』八字。又見一哥窑盤，胎極薄，有『河濱遺範』四字。哥弟窑之月字者，以稀而貴。

第五節　款式

二章瓷品，大概取範於商周銅器，及柴官等窑，亦有仿自漢玉者。（曾見一鐵骨燈籠罩瓶，係仿琮形，琮為皇后所執。）據載籍所記，種類極繁。《陶說》中即有哥窑瓶、筋瓶，哥窑硯，哥窑三山五山筆格，（即筆架。《考槃餘事》：『筆格有哥窑三山五山者，製古色潤。』）哥窑圓式、鉢盂式、儀稜肚式、水中丞，（《陶雅》：『水盂之小者，謂之水丞，曰水盛者誤。又謂之水中丞、水滴、蟾注。凡滴各有水管，安插於黿蟾等物之背上，用時以食指按其管，吸水而注之於硯，故曰滴也，而又曰注也。大者曰洗。水丞之高者，銳上而豐下，俗謂之田鷄簍。』）哥窑方圓壺、立瓜卧瓜壺，哥窑雙桃注、雙蓮房注、牧童卧牛注、方注、筆格內貯水作注，哥窑筆洗，（《陶雅》：『洗者洗筆者也，敞口而巨者謂之洗，而面盆近之。盆以洗手，且洗面者也。其中斂而加小者謂之水丞，則盂之屬也。』又《考槃餘事》：『陶者有官、哥、元洗、磬口洗、元肚洗、四捲荷葉洗、捲口蔗段洗、長方洗，但以粉青紋片朗者為貴。』）哥窑蟠螭鎮紙，哥窑青冬窑瓷印，（《考槃餘事》：『印章有哥窑、官窑、青冬窑者，製作巧，紐色之妙，不可盡述。』）哥窑方印色池，八角、委角、印色池（又稱印盒），（《考槃餘事》：『印色池，官哥窑方者佳，尚有八角委角者，最難得。』）哥窑彝爐乳爐，（《考槃餘事》：『香盞、香爐、官、哥、定窑、龍泉、彝爐、乳爐，大如茶杯，而式雅者為上。』）哥窑合卺雙桃杯，有承盤，（《妮古錄》：『項希憲言：司馬公哥窑合卺雙桃杯，一合一開，即有哥窑杯承之。盤中一坎正相容，亦奇物也。後入劉錦衣家。』）哥窑八角把杯，（《妮古錄》：『余於項元度家見哥窑八角把杯。』）又有龍泉窑細花紋水中丞，龍泉窑彝爐、乳爐、龍泉雙魚洗，菊花瓣洗、鉢盂洗、百折洗等。

《陶雅》載：『宋哥茗具，碗上各有蓋。』《中國陶瓷史》圖中所見者，有宋代龍泉爐窑，龍泉之花瓶，宋哥窑雙耳碗。又稱明代之處窑出品，有福祿砧、千鳥、麒麟、天龍寺、浮牡丹等，皆為青瓷。傳入日本，頗為日人所喜云云。

故宮博物院瓷藏三五二一件，皆係宋、金、元、明、清歷代名窑出品，其中宋龍泉窑及章窑經審查考定（民國十九年），參加倫敦中國藝術國際展覽會者（民國二十五年），宋龍泉瓷有：（一）粉青蓮瓣大碗一件，（原名凍釉瓷碗，口有微傷。口徑二十二·二公分，高十·九公分，底徑六·五公分。）（二）粉青盤口鳳耳瓶一件，（原名豆青雙耳瓷瓶。口徑最大九·四公分，高二十五·五公分，最大腹圍三十六·八公分，底徑九·六公分。）（三）粉青鬲式爐一件，（原名冬青三足嵌玉木蓋爐，蓋嵌玉頂，頂脱下。口徑十五·五公分，高十二·八公分，最大腹圍五十一·七公分。）（四）葱翠青窑變匣鉢油斑點三足花囊一件，（原名龍泉釉三足盆奩花囊。口徑十六·八公分，高十六·五公分，孔徑九·五公分。按匣鉢油斑點，由於匣鉢經火煅鍊，溶汁濺於器上，始而出於天然，繼而人為，此種名稱，乃得諸極有經驗之陶工，諸書無此記載，特註於此。）（五）葱翠青象耳壺一件。（原名豆青直口瓶，頸有璺。口徑二·七公分，高十八·四公分，最大腹圍四十四·三公分，底徑九·七公分。本件原註為宋章龍泉窑，即弟窑。）宋哥窑有：（六）粉青葵瓣口盤二件，（原名哥窑盤，底均刻乾隆御題詩。其一口徑十八·九公分，高五·二公分，底徑七·二公分。另一件口徑十七·六公分，高三·四公分，底徑六·三公分。）（七）灰青葵瓣口盤二件，（原名哥窑盤。底均刻乾隆御題詩。其一口徑十九·四公分，高四·四公分，底徑六公分。另一件口徑十八·六公分，高三·五公分，底徑六公分。）（八）淺青葵瓣口碗一件，（原名哥窑瓜稜碗，底刻乾隆御題詩。口有微傷。口徑十九·六公分，高七·七公分，底徑六·一公分。）（九）灰青葵瓣口小碗一件，（原名哥窑碗，底刻乾隆御題詩。口徑十八·六公分，高三·五公分，底徑六公分。）（一〇）粉青雙耳碗一件，（原名哥窑雙耳洗，鑲有銅口，耳有傷。口徑十八·九公分，高七·七公分，底徑六・八公分。）（十一）米色高足碗一件，（原名無款哥窰靶碗，口有傷。口徑十二・七公分，高十・二公分，足徑四公分。）（十二）粉青貫耳穿帶杏葉壺一件，（原名乾隆瓷提瓶，帶木座，底及座面均刻乾隆御題詩。口縱五・九公分，橫六・九公分，高十二・三公分，底縱六・六公分，橫八・五公分，最大腹圍三十七公分。）（十三）粉青魚耳彝爐一件，（原名哥窰雙耳爐，帶玉頂木蓋，玉頂脫下。口徑十一・二公分，高七公分，底徑八・一公分，腹圍三十六公分。）（十四）粉青窰變米色衝耳乳足爐一件，（原名哥窰雙耳三足爐，帶玉頂木蓋，足有傷。口徑十二・九公分，通耳高九・六公分，最大腹圍四十五・七公分。）（十五）米色三足圓爐一件，（原名哥窰三足嵌玉木蓋爐，帶玉頂木蓋，玉頂脫下。口徑十三・三公分，高四・八公分，底徑十二・二公分，腹圍四十三・四公分。）（十六）淺青窰變米色筆掭一件，（原名鉞窰瓷片，帶木座，器座之底，均刻乾隆御題詩。最寬八・六公分，最長十二・三公分，最高一・六公分。）共計十八件。御製之詩，係乾隆時精工刻上者。

錢叔青氏旅龍近十年，其所經眼見者：（一）鼎，俗名金剛爐，有耳有三足，亦有無耳者。（二）壺，俗名花瓶。有有耳者，亦有無耳者，又有一面平扁者，則係轎中掛瓶。（三）盂，六寸徑盤，高邊低足。（四）豆。（五）登，高腳盤，豆淺而登深。（六）供杯，高腳酒杯。（七）把盞。

弟窰瓷器之經眼見者：（一）鼎，俗名金剛爐。（二）彝。（三）尊。（四）盤。底有顛倒雙魚，仿漢雙魚洗形製，亦有無魚者。（五）匜。（六）錞，俗名龍虎瓶。（七）水中丞。（八）筆格。（九）甆口。其餘如飯碗、飯器、荷瓣碗、蓮子盅及徑尺大盤等件。

此外安福、溪口、竹口等窑瓷器，有高二三尺鳳尾式大瓶、百圾碎瓶、錘瓶（俗名鷄腳瓶）、蒜頭瓶、投壺瓶（有兩耳與瓶口齊，若《禮記》投壺之壺式）、花觚、花澆八卦爐、敦式平底爐、永始鼎式爐、周鼎式爐以及水丞、酒器、茶具、寒具、飯器，甚之鳥壺寫生等，無不具備。元明兩代仿製弟窑者，大則魚缸，小至鳥盅豆登之屬，尊罍之類，更不勝指屈。

以上係錢氏所經見者。近人題名，每多不合古制，尤以瓶尊罐壺之屬，任意呼喚。不知古之尊與壺，皆為酒器；今人不辨，皆名之曰瓶（又有量器之錘，今人亦統名曰瓶）。昔以瓶儲酒，今以瓶插花。瓶與尊之別，大概口腹相若者謂之尊，口小腹大者謂之瓶，口大腹小者謂之花觚或花插，觚之矮者曰渣斗，更小者為嗽具。瓶與罐之別，大概有蓋者應名罐（有專門名詞者除外），無蓋者始名瓶。現代瓶之款式，有一百數十種之多。其命名或以形態，如美人肩；或以花紋，如牡丹瓶；或以兩耳之形狀，如鰲魚耳瓶；或以用途，如五穀瓶；或以其特徵，如龍虎瓶、五管瓶；或兼式樣與花紋而並稱者，如蟠螭蒜頭尊等。現代之所謂壺，皆三代之盉、卣。盉即現代之酒壺、花壺，其柄在旁。至其柄在頂，或可左右翻動，或定著不動，或用繩索代替者，均為卣。其無柄無口者曰壺。盤碗盂三種款式，盤有極厚而極巨者；碗以狀如草帽者為佳，即壓手大杯也；盂即荸薺扁，腹較皤，口與足略殺。豆登均為祭器，無蓋者曰豆，有蓋者曰登。今人稱謂高腳杯者實誤，蓋豆登盛肴而杯以盛酒者也。爐之式樣，若以仿古銅器玉器論，則僅有圓鼎、方鼎、鬲、彝、敦五式，但現有之爐式甚多，同一鬲爐有高足、矮足、乳足、獸頭足、方足、三稜足、筆管足、半圓足等。惟彝敦兩種式樣之爐，均平底無足；鼎鬲兩種式樣之爐，皆三足；周文王方鼎則為四足。目下龍泉所發現之哥窑爐，有鬲鼎等式；弟窑或普通龍泉窑爐，則有鬲、鼎、直桶、竹節、敦式、彝式、罍式、海棠花式、三角、四方、扁方等式。

各器之口，分平口、直口、甓口、甌口、翻沿口等種。

各器之耳，大概用動物飾之，如螭吻耳、龍耳、鳳耳、象耳、鹿頭耳、饕餮耳、鰲魚耳、魚耳、虎頭爪耳等。瓶類多銜環者，如饕餮銜環耳、獸銜環耳、鳳銜環耳、桃花環耳等。此外尚有虎眼耳、鳳眼耳、紐絲耳、方耳、圓耳、扁耳、貼耳、角耳、柱耳、雷紋耳、雲鈎耳、日月耳、如意耳等。耳又有在口上者，有頸上連口者，有在腹部者。

各器之足，再類歸而言之，有高足、矮足、圓足、半圓足、乳足、方足、三稜足、筆管足、竹節足、雲鈎足、獸頭足。獸頭足中又分螭虎、獅頭、象頭、虎頭、饕餮、羊頭等類。

此外瓷佛、鳥、獸、故事之人，均謂之寫生。至於日常用品，飛禽走獸，人物裝飾等，除有品名者外，均歸之雜件可也。

茲以今概古，為之分類如下：

瓶類　包括古之壺、尊、觶、鍾、觚。

爐類　包括古之鬲、鼎、彝、敦、罍。（後三種均無足）

罐類　包括古之錞、甀、瓿。

洗類

壺類　包括古之盉、卣。

盤類　包括盤（平者為盤）、盂、鉢（古稱盋）、渣斗。

杯類 包括杯、盞、豆、角、爵、盅。

碗類

盆類

文具類 包括筆筒、筆格、臂擱、籤筒、水注、水中丞等。

雜件寫生類

哥弟窑出品，目下以鼎之品式最貴，次為瓶，再次為印盒。外人多喜收印盒，愈小者愈名貴。其開片則以小盒大片為上，大盒小片為劣。《陶雅》謂：『印盒，饅頭式，以扁如荸薺者為佳，其下層頗高，底足斂縮者，又謂之饅頭抓。』又謂：『印盒重哥窑，若泥均亦可喜也。雍正之仿哥者，聲價不在東青下。』鼎以鋼筋爐為上品，即三足有筋墳起者。自日人提倡後，聲價十倍。龍泉葉正生家有此一件，鐵骨，質甚輕，惜已殘缺不全矣。此外，鉢式之渾圓而略扁者亦貴。《格古要論》謂古龍泉窑之器式以觚瓶、鬲爐、葵花、菱盤等為最上之品，今古所尊，大致相同。

第三章　隨筆

處青之銷上海者分兩種，大件銷美國，小件銷日本。前者稱花旗莊，後者曰東洋莊。即仿古青瓷，亦所歡迎。若龍虎等瓶，則去蓋而裝電燈，爐則置放煙灰紙片，盞盂則盛水養花，其他高大可觀者，則陳列案頭，故粗貨亦售無遺品。日人則因素性喜精緻小巧，故以鼎爐等為上，尤喜鋼筋爐及加彩者，惟不喜開片。龍泉人之赴滬售青瓷者，大抵住四馬路石路口之新同華旅館，後則改住愛多亞路之亞洲飯店，亦有常住三馬路之老惠中、香賓以及畫錦里之謙記者。如有珍品，必訪法租界霞飛路之古董商李文清，方有較好之銷路。蓋上海古董商均聚棋盤街之怡園茶樓，遇有佳品，其力有未逮者，則合購之，如索價甚高，則相約共貶其值，或以其他不正當手段相奪取。惟有李文清不上茶樓，可以直接銷售西人。同時唐紹儀、王克敏以及廣東之一般大家，均託其代收，手面較闊。聞閩華僑陳體善，常以巨價託李文清收購古董，曾購哥窑數事，饋贈西人。除李文清外，尚有靜安寺路哈子達者，則專做東洋莊，亦以與日人直接往來著稱。

龍泉殉葬品中，至今猶膾炙古玩者之口者，曰花轎，係自小梅附近之古墓中掘出。實係孝子慈孫奉獻其先人之五穀倉，俗稱之曰亡庭，或謂係寶庫。余曾見其照片如一亭子。由夏煥猷攜申銷售。關於售價，又復傳說紛紜。有人謂夏得價三萬元歸後故謂已為某有力者取去，不能抗，僅給價七千元。又謂夏持此赴滬，震動全市，古董商爭欲購之，而索價極昂，乃用流氓包圍脅迫之，夏無奈廉價售去。惟據同行者陳佐漢氏謂：花轎有二，一圓一方，圓者有似三潭印月中之石塔，方者似亭，屋脊均列有十二生肖。到滬後爭購者極衆，於夏頗有不利之勢，幸賴亞洲飯店主人孫秋萍者（曾任龍泉縣府科長），極力作其後盾，方者以五千元，圓者以四千元脱手，價並未如所願之高，同時帶滬者尚有筆管爐、兩耳八卦瓶等件。花轎由美人購去，運往美國，初經鑒定，疑是贋品，曾一度退回上海云云。夏任養真小學校長垂二十年，頗饒紳士風度。今已亡故，後嗣亦絶，好談因果者因指謂係發掘古墓之報云。

民初鄉人偶獲佳品，類多送南鄉夏煥猷、沈慶如諸氏處，蓋恐一入城門，即將為豪紳所奪也。在民國十二年左右，鄉間發掘得一屏風，上繪八仙，極名貴。事為楊某所知，即索購，以價格相距過遠，乃買通當時哨官前往強購，鄉人懾於威勢，不敢稍抗，任其取去。此件後即攜往上海求售，價亦甚高云。

邑人談青瓷者必首推龍虎瓶，其入人之深，幾至家喻戶曉矣。所謂龍虎瓶者，明代所製，多為十二生肖分雕之兩瓶，惟龍或虎占全雕計四分之一，瓶蓋為二飛鳥。其他朝代作品，大者蓋上僅盤一龍或一虎，或龍虎並列，最奇者瓶肩雕一死屍。瓶蓋則大都為鳥獸類。亦有瓶頸盤龍，瓶蓋蹲虎者，樣式殊不一致，高約尺許。自發現後約已有五十對之多，其中上等者五對，當時價值每對千元以上，五對之中僅一對最完整，釉色亦佳；其餘四對均有缺點。中等者價在千元以下。下等者不過數十元。大概均銷美國，日本亦得數件。龍虎瓶未聞有哥窑，其釉色以綠色為多，亦有炒米黃等色者。聞以大沙曾玉如所獲者為最佳，色作梅子青。龍鬚龍爪，均極纖細生動，且極完整。係自𥗋石墓中取出後，攜往上海銷售。此外朱世金、程振鵬諸氏家，均尚藏有此品。朱氏有三瓶，兩盤龍而一盤虎，虎瓶係近人所作，而龍瓶尚可觀，惟鬚爪已有損毀，蓋上蹲一犬，極似洋種。程氏有兩瓶，亦均係盤龍，（另有一獅瓶已售去）一綠色，作百圾碎紋，雕刻極有力，惜無蓋。另一較完整，灰色，蓋上伏一鳥，無開片。均係宋瓷，而未敢斷定其為弟窑。陳萬里氏曾述一故事，謂甲乙二人以百元之價，合購雕虎瓶一對。先是甲有一稍次之龍虎瓶，乃舉以授乙，及乙知受紿，涉訟公庭，甲被判建造劍池閣，並化費一千五百元，但瓶仍在甲手。有一古董商來論值，出價至七千餘，正欲成交，適因某案發生，警察巡邏其門，當時禁止盜墓，買賣同科，古董商心虛逸去。某甲後終以二千元售出，亦龍虎瓶中之一掌故。又邑人因艷稱龍虎瓶，故若干年前，曾有姊妹二娼，均有殊色，即以龍虎瓶名之。今聞已聯袂嫁作商人婦矣。雖美人遲暮，翠舞珠歌，已成陳跡，但於茶餘酒後，偶一提及，猶能縈回邑人腦海間也。

大窑村過去掘出較為名貴之物品頗多，其銷售上海者，除前述各特殊之品外，復有鬲爐（脚有鋼筋）、鼎爐（口上有兩耳）、突花牡丹爐（外面有凸花圍繞，俗稱陽花）、八卦鼓釘爐、鳳耳瓶、鯉魚瓶（瓶口下兩邊有耳為鳳為鯉魚）、突花牡丹瓶、菊花瓶、龍虎瓶、大吉瓶（狀如大吉兩字）、印色盒等，其售價最高者，為鬲爐，釉色多為天青及白湖。此外尚有高達一二尺之大件牡丹瓶，惜均破碎不全，亦為滬商購去。又有十二生肖之動物及小船，頗不鮮見，吳文苑氏家有一大缸，綠色，已無底，狀如大浴盆，今尚存。

近世哥弟窑，幾無一完整品，余遍訪本邑藏家，均有沾釉、縮釉或破壞變形之憾，且碎片中常能發現極品，但終未得窺其全豹。是殆由於當時兩窑製品，其最佳者入貢秘府，次者亦進獻官宦之家，即凡俗之品，亦必銷售市場，今於故墓發掘所得，非由於窑坍所棄，即由於未能燒好捨如敝屣之物，重以開掘不合科學方法，鋤犁所及，損毀難免，故今日殘缺不全之品，亦令人珍同拱璧。陳佐漢氏分宋青瓷為三：曰家藏，曰拾遺，曰殉葬。家藏殉葬之品，皆屬精品，亦較完整。蓋進御大內或官府之物，久之流入民間，或供玩賞，或隨埋葬，自屬佳製。惟歷時過久，亦不免土蝕或傷裂。至於拾遺，則係發掘而得，即鮮完品。故余欲求哥弟窑之完整無疵、釉彩精純者，渺不可得。時與錢叔青氏言之，錢氏謂哥窑而欲求其精而且整者，當於龍泉以外各名都故郡訪之。旨哉言也。

哥弟窑之較為完整者，近惟林尚棣家有一太白尊，粉青色，如普通之花瓶，上覆一太白杯，僅背面略有沾釉，為一大憾事（太白尊，俗名太白罈，又名鷄爪尊）。陳正標家有把盞，人稱鵝杯，有如近世之珈琲杯，僅略有微疵，淡鳖裙色。王西拉有未完成之把盞等數件及鐵骨花瓶，亦略有損毀。弟窑出品，則周佩岩之一吉瓜壺，亦尚可人，惟蓋非原配，色亦呆滯。裘造時氏之荷葉碗，碗底浮雕一龜，四周極薄，於燈光中映之，幾可透視，僅有一米之損。周培蘭有七星盤，用針托燒而成，亦有微損。此外秘藏之家，或尚有多件，惟余未涉目。

索閱藏家青瓷之難，匪可言宣。蓋收藏家件數較多者，往往堆置数箱，拆視後，包裝极煩，且收藏家必甚珍惜，展視一次，難免無損，尤以顯貴屬意時，不可不舉一二以贈，尤感心痛。余宰是邑，人民猶懾於過去官威，及余請視，既不敢卻余之意，又恐余攫之而去，或雖詢其值，亦不便多索，故常有面露躊躇之色者。余乃樹立風聲，凡至一家，雖盡情索閱而略不求購，即貨主自願脫售，亦必照其所開之價，不甚貶抑。一則所以建樹信用，二則人民對余索價，決無高擡之理，其所開之數，必已一減再減也。今能歷覽珍藏而未遭白眼，且古玩能源源送來衙內，快余先覩者，未始非收此謹飭之效也。

近人製作仿古青瓷，應推廖獻忠氏為鼻祖。廖為遜清秀才，足跛，試列第一，戚友謔者，贈匾以賀，文曰『獨占鰲頭』，蓋譏其跛足也。中式後因足跛，乃改製仿古青瓷，絕精妙，可眩耳食者。惟性不諧俗，席門甕牖，親厚者贈不索值，白眼者雖重金不能求。今已亡故，龔慶芳等乃後起之秀云。

處青之中，近時易得較完整者為五穀瓶。想係殉葬時置五穀之用。聞冢中掘出時尚可見完整之穀形，以手觸之即成灰。惟蓋與瓶，終難一色，好在瓶蓋極多，徐圖之亦可配到同樣顏色。此外各式之盂、雙鯉盤與其他普通之盤、水壺、高裝杯等，亦尚有完整者。高裝杯有人謂係馬上杯，於馬上臨別祖餞之用，或疑即古人所謂高足碗。實則為古時祭器之一，名曰豆，與登類似，惟登則有蓋。哥窑普通常見者有盤、蓋碗、鵝杯、白菜瓶，以及各式各樣之蓋。弟窑以盤、碗、盂、爐、瓶等類為多。

現尚可覓得若干完整之火眼磚，大小如錢，中有一孔，確係鐵骨哥窑。聞係燒窑時同時放入，所以取驗窑中火力者。火眼磚燒成，則窑中各器亦可以開窑矣。

大窑村葉正生家，有一弟窑之碗，碗上有蓋，釉水上下沾牢，已不可啟。顧內中有水，反復驗之，汩汩有聲，終不得出。自掘出迄今，已達十餘年，從未枯涸，不知此水從何而入。蓋此碗必因燒製時釉水黏連而棄置之者，在窑中火力熾盛，縱以人工注水入內，亦必蒸發一乾。出窑後四面皆釉，水如何可入，真令人百思不得其解。

大窑村之名琉田，余以為此處在二章以前，早已為燒窑之地，棄片隨地視之若琉璃，故名琉田。蓋一業之興，決非偶然，一藝之成，終難倖致。必積多數人之經驗，歷如千年之歲月，方得告成。若非藝匠遷居於是，必過去已有此基礎與環境，故後人得發揚而光大之也。

今在大窑村附近，到處可以發現有釉彩之碎片。人家牆壁基地，幾無處不雜有青瓷碎片。尤以窑基所在地之田畝，更閃刹生光，似可為余此項推斷之佐證。或謂大窑有琉華山，故名琉田。則山之所以取名琉華，亦未知非因歷代建窑瓷片充拆之故也。

章氏主琉田窑，難兄難弟，盛名相傳，迄今猶膾炙考古者之口。顧大窑村中，不但無章姓其人，即廬墓所在，亦渺不可求，日人行原曾再三考之而未得。我國東南章氏，大概發源於浦城。章氏守浦有功，故有全城章氏之稱。迄今後世蕃衍，遍及各省。曾聞章氏有一特徵，即手或足間必有歧指。縱使不甚明顯，亦必於某指爪間略具一紋路。此說余親向浦城縣黨部章書記長詢之，據云果確。章生一兄弟，地鄰浦城，想或由該縣遷來者，惜後人式微，不可考矣。

哥窑聞北宋時多厚胎，南渡後官窑不振，哥窑作品，乃仿官窑薄胎之製，以應宮禁之需。此說未知確否？

哥弟窑之收藏家，龍泉人之最著稱為吳文苑氏。吳氏係西鄉望族，與一般貨殖者不同。從前貨多價廉，故珍藏較富。異鄉人之嗜此者，則首推陳萬里氏。陳氏研究最早，前任職浙省衛生處長，曾數度來龍搜尋。於縣署監獄牆上得獲兩哥窑碎片，甚見珍惜。其次為龍泉郵政局長潘臣青氏。潘氏前主檔案，公餘多暇，收集廣博。此外如前浙贛路局副局長吳競清、前龍泉地方銀行經理湯蓮塘、前任及現任西湖博物館長董聿茂、金維堅、輔助醫院院長裘造時等，均有若干珍品。最膾炙大窑村民之口者，為電政管理局長鄒茂桐氏夫人，聞曾數度乘輿前往。最近獲一哥窑蓋碗，尚無大疵。鑒賞方面，在龍時人中當以錢叔青首屈一指。錢氏現任西湖博物館專門委員，精於鑒賞，對一切古玩，均有精深之研究，於哥弟窑之造詣亦深。次之為吳文苑、潘臣青、金石壽三氏。輔助醫院院長裘造時，亦因旅龍多年，且地鄰大窑，見聞較廣。其他雖猶多侈談此道者，但尚未足以名家。至於古董商人，目下收藏尚富者為周培蘭、葉正生、周培岩、林尚棣、陳正標、陳剛、王西拉、郭哲綿諸氏。郭哲綿家有一象蓋，雖僅餘一蓋，且略有損壞，但胎骨薄而且堅，色澤似鐵，蓋面似鋪絮，頂雕一象，色黑而有極細之白絡開片，是真哥窑中之佳品，大概即係進貢之官窑。陳萬里氏對此大為激賞，屢思購之而未果。此外如陳佐漢、沈慶如、李豪、夏煥猷（已故）、周祖西、林承超、管禮琴、趙道生（已故，子玉麟）、汪達生（已故，子淇）、羅華堂、羅華芬、羅華斌、朱明蘭、劉天之、朱承桓（已故，子世金）、周培藻、李君義、程介甫、黄觀光、朱信懷、俞則明、曾玉如、季長興、俞賢芳、胡正釗諸家，或過去專走上海，或現尚收羅豐富，誠能一一訪而摩挲之，於哥弟窑之鑒別，必多裨益。

古玩商甚重視器底，關於時代之鑒別，前已言之。至於各式器底，據云亦分出處。例如鐵足出大窑及溪口，血底出大窑，血底出坳裏及溪口之蟹坑頭，白底出距大窑五里之楊坳頭。未經履勘，不敢據信。

余有一哥窑鐵足碎片，初視之，直疑鐵骨。質薄，色於灰白色中帶黝黑。及仔細孯幾，乃發現其為灰胎，而另於器底則用鐵胎，銜接之處，顯然可見，或謂係釉質厚薄及火力強弱不同所致。又有一銅邊碎片，似於器邊另塗一道極淺之赭色，釉彩至此，亦截然而止，與器裏釉彩相接處，空隙一綫，透露此銅邊之色，實足供吾人之研究。

龍古物商吳子忠，能製仿古陶器，受金石壽氏之指點，紋款色澤，咄咄逼真。曾仿晉代式樣，製成陶器數件，至浙江大學求售。各教授見其古趣盎然，紛紛考證年代，度量分寸，辨論款式，交口贊許，頃刻售罄。迄今此事，猶傳為笑談。

潘臣青氏收藏極富，前已言之。日前邀集考古家多人，在其寓處鑒賞所藏，並設宴歡聚。所用酒杯，均係宋代之梅花杯；盤簋亦係宋元明三代之製。古色古香，別饒風趣；置身其間，恍見數百年前觥籌交錯之盛。潘氏另有一水盂，作牛毛紋，內置藍水，久之藍色自器內滲透而達於表面之紋內，拭之不去。故舊瓷之有紋者，不宜裝有色之水，致損白絡之美；即盛菜肴，亦衹可偶一為之也。

潘氏又有兩盤，一係弟窑，一係明製。盤底雙魚，均屬隱青，殊不經見。明製之盤，想係盛菜之用，盤底雙魚，是否含吃剩有餘（諧魚）之意，已不可考。

咸豐年間（又謂咸豐以前）閩德化人蔣耀精來西鄉木岱一帶建窑，其時本邑窑業一度失傳，故從之者甚眾。不久又有德化人梅兒師追蹤而至，同主西鄉窑者數十年。雖質粗技劣，殊不足觀，但火度特高，遠勝他瓷。及後年老返閩，弟子依依送行，兩人猶不願以燒窑秘訣相傳。弟子更隨行相送至卅餘里，乃感於桃花潭水之情，始傳衣鉢。此事迄今猶傳說於西鄉專製粗碗之一般窑工間。

陳佐漢氏來言：溪口與大窑兩地之出品，截然不同。溪口方面雖骨黑而薄，但釉水不佳，且式樣亦與大窑不侔。例如鬲爐即鋼筋爐，溪口者胎薄而大窑者略厚。大窑者三足分立，與官窑相似，而溪口者三足密靠一起，擺設不穩。以言鐵足，則大窑出品工整者較多。陳氏曾將余所藏碎片，詳為分類，余以研究不深，終莫之能辨。

大窑出土貨中有所謂平心杯者，杯係複套，中置一柱，柱之頂底各一孔，如酌酒與杯平，則柱下一孔因柱上一孔空氣之壓力，酒不能入；如注酒過滿，侵至頂孔，則酒由下孔而入複套杯中，且流入盤內，傾杯中所有之酒始止。蓋取滿損謙益之意，故名曰平心杯。不倒杯則將杯底做成圓形，與不倒翁之原理相同。可見承平時代享受之樂。

光緒年間，西鄉有人至大窑掘取古貨，據聞需虔誠齋戒，則掘出之雙鯉盤置水後盤底之雙鯉能游動自如。神話離奇，不可究詰。初時出土貨以開片為貴，及殉葬品出，衆又嗜完整無暇且無紋片者。及故宮所藏送往倫敦展覽，且有乾隆褒美之詩，衆又認開片之殘器為上品。風氣不變，自再至三，蓋均依市場之需求為轉移也。

據溪口俞則明談，溪口發掘數窑，窑中大概鐵骨置最上層，中層為灰胎，最下層則係白胎，層次井然，想因鐵骨較輕，品亦較精，其置放層序，大致因此。

土人稱大窑出品，終名之曰古貨。古貨中最奇者為葉生正家之一碗，前已言之。此外吳文苑氏處有兩瓶，大小不等，而另有一瓶橫倒其中，三瓶黏成一器，殆入窑後一瓶倒下所致。瓶係黃色。又湯蓮塘氏購得一鱔魚黃雙耳瓶，一耳在頸，一耳則落於腰際，而釉彩又甚完好，不知是否燒製時落下所致，抑作者故作狡獪，引人一噱。

溪口昔曾有一樹，為風吹倒地。就掘之，得一鐵骨爐，一足略損，爐為吳文苑氏所得。

宋窑有平斜兩種，自窑基可獲證明。惟明窑如竹口、八都兩處，仍屬斜窑。說見《青瓷之調查及研究》。

宋龍泉之佳者，日本人謂之砧手。手者，式樣之謂，未知何所取義。

古之陶人，若晉之趙叔明，唐之陶玉霍仲，宋之章生一、章生二，元之彭均寶，明之周丹泉、歐子明、瞿志高、吳十九、陳仲美、吳明官數子者，得傳其姓名。若唐之盛姓，明之崔公、舒翁、舒嬌者，則僅傳其姓，或併姓而不傳。說陶者，前人有元陶宗儀撰《輟耕錄》，書成於至正二十六年，載在《津逮秘書》。明代著者輩出，揚州黄一正，字定父者，著《事物紺珠》都四十一卷，萬曆辛卯始成書。谷應泰著《博物要覽》十二卷。崐山人張應文，字茂實，著《清秘藏》二卷，其子謙德（原名丑）潤色之。松江人曹昭，字明仲，著《格古要論》三卷，書成於洪武十二年。田藝衡著《留青日札》，凡三十九卷。陳眉公著《妮古錄》。李日華著《六硯齋筆記》十二卷。清初嘉定人陸廷燦，字昭秩者，著《南村隨筆》六卷。海鹽朱琰，字笠亭，著《陶說》六卷，舊曾刊入《龍威秘書》。此外如許之衡著《飲流齋說瓷》、文震亨著《長物志》、程哲著《窑器說》、吳騫編《陽羨名陶錄》、藍浦著《景德陶錄》、梁同書著《古窑器考》、屠隆著《考槃餘事》、宋應星著《天工開物》、張謙德著《瓶花譜》等，其精粹處大概均已收入《中國陶瓷史》。《陶雅》作者為江浦陳瀏，字亮伯，別號寂園叟，後復稱定山老民、陶雅老人等。所著極賅博，獨於哥弟窑少所論列，自謂哥窑多贋品，何因噎而廢食也，然賢於以耳代目者矣。

哥窑有無白色釉彩，已成為研究者中心論題之一，余因各古籍均言之鑿鑿，已心疑此釉色之必有。今歲赴渝受訓，於中央大學教授吳麟若家，見一筆洗，白色冰裂紋。吳氏得諸北平，自稱為哥窑，年代悠久，可毋容置疑，惟是否確係哥窑，則一人不敢妄斷。摩挲至再，恨不能假歸與龍泉諸權威一研究之也。

坊間見一仿弟雙魚洗，一魚紅色，一魚淡綠與洗同色。售者謂為窑變，或疑係製坯時故染此色，因旁有窑風，隱隱亦現紅坯也。此種式樣，尚係初見。惟據陳佐漢氏言，此係一魚較濕之故，蓋浮雕後常有脱落現象，再用水黏上，乾燥程度不同，濕者遂現紅色。此說殊有見地。

哥弟窑贗品極多，誠如陶雅老人所言，初購者一不經心，即受其欺。詢諸老於此道者，亦咸謂購假貨係必經之階段，受欺一次即多一次之見識。若窮加追究，則以後販者必至裹足，即真品亦不易得矣。能受紿而不動聲色，則物聚所好，亦收千金駿骨之效。否則懲羹吹齏，雖遇真本亦謂燕石，則永難獲得瓌寶矣。

大窑村共有九十兩保，約百餘戶，近來頗有衰落現象。村中有大廈而無人居住者。村前清溪急湍，東首村坊在溪北，戶口較多，村盡處為一橋，橋南又連綿數十戶。哥窑窑基在東北方山上，平時荊棘載道，不易登臨，秋後草枯，方便涉足。弟窑窑基較多，溪南山巔，亦有數處發掘。殘片遺玉，俯拾即是，而完整之器托，則又所在都有。

佳品稍縱即逝，除一二奇貨可居者外，大概市上稍一兜售，即有顧主。常見朋輩中於坊間見一哥弟窑出品，心甚好之，而欲略貶其值，故示冷淡，掉臂而出，意將於明日再來議價。及行不數十步，執戀之心愈熾，乃決意復返，欲以原價購之。及至，則已為人捷足先得，懊喪不置。調侃者則曰，好古敏求，既好之，又不迅求之，是自貽憂戚也。

吾人愛好青瓷，瀏覽既多，眼界日高。顧阮囊羞澀，欲購無從，惟有再三摩挲把玩而已。裘造時氏常於大窑村物色佳品，而久不成交，往往為人購去。如是者屢屢，嘗為我慨然言之。余曰：我輩非二章之品不願入手，而品愈高則價愈昂，又非盞盞薄俸能所企及，是誠所謂眼高手低矣。

龍泉今有古董掮客數人，自身實對鑒別方面，不甚了了。且回傭之昂，令人咋舌。顧乡人来城，往往不得其门，惟有憑若輩之介紹，始獲售主；且市價不明，非經其鑒定比較不能出口。余頗擬鼓勵若干正式商人，列肆銷售，標定價格，規定傭金，且需先經嚴格之鑒別，使貨價相當，不得以劣貨贋品，欺騙顧客。此業若出現於龍泉，青瓷之銷路必廣。

青瓷過去外銷甚多，邑人每以禁止出口保存國粹為請。初余亦首肯是言，繼思此種國實，保存不易，集中不如分散，誠能普及全球，當愈於偏藏一邑之內，為水火所侵，旦夕間有化為灰燼之虞。故愈其毀於一隅，毋寧散藏寰宇，將來使人摩挲而嘆賞之曰：『此中國古代之工藝品也。』其發揚固有藝術，不更有其意義乎！

寶溪鄉龔慶芳兄弟以及張高禮、張高樂等六人，以仿古著名，其製品甚精緻，曾以恢復固有藝術，係屬專門技術人員為詞，申請緩召。余亦恐邑人仿古名手，日趨凋零，頗有同情之意，為請於上峰，奉批格於條例，礙難照準。今日已否從戎，尚未探知。為記於此，藉知考古聲中，亦有此一有關役政之故實也。

陳佐漢氏等所作仿鐵骨，有時頗可混珠，若用藥品去其新光（一名火氣），更於底部或邊緣略碎米許，則好古者亦易於上鈎。蓋二章之器，殆無完璧，僅損米許，已屬可珍。若不故損一二，則購者必疑贋品；若毀損過多，則價又不能過索。故僅損米許，可使人驚喜欲狂也。聞有日人曾為邑人所欺，引起國際交涉，懸賞大索未得，不知確否？

友人為述一笑話，謂有好古者，路過一舊貨店，見櫃上蹲一貓，主人正以哥窑之盤喂飼，略不珍惜，似不知其為哥窑者。此人大喜，欲購之，又恐主人驚覺，故昂其值，乃先向購貓，索價較市為高。付值既竟，乃徐徐言曰：『此貓既歸余，其飼食之盤，能見賜否？』主人乃笑答曰：『余賴此盤，已售去多貓矣。』欲紿人者反為人紿，可發一笑。

民八前後，梧垟鄉某山頂墳中，曾挖出兩瓶，墓中用磚砌成一窗，分隔為二，各置一瓶。一為陽花牡丹瓶，一為四靈瓶。瓶上雕有龍鳳，蓋上分列龜麟。發掘者適順此磚窗，得保完整。為美人以四千元購去。

龍邑大橋以南劍池湖一帶，舊有秦氏聚族而居。秦氏為邑中巨族，煊耀一時。今雖禾黍離離，滄桑興感，但於頹垣斷砌，荒煙蔓草中，尚可窺見昔日閭閻撲地，鍾鳴鼎食之盛。德人牧師奈德留龍四十年，邑人幾無不知之。曾在劍池湖附近挖出鼎、爐、花瓶、文房四寶甚多，並經攝製照片，囑邑人柳子青氏為文序之。大概由於彼之開掘，乃導其端。及後每年必至車盤坑避暑兩閱月，閑即至附近大窑村（相距五華里）發掘古瓷。後人於民國三、四年間曾發掘數巨室之墓，所獲甚多。近年劍池湖一帶，有人開闢農場，建造新屋，亦常有古瓷發現，惟瓷品甚雜，不易鑒別年代，且少完整者。大中工廠經理張文輝氏得一大瓶，識者斷為餘姚產。余得一盂，似係宋製。惟均為鐵器所損，已無足觀。

處青中又有所謂五管瓶者，係殉葬時之明器，釉彩製作，均不甚講究。或有蓋，或無之。有蓋者，應名之曰五管罐，上海方面收藏家均稱之為五德罐，蓋矗立瓶頸之五管，所以代表仁義禮智信五德者也。

大窑及溪口等地之窑，何時淹沒，已不可考。惟鄉人猶傳說紛紜。或謂由於地震；或謂由於明代洪水；甚且傳說大窑四圍，共有窑三十六座，岱根、高漈頭亦包含在內，時有一風鑒家欲破壞之，建議三十六窑同時舉火，因此損及龍脈，大水忽至，三十六窑同時覆沒云云。亦有謂宋時大窑有七十二窑，同時舉火，熱度過高，山崩土裂者。更有謂共有九十九窑，及第一百窑成，火力過猛，地龍燒斷而坍毀。余以為窑之興廢，雖有關於製造之工拙，而銷路廣狹，亦一主因。宋後元人入主我華，兵燹頻仍，人民顛沛流離，誰復念及此承平盛事？瓷業既衰，窑亦隨閉，久而恢復為土阜，為田畝。此說似較可信。

南鄉每次大水，下流一帶溪邊，常可拾得古瓷，或整或殘。此次三溪鄉山洪暴發，漂廬沒舍，爐田居民拾到複窑蓮子碗一隻，極完整，程振鵬氏舉以贈我。

邑紳吳梓培氏，邃於舊學，聞亦有志撰述青瓷，及墩頭窑發現，覺古物層出不窮，令人目迷五色，遂致躊躇不敢下筆。前輩治學態度之謹嚴，於此可見。

瓷器器底有字，如百歲福錄等，或底部及邊緣不上釉，而刻以花紋及吉利之圖案，曰硃砂底。此事陳萬里氏考據最詳。據吳文苑氏談，彼藏有一宋代瓷片，在器底背面，有『龍泉張氏新窑』六字，足徵當時瓷業之盛。惟張氏何人，已無法考據。又聞安仁泓心小學後曾發掘得一碎片，係一器底，有『井氏製造』字樣，片底甚厚，現藏柳子青氏家。井氏何人，亦不可復考。葉正生曾獲有五寸盤一，上刻『紹定七年，姚宅富位』八字，又獲一『河濱遺範』四字之整器。此事已載《青瓷之調查及研究》中。

哥弟窑類多殘闕，好古者同引為憾，乃有以同色同紋之碎片予以補綴之舉，或有用漆仔細捏補，使復原形者，吳文苑氏家多此品。或有用金質鑲補者，潘臣青氏處所藏最富，缺損之处，用銀鑲成荷葉、葡萄或螃蟹等。據好古者言，綠色雅淡之瓷，宜於銀鑲；鳖裙茶葉末等，宜於銅鑲；置水之物，宜鑲水藻水族之形；插花之器，宜鑲植物花卉之屬。《陶雅》載：瓶盂口徑，微有剝落，大醇小疵，不虧全體，謂之毛邊，亦謂之茅邊。瓶頭跌損，截之使齊，配以他蓋，改而為罐，則謂之磨邊。毛邊者十折二三，磨邊者十折八九。此外尚有補耳、補足、配頸、配嘴、換梁、換蓋、義環、義柄者。皆所以彌補缺憾，使殘器成為整品，技之巧者，驟視之可以不辨。補天有術，亦一快事也。

常見哥窑瓶一，紋作百圾碎，細審之，一面之胎骨上，隱隱有絹紋，甚以為奇。金石壽氏疑坯上特覆薄絹，有似漆器時特覆布質，取其平且光也。但何以僅有一面，且布經高熱，必成灰燼，是否尚能保留此痕跡，亦屬疑問。金叔聞氏則謂此瓶胎骨極薄，製時大概用模型嵌刻而成，模型上蓋，易於揭開；下蓋恐其黏牢，故用絹襯，取其光滑也。此說似較近理。

二章作品，雖以青色為主，但亦有黑似鐵棕，白如魚肚，黄比鱔魚皮者。雖無清瓷之多彩，但亦頗有足觀。關於我國諸瓷彩色，《陶雅》分硬軟二種。紅色之硬彩，在鈞紫有葡萄紫，元紫有豬肝色，明祭紅有寶石紅（大紅），清紅有雲豆、深淡茄皮紫、羊肝、豬肝、廣橘紅、福橘紅、棗紅、抹紅；軟彩鈞紫有玫瑰紫，元紫有葡萄色紫，明祭紅有鮮紅，清紅有胭脂水、美人祭、豇豆紅、乳鼠皮、桃花片、娃娃臉、楊妃色。黄色之硬彩，有黄褐色、鼻煙、茶葉末、芝麻醬、金醬、菜尾、鱔魚皮、老僧衣等；軟彩有鷄油、蜜蠟、生熟蛋黄、鵝黄、魚子、牙色、淡黄等色。黑色硬彩有烏金、黑彩、墨彩；軟彩有古銅、黑褐、鐵棕。白色硬彩有牙白、填白；軟彩有月白、魚肚白等色。唐英所製，更有白粉青、米色、玫瑰、紫海棠、紅茄、花紫、梅子青、騾肝、馬肝、霽紅、霽青、蛇皮緑、油緑、歐紅、歐藍、翡翠、紫金、澆黄、澆紫、澆緑、描金、水墨、五彩、抹金、抹銀諸名。康熙時所製，尚有嬌黄、粉黄、吹紅、吹紫、吹青、吹緑等分别。色彩之富，名目之繁，嘆觀止矣。

瓷器紋片，種種不同，其隱含於釉内者如魚子紋、汽泡、蟹爪紋、蚯蚓走泥紋，起於釉表者如菟絲紋、橘皮點、椶眼、刎眼、冷紋、綹紋。魚子紋汽泡，由於火力稍猛，橘皮點由於火力稍微，蟹爪、蚯蚓走泥紋惟厚釉之器乃有之，魚子紋又常見於釉薄之器，蚯蚓紋、菟絲紋均為鈞窑所特具。刎眼猶如針刺，由於釉汁合色濃厚，性烈而發。冷紋短而密，出窑即現，綹紋長而疏，歷久乃顯。皆冷熱相激使然也。配合釉汁，若用玻璃質成分較多，燒成即現冰裂之狀，始亦出於天然。而汝、官、哥窑，乃專利用此法，以為表異。説見《參加倫敦中國藝術國際展覽會出品圖説》。

與哥弟窑有關之詩賦，有朱琰《贈壺隱道人》詩曰：

龍泉兄弟知名人，甄土新裁總後塵。
獨有流霞在江上，壺中高隱得詩人。

林搗《典略》云：《曝書亭集古林哥窑硯銘》：

叢臺澄泥鄴城瓦，未若哥窑古而雅。

綠如春波渟不瀉，以石為之出其下。（鄴城一作鄴宮）

乾隆御題詩，刻於器底，其可得而辨者有七：

一·宣成近代製猶精，遙以宋窑鄉（？）二生。笑把葵花百圾者，輪如烈士善循名。

二·色暗紋彰質未輕，哥窑因此得稱名。雅如法護僧彌矣，生一居然畏後生。

三·宣和陶器用功巧，修內督之誇堅倫。設曰葵花喻忠赤，師誠輩豈果其人。

四·花分六出尺徑圍，古色穆然火色微。雖是難為兄所道，即今匹此也應稀。

五·純青□覺選官窑，碗肖葵花□□昭。義協河圖宜貯水，羨他生一有名標。

六·品稱珍奇亦稱稀，生二陶成是也非。插筆簪花無不可，一家聲應本相依。

七·釉氣猶滋火氣磨，兩旁貫耳足穿過。擊繩恰稱奴僮負，擷花偏供詩客哦。李氏奚囊堪伯仲，陸家越器未差訛。如非守口擬致問，把玩曾經閱幾多？

蔡世欽教諭（字則軒，龍泉遜清明經）有《哥窑賦》，以龍泉章氏兄弟為之為韵，且系以長序，文曰：

龍泉章氏窑名哥窑。案《鄉書》：哥，聲也。班書引《尚書》作：哥，永言。或謂窑質堅栗，扣之有聲，可以節哥。義亦良通。然章氏宋人，宋去古寖遠，當時已呼兄為哥。案明桐山方氏《通雅》，柴、汝、官、定各窑，考證綦詳。哥窑則云章生一所陶者，色淡，故名哥窑，此呼兄為哥之明證。又引陸文《訟說》，哥窑淺白短文，號百圾碎，今段者頗夥。此外若《格古要論》《春風堂隨筆》諸書，與方氏所本略同，爰據方氏說賦之。惟會意尚巧，不能無恧焉。

有良窑兮，御府之供。名之為哥兮，舊物罕逢。淺白逾古，涵青不濃。世業磚工，讓阿兄而擅美；同居陶六，有邱嫪之相從。好教範出尊罍，略仿姬周之飾象；笑爾爭鳴瓦釜，比於荀氏之稱龍。懿夫窑之創始，於今有年：河南羽觴，謂出於重華之帝；越州秘色，謂造於偏霸之錢。亦已黝然器古，瑩然色鮮。而章氏乃陳規改，妙蘊宣。兄先弟後，既好既堅。技試摶沙，定借燃萁之火；時方合土，汲求讓水之泉。

切響堅光，純粹無芒。文爛然而百碎，聲戛焉而一揚。加質素以丹青，描來棣萼；飾芳罇以藻繢，模出雁行，留將玉碗人間，識良村於兩宋；翻笑大瓢坡老，容盜名之二章。徒觀其妙具形模，細分肌理。爭陶冶於昆吾，澈精瑩於表裏。若與女簧並列，清越其聲；倘偕子鼎同陳，斑斕差似。況乎一姓所為，兩昆濟美。漫道珍如抱甕，貽實用於子孫；須知美媲吹塤，垂大名於伯氏。

夫窑之以哥著也，儐籩意洽，摶土工精。如美玉而無玷，若兼金之鑄成。苦窳何憂，合比湯婆之號；茲器惟則，平分鈷母之名。信乎一人之陶，生是使獨；喚賣五都之市，謂他人兄。

青窑兮自佳，白磁兮净洗。燒鴛瓦而同堅，撫鷄缸而具體。似此陶埏利用，長子果主器之人；倘為撲滿儲錢，兄事加孔方之禮。翻折腰之新樣，早看進御官家；搜鐵足之遺珍，惜未名標難弟。

彼夫汝窑創興於宋世，越窑見重於唐時。蟹爪留紋，官窑則甫開邵局；龍泉近似，新窑則出自高麗。莫不淡青設色，純白呈姿。要不若斯之壞紋斑駁，古色陸離。試摹銘勒於瓦當，定叔磬之偕重；倘善鈞陶於子姓，且父斝之可為。

迄今圖披博古，器待搜奇。惜銀杯之已化，嘆瑶爵之無遺。羡茲金友玉昆，饒東南之物產；猶冀癸盉丁卣，訪秘府之留貽。至後世尚寶若尊彝，物傳而人傳矣；使陶譜皆遵是矩矱，彼長而我長之。

龍泉柳子青氏，曾為瑞士羅教師《集古瓷影片本》作序，其文如下：

夫峻灘百疊，陡開百里之疆；危嶂千重，遮秘千秋之寶。世知歐冶之劍，特出龍淵；鮮識哥弟之窑，散封馬鬣。既無葱薤之跡可求，更乏沮渙之文可覽。靈峙堪杯，盡其呵護；檻泛肥瀵，潛以潤滋。故得含澤佈氣，出土宣華者也。吾嘗披《陶雅》之篇，而僅窺其鱗爪；觀瓷華之集，亦止知夫皮毛。更有粗知大略，便自詡為賞鑒之家；偶拾殘餘，率欲著以論文行世。寧足以當多識而稱博物者哉！慨自基督傳入中土，信徒遍及山陬，時來碧眼之翁，會萃蒼頭之輩。寘園地闢草萊，平冢壤輿土木。鋤之所及，聞琤琤之聲；畚之以出，見瑩瑩之色。吉光片羽，爭傳考古之林；隱起無差，恨少證今之本。於是搜奇風啟，發掘日多。斷碑殘碣，不辨宋元；拆脛缺唇，並同琰琬。物原聚於所好，價亦貴之以稀。所惜類疵多而完善少，復慮散失易而收拾難，此羅教師有古瓷影片本之集也。至如蔚藍落日之天，遠山晚翠；湛碧平湖之水，淺草初春。豆含莢於密葉，梅摘浸於晶瓶。或鴨卵新孵，或魚鱗閃采，潔比黎難，光不浮而饒淨；美同垂棘，色常潤而冰清。蘊之也久，而火氣銷；藏之也深，而光芒斂。此其釉色之最佳者也。論其品類之繁，已盡人間之雅玩；製作之巧，畢肖生物之形容。寸管未足狀其精緻，短箋亦難罄其名稱。言余所欣賞者：八仙之屏，飄然有致；四靈之鉢，妙矣無嫌。龍虎瓶自為上品，鴛鴦盒獨重名閨。鼎爐以洞底為奇，印匣有蝸書之異。罎以太白星稱，壺因學士名貴。牡丹花艷，聲價自高；芍藥香清，醇醪易醉。王摩詰觀書之盂，水從指出；周茂叔愛蓮之硯，墨自心磨。五團貯百卉之香，四寶添八乂之興。更有古裝美女，則婀娜多姿；坦腹羅漢，則笑容可掬。或蓑笠一竿，雅具渭濱之度；或荷裳一襲，清追甫里之風。鼉飲高莖之盞，銀漢光遥；魚游闊口之缸，玉壺波動。名難悉舉，美不勝稱。此其品質之最著者也。以言其用：陳之案頭而悅目，置之鏡臺而媚容。佐讀有養氣之功，對談有化戾之祥。蕉窗畫永，卻暑何難？荷室香凝，袪寒不覺。展玩而矜平躁息，終全忠鯁之操；侍坐而心和氣舒，不失雍容之量。所謂物美足以感人，器良並資延祉者也。凡茲妙品，終少完玲；欲求盡善，千無二三；不棄小疵，百可八九。有形端表正而色惡者，有色美質良而體病者，有形色俱妙而冰裂者，有冰裂皆無而煙燜者，有因出時不慎而破壞者，有因用之不臧而損傷者，求其無毫髮之恨，具純全之美，既不多覯，亦不易得。如羅教師者，足遍兩洋，氣宇闊大；年逾五秩，氣宇冲和。鐸鳴萬里之天，為異邦傳道之士；影攝千年之物，亦斯世有心之人。好古以求，瑕瑜並蓄；用今之法，完缺兼收。聞有一善，必攜器以求；見有一長，必袖金以易。用能廣集千戶之珍藏，蔚成一家之鉅製。夏鼎商承，不必物皆己有；秦磚漢用，何妨善與人同。為一代藝術之秘寶，作萬祀考古之導師。闡揚古芬，厥功不可磨滅；保存國粹，斯事洵足流傳！

余曾过大窑村，倚聲成《過秦樓》一闋。詞曰：

野色鶩秋，凍雲催晚，過訪二章遺址。橫溪水漲，古屋蘿牽，一帶冷扉輕閉。猶剩舊日荒基，荊棘漫山，琉璃隨地。待丁寧拾取，殘彝胎薄，斷盂邊紫。曾見說，秘府添香，璇閨調粉，玉案耀青流翠。燒鴛竈冷，繪藻人遥，錬土選青誰繼？零片摩挲自珍，冰裂紋鮮，石英光麗。正躊躇悵觸，風雨瀟瀟又起。

南蘭陵錢逸塵教授原調依韵見酬。詞曰：

自到龍川，遍傳瓌寶，惆悵未尋遺址。埋同甲骨，供等球圖，珍重地藏天閉。哥弟創作雙廬，土碧沙晶，還留基地。恰輪君過訪，喜遇張華，斗牛氣紫。　憑吊處，辨證宣和，摩挲南渡，多少鷄紅鸚翠。玉鈎香冷，漢璽抛殘，巧讓天工人繼。片土長傳二章，名器千秋，光華重麗。慢歌詞詠嘆，再造須君喚起。

附録一　龍泉青瓷圖録

甲　開片

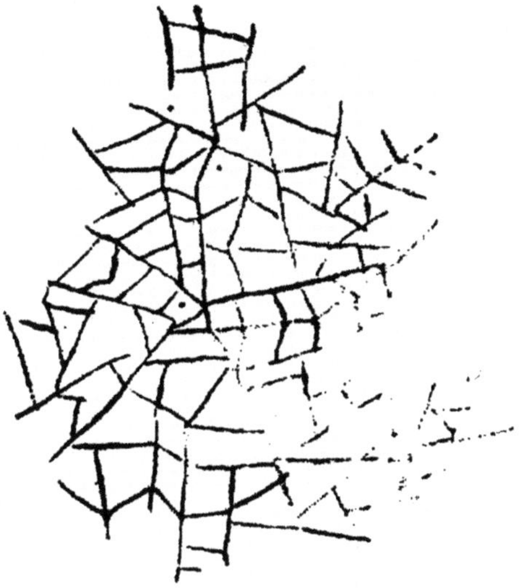

冰裂紋

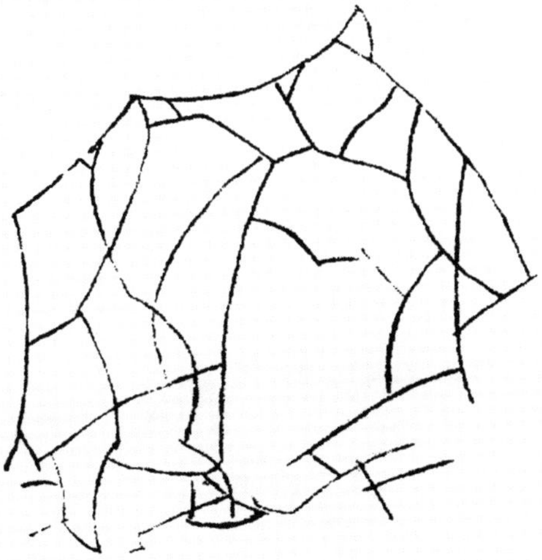

蟹爪紋

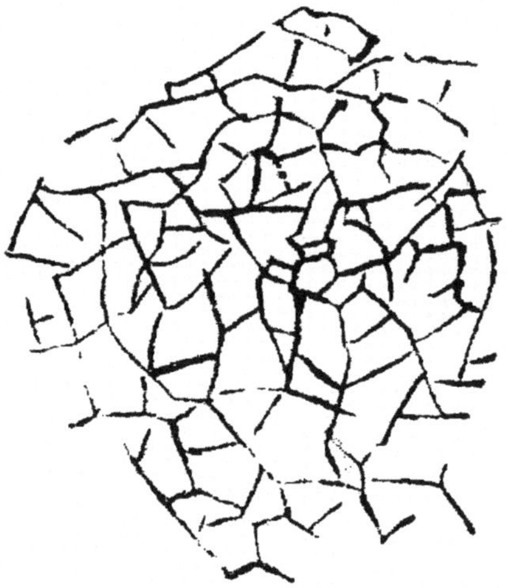

鱔血紋（冰裂而色紫者）

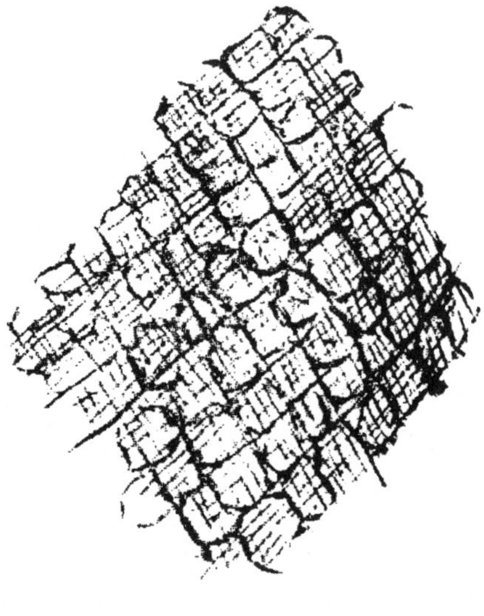

百圾碎紋

牛毛紋

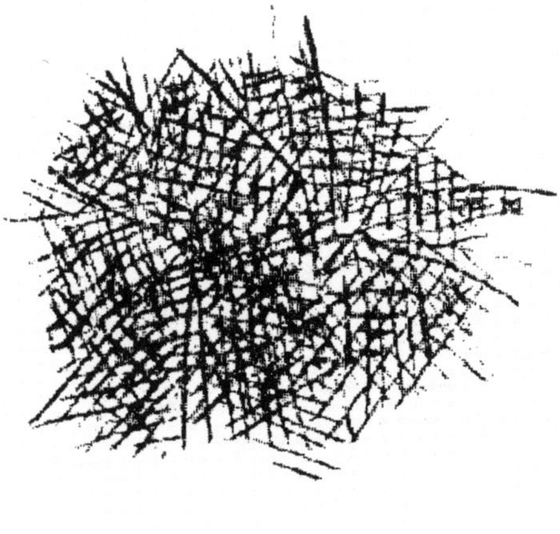

魚子紋

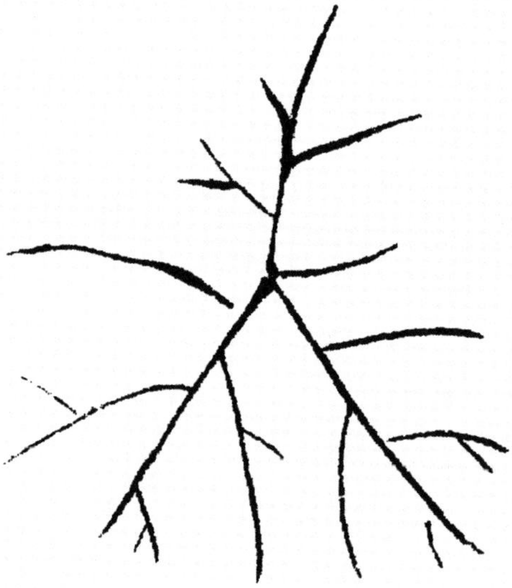

葉脈紋

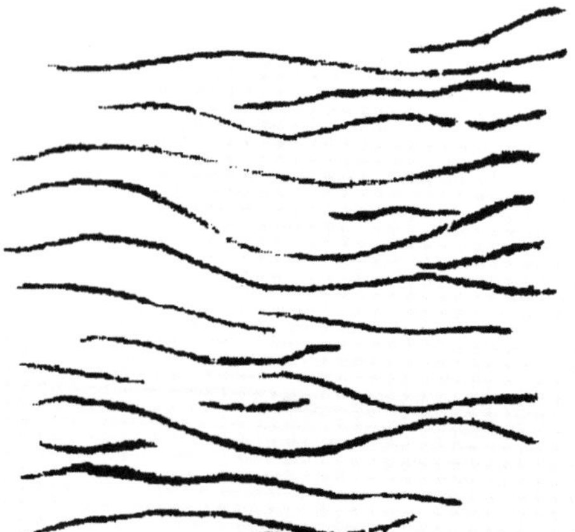

流水紋

乙　花紋

一　器邊形

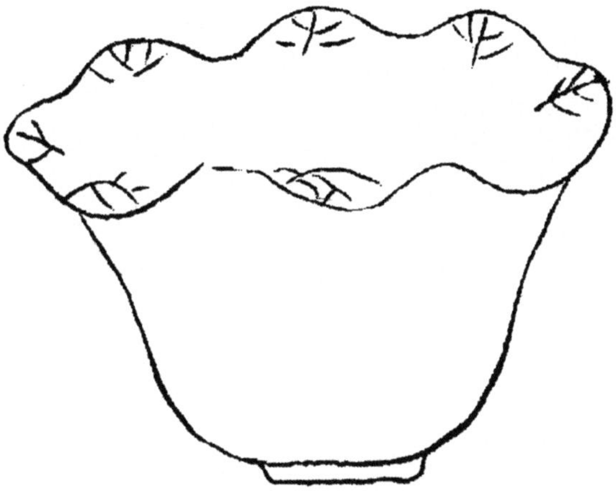

捲荷邊

菱花邊

瓜稜邊

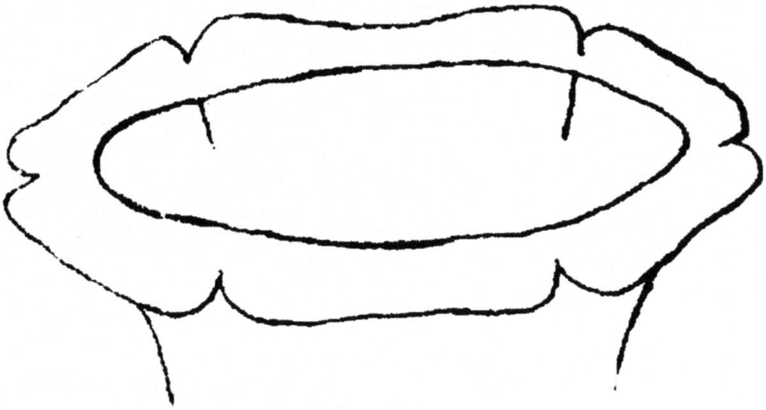

六角稜邊

葵花甌口邊

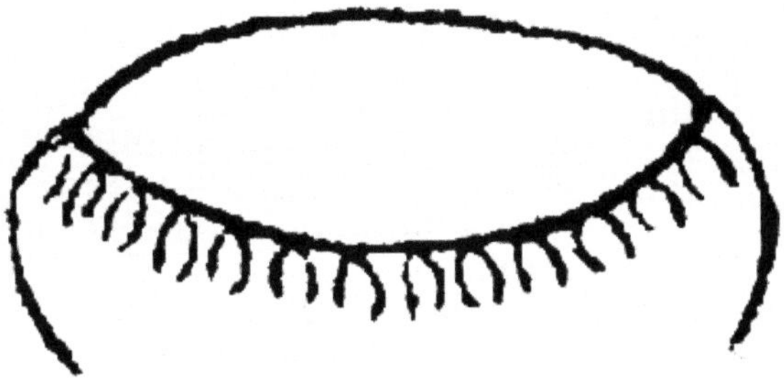

八角稜邊

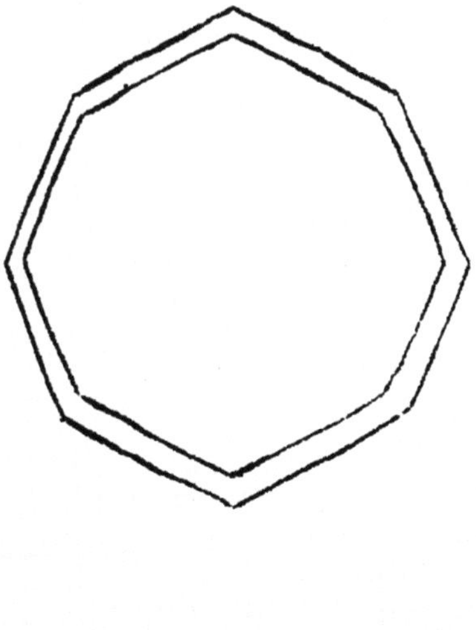

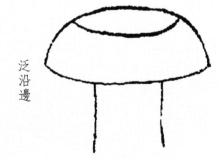

泛沿邊

弦紋邊

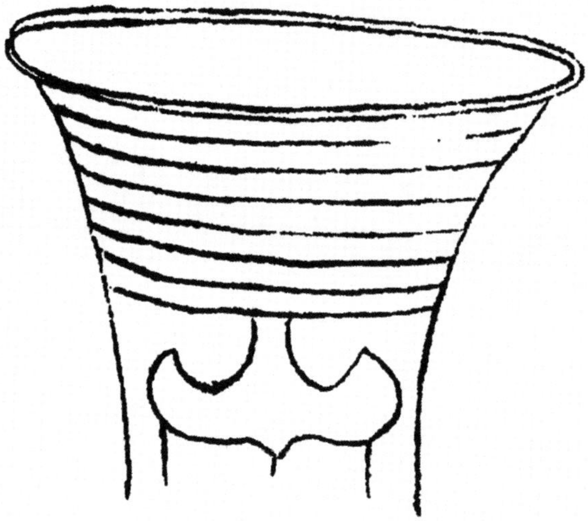

海棠花邊

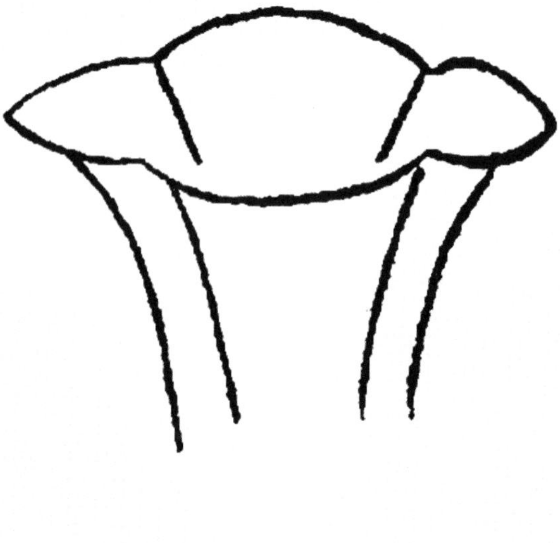

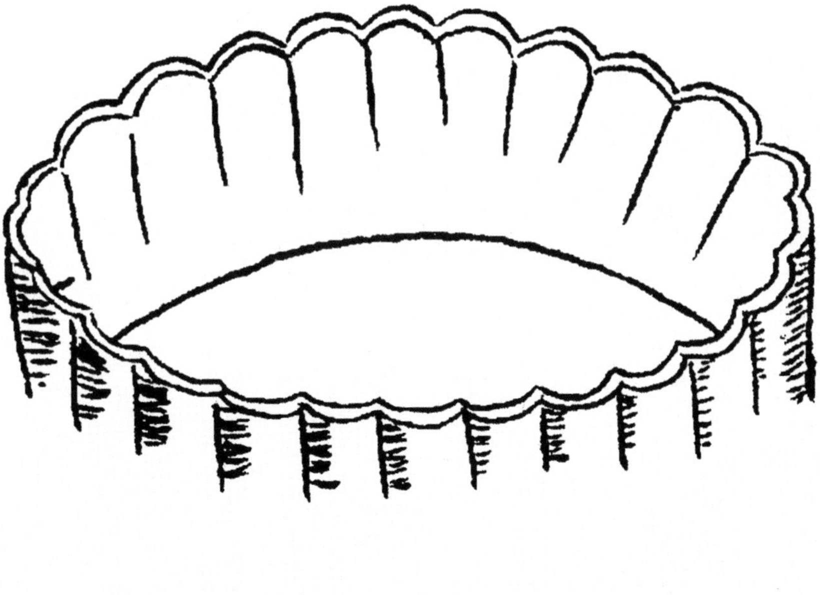

蔗段邊

二　邊緣圖案

鋸齒

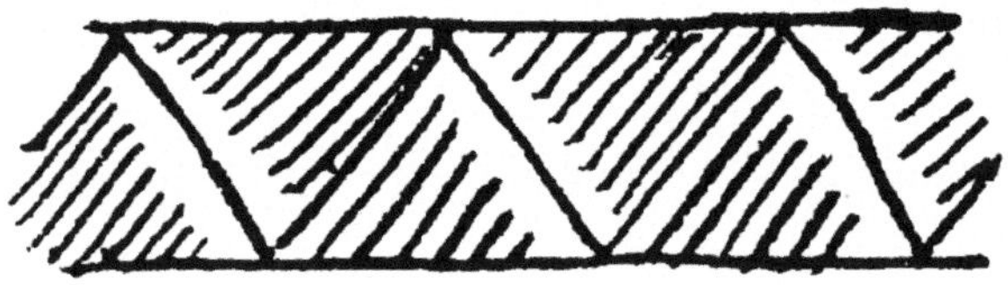

複式鋸齒

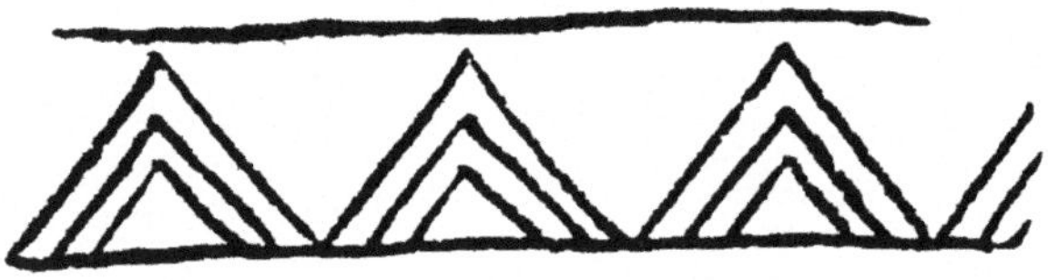

雷紋

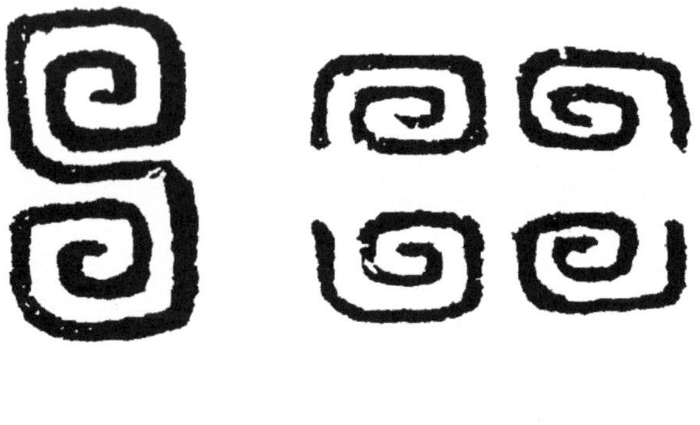

繩紋

方格加點

水浪

鼓釘

萬勿斷

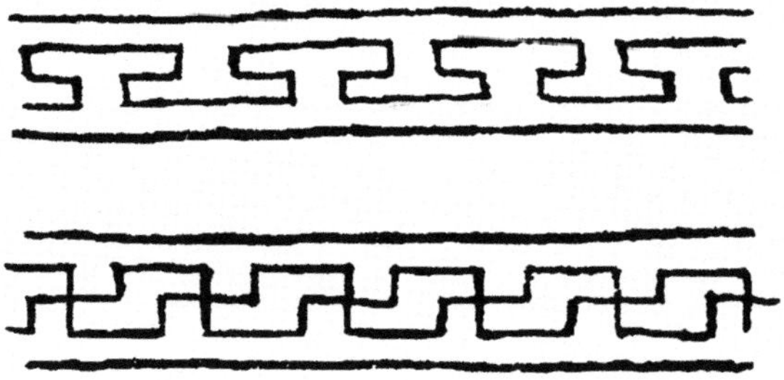

四如意

方格

蕉葉

三角

秋葉

方雲鈎

八吉祥

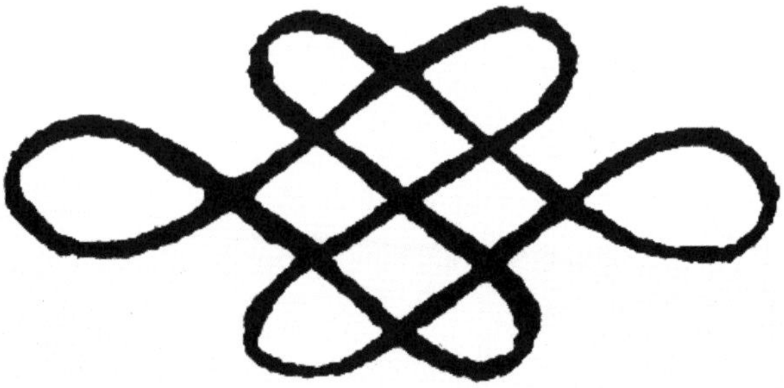

三　內外花紋

異形正面花

一

二

三

四

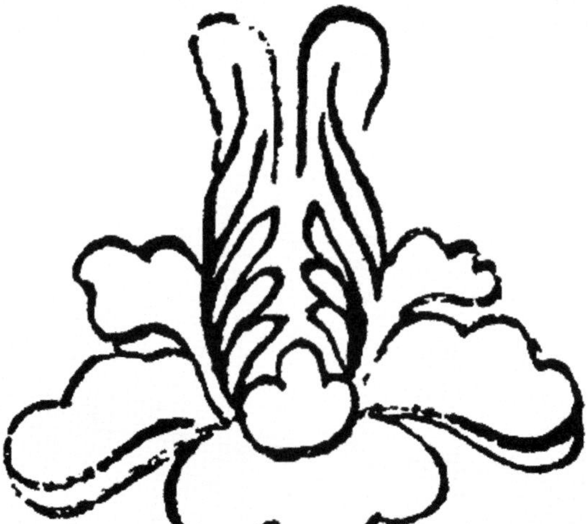

五

六

七 

八 

九

十

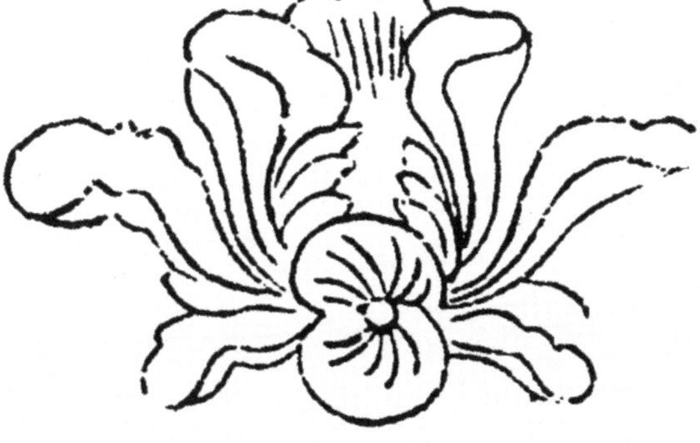

十一

十二

荷花

蘭花

牡丹

菊花

海棠

纏枝花

菱花

寶相花

梅花

桃花

牵牛花

秋葵花

竹葉

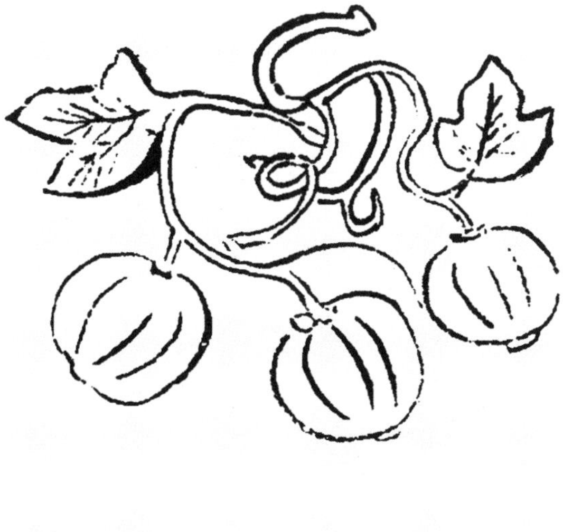

甜瓜

蕉葉（注：葉脈顛倒）

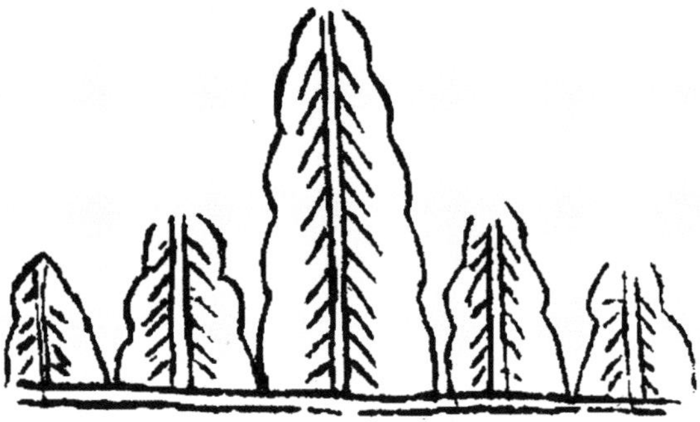

葵花

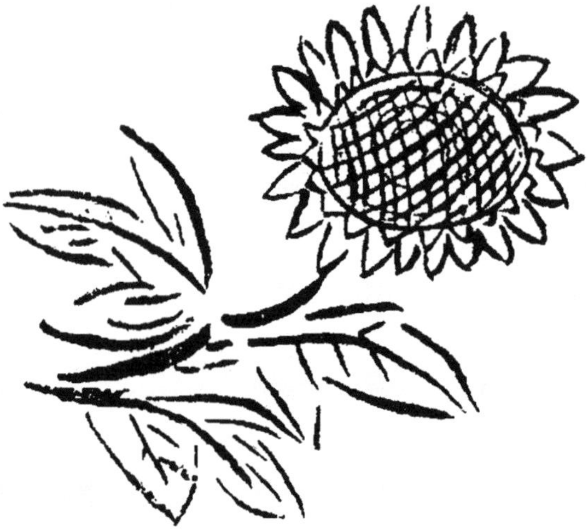

荷葉

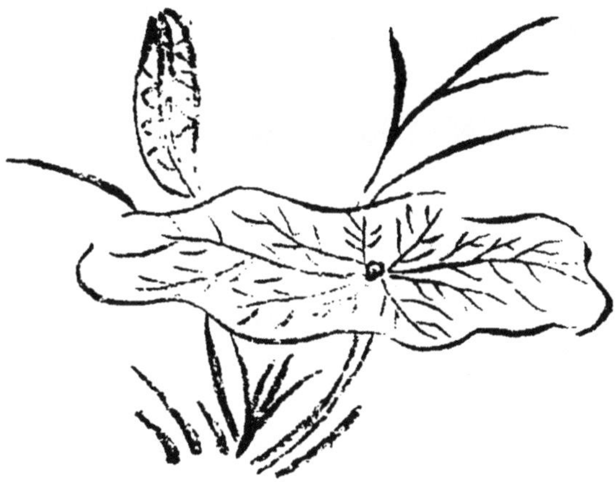

靈芝

雙魚

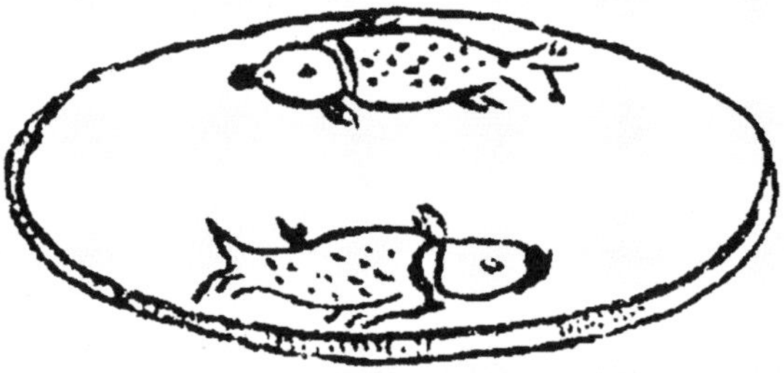

麟吐玉書

千年龜

雲鶴

丹鳳朝陽

飛龍

雲鳳

坐龍

饕餮

蟠螭

獬豸

犧牛

荷花螽斯

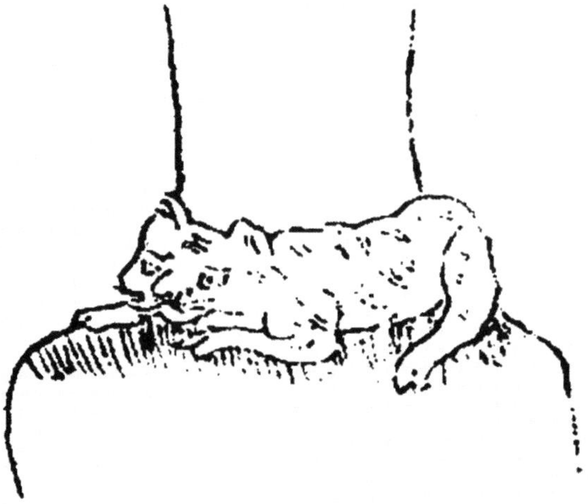

虎

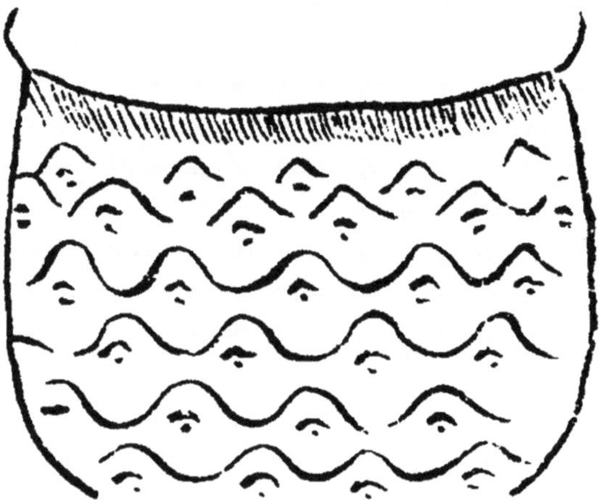
海濤

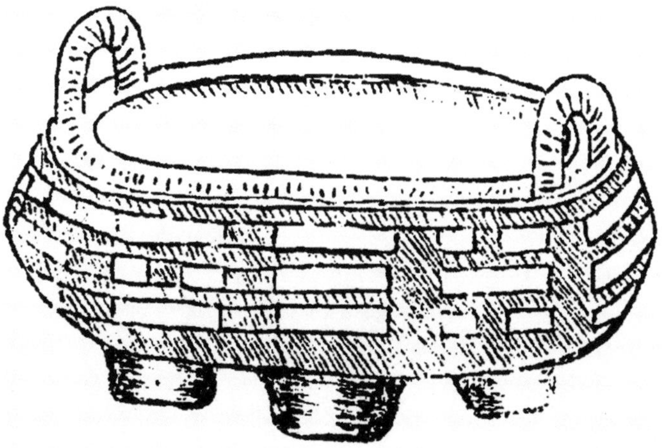
八卦

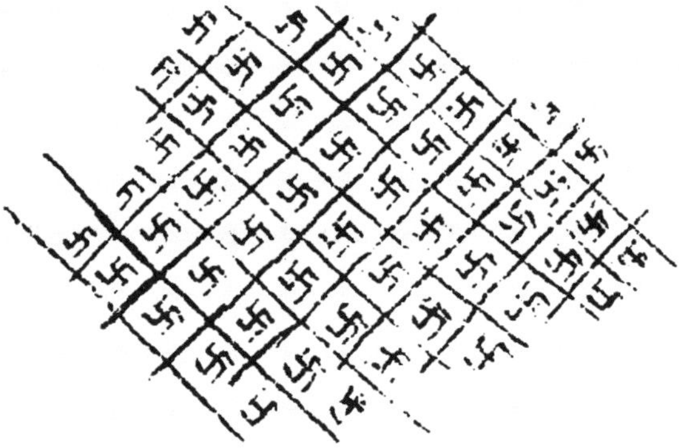

卍字

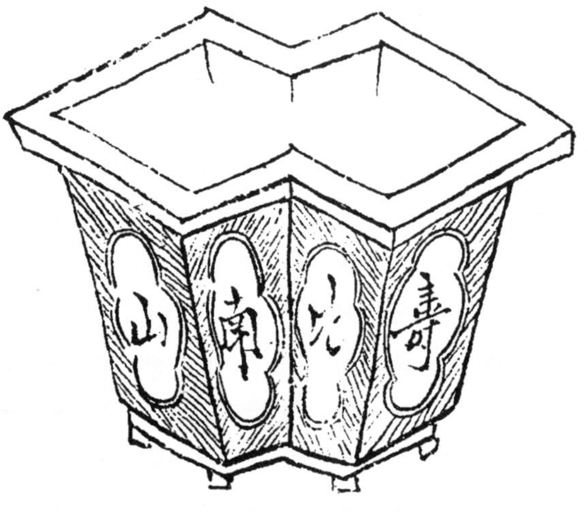

方勝

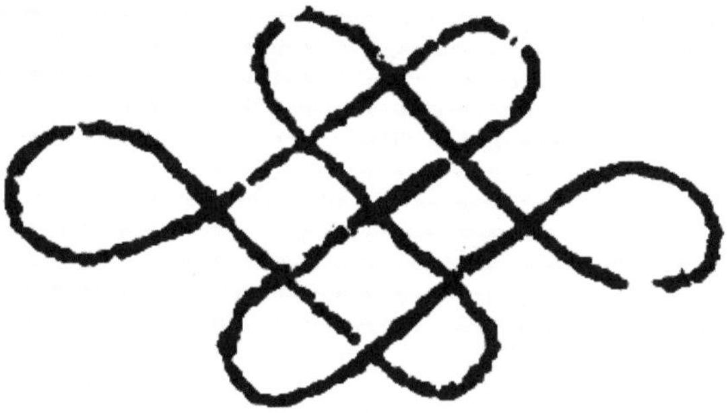

八吉羊

四出古錢文

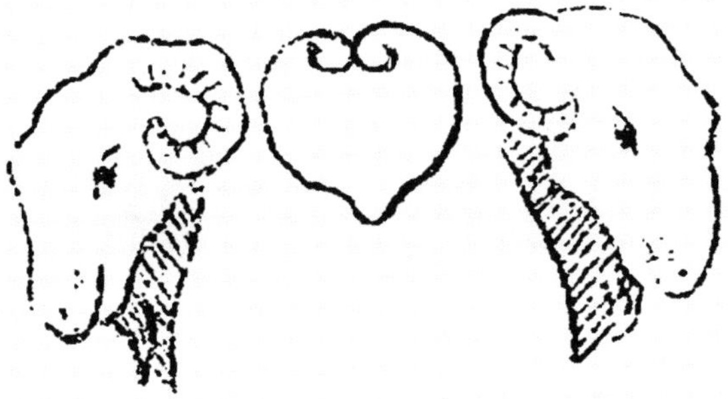
吉羊

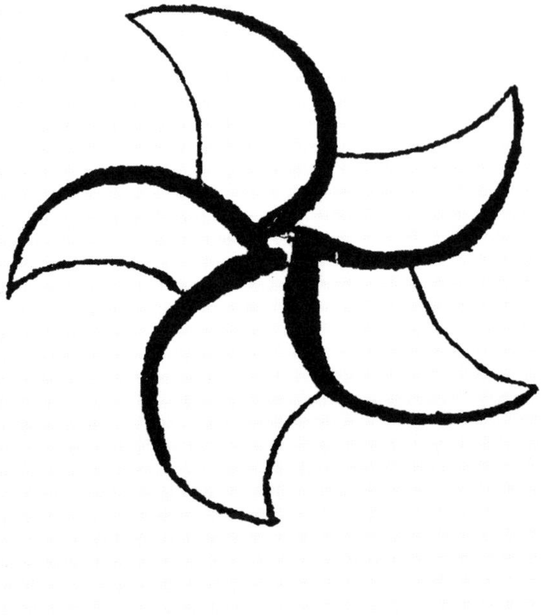
風車

雲紋

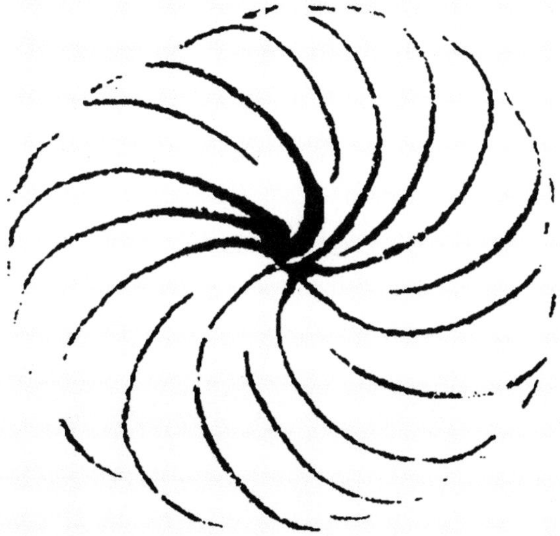

多幅風車

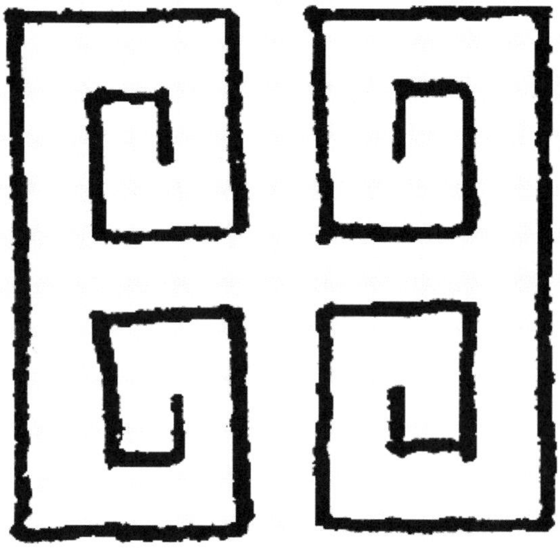

雷紋

暗八仙

兒童騎竹馬

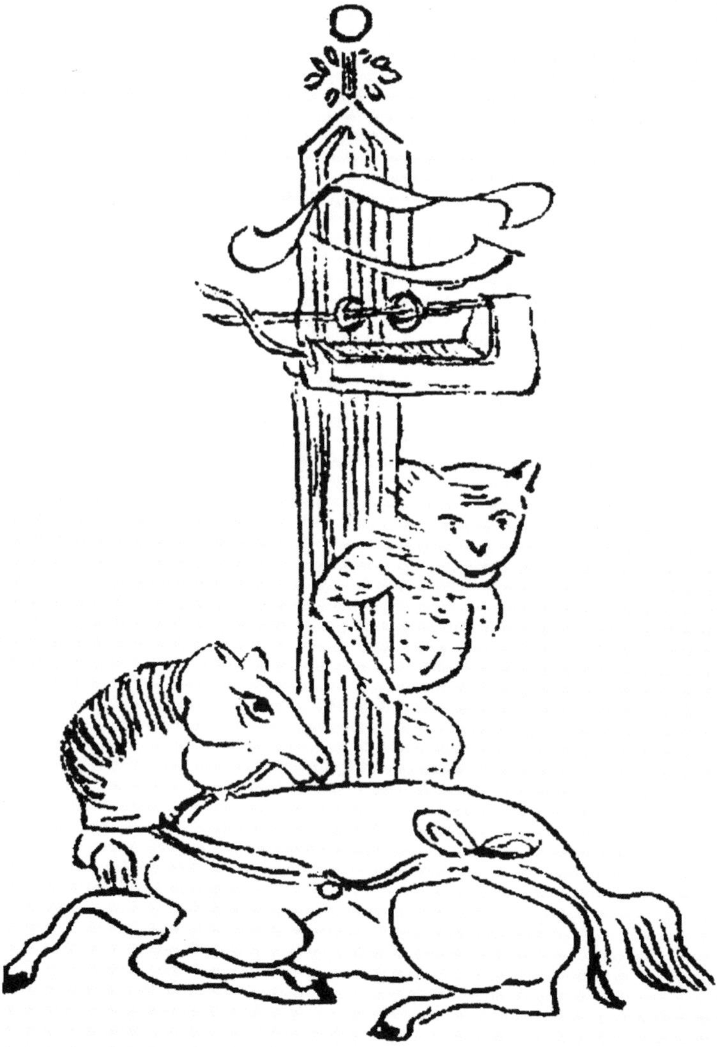

馬上封侯

無名圖案

一

二

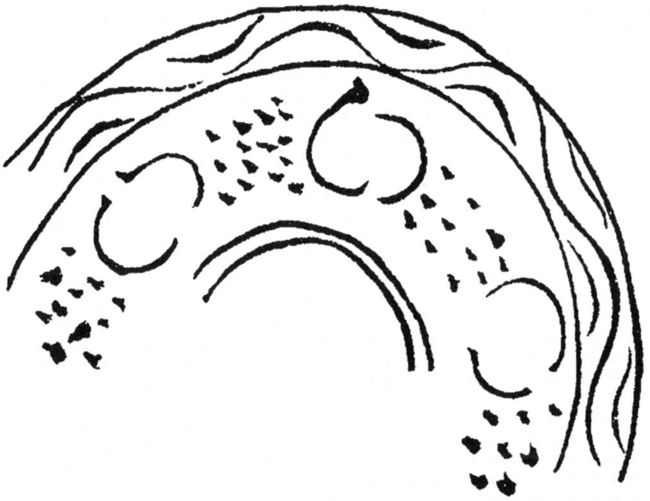

三

四

五

六

丙　款式

一　器口款式

直口

甆口

平口

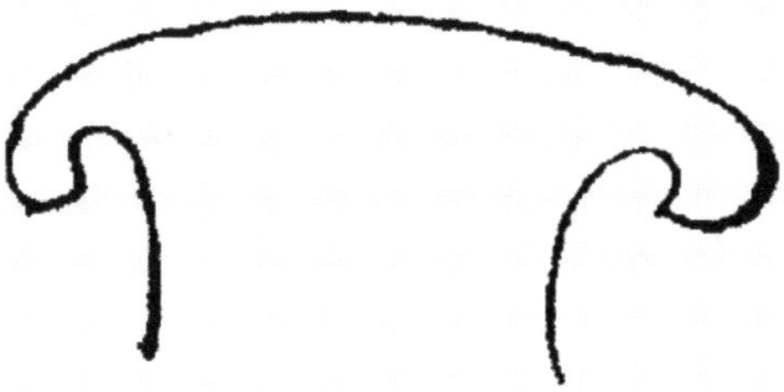
翻沿口

甌口

二　器耳款式

虎眼耳

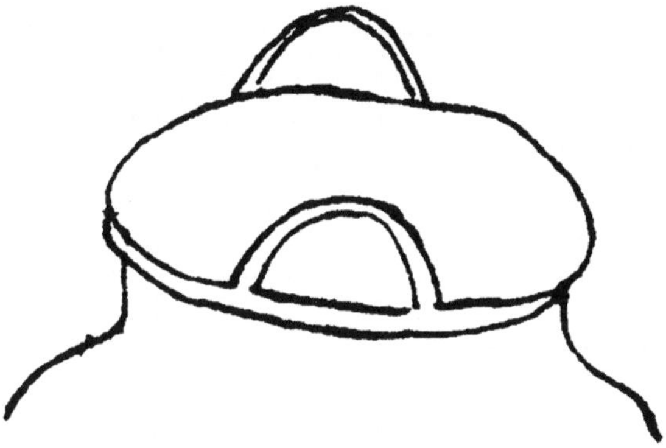

鳳眼耳

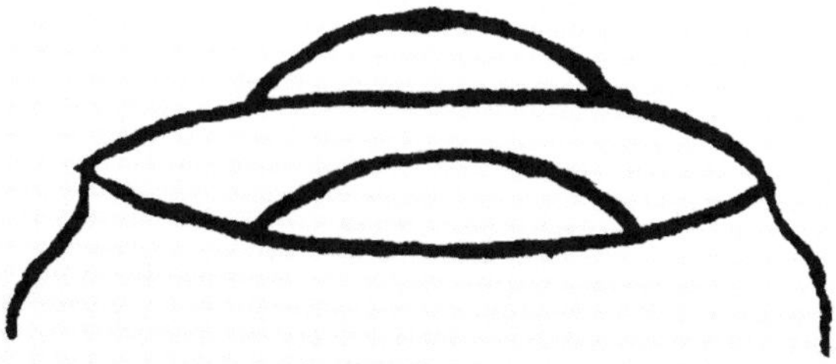

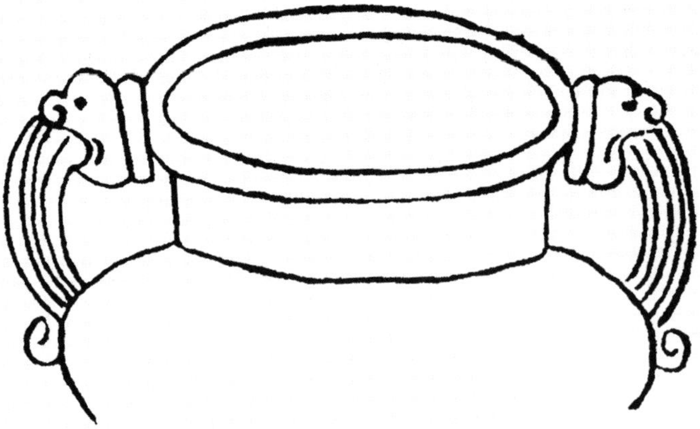
螭吻耳

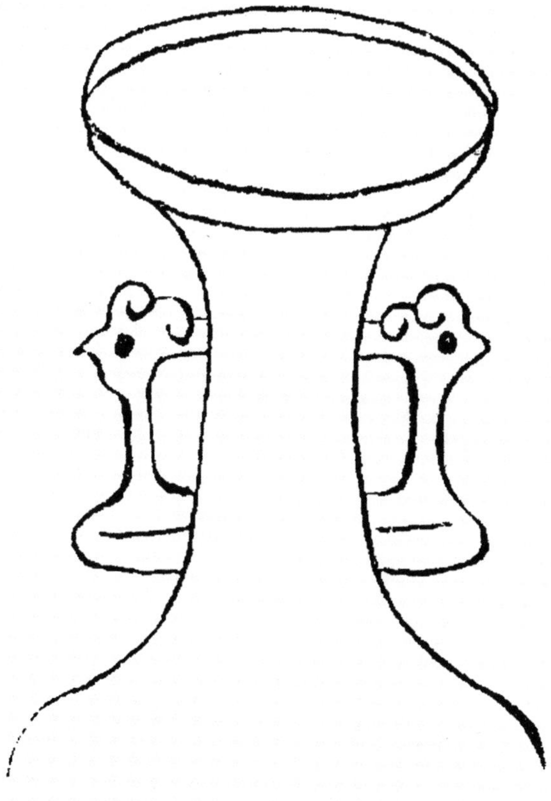

鳳耳

象耳（誤繪）

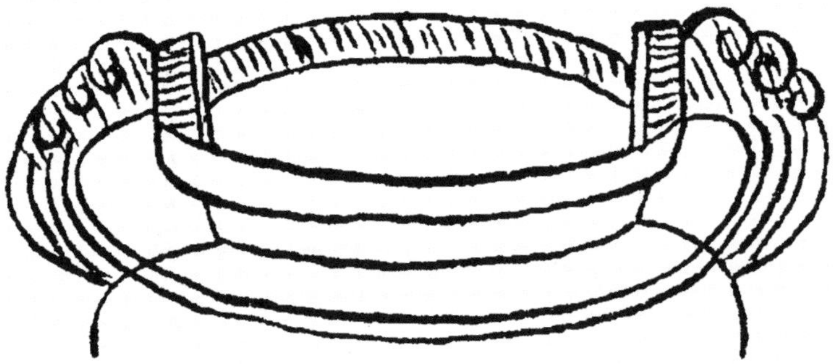

鹿頭耳

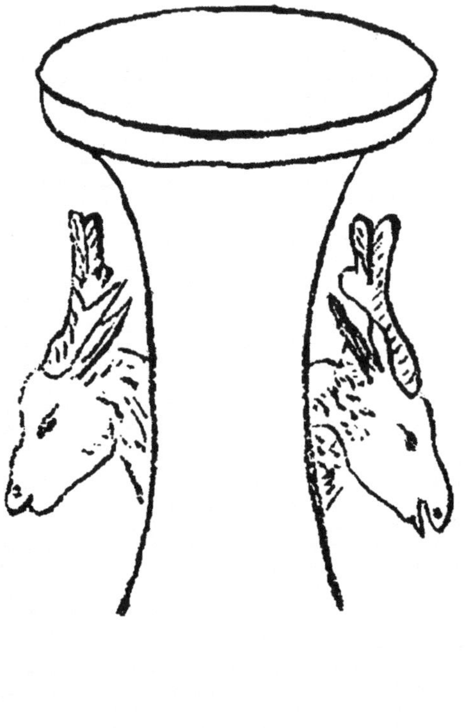

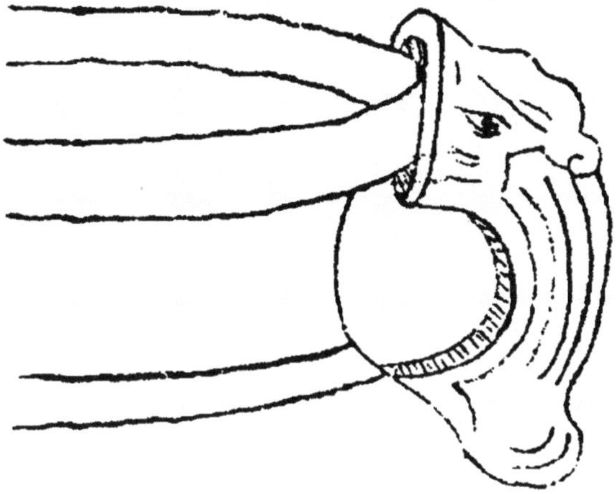

饕餮耳（銜環）

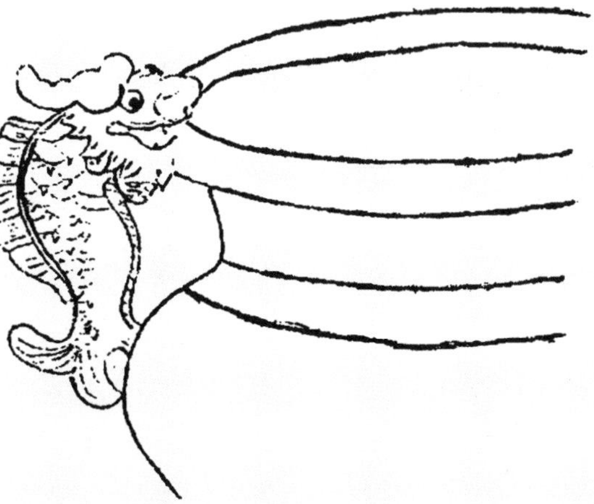

鰲魚耳

鳳耳

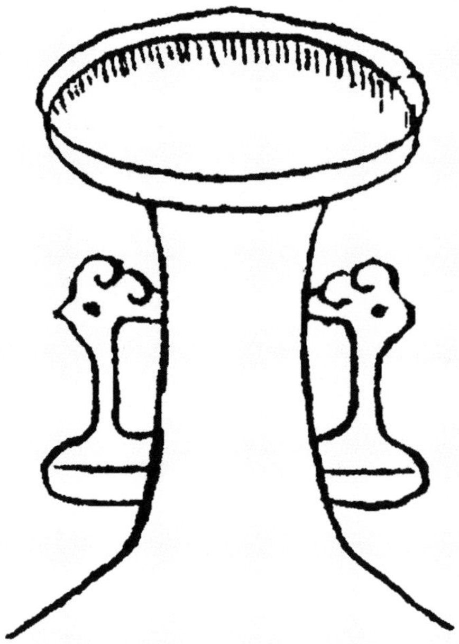

魚耳

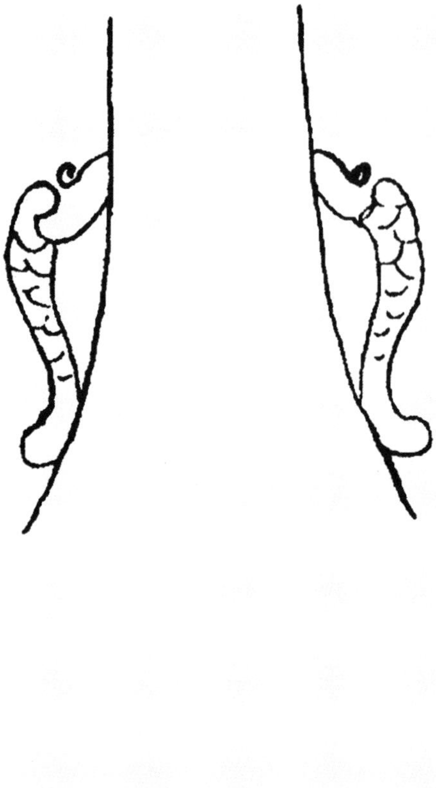

鳳銜環耳

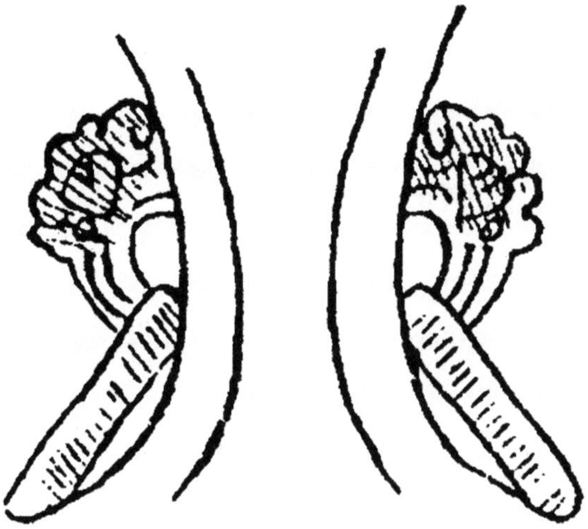

虎頭爪耳

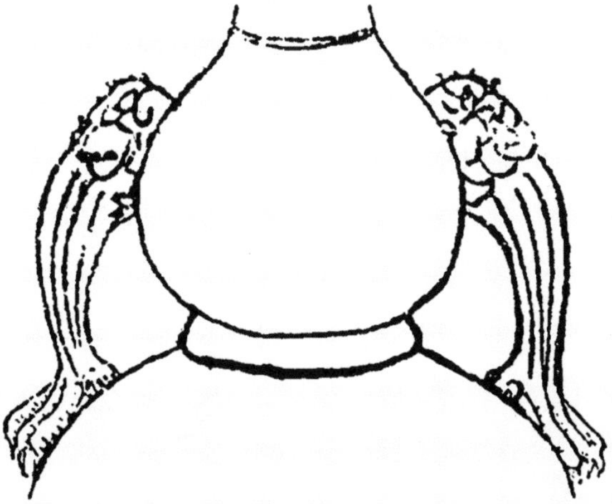

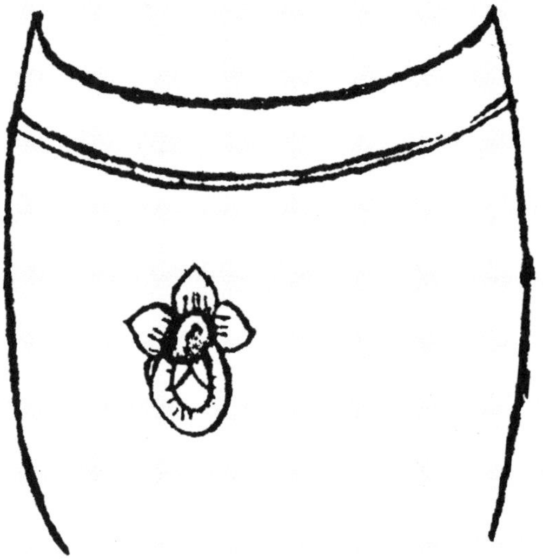

桃花環耳

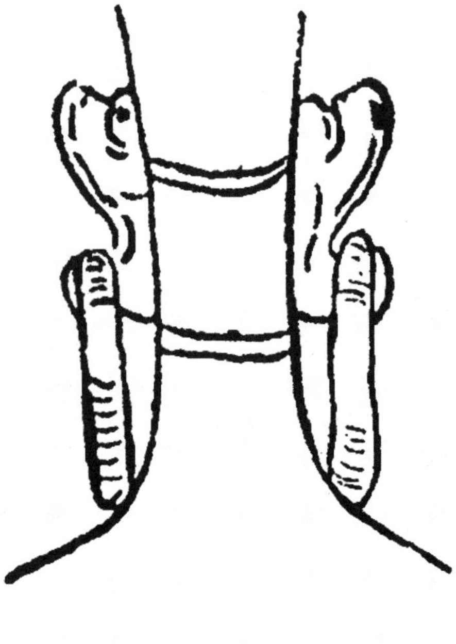

獸耳（銜環）

象鼻耳（銜環）

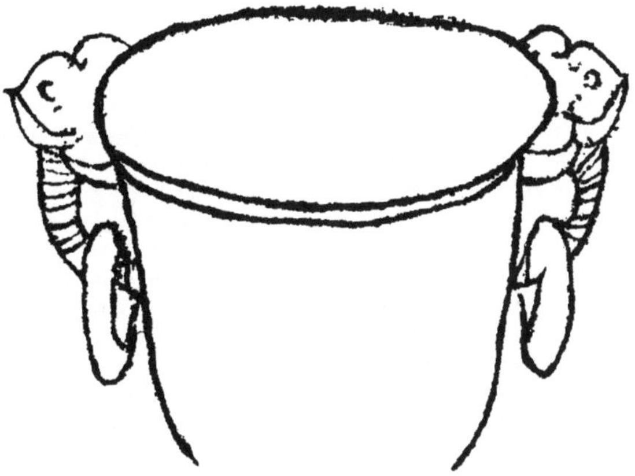

紐絲耳

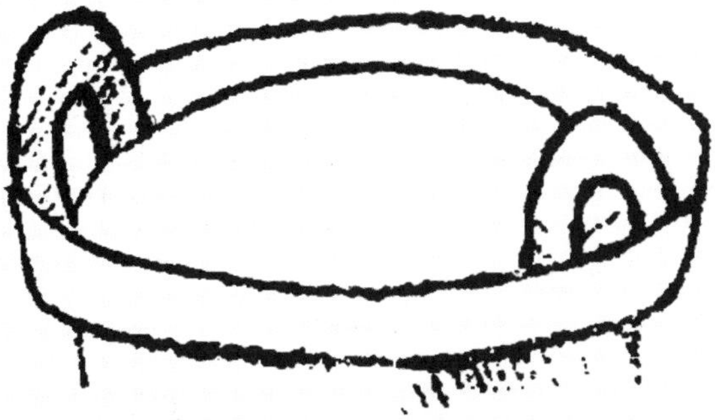

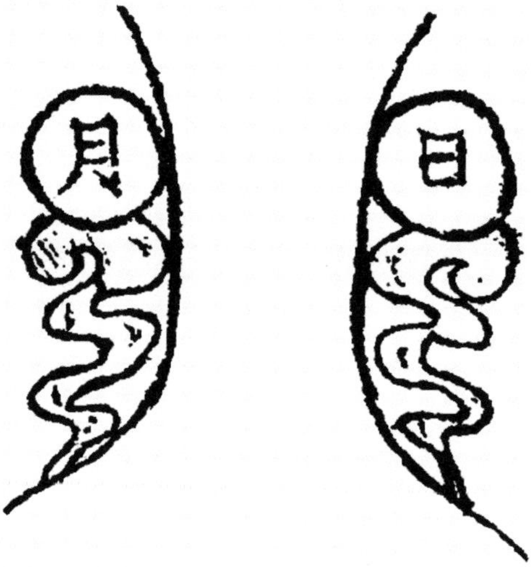

日月耳

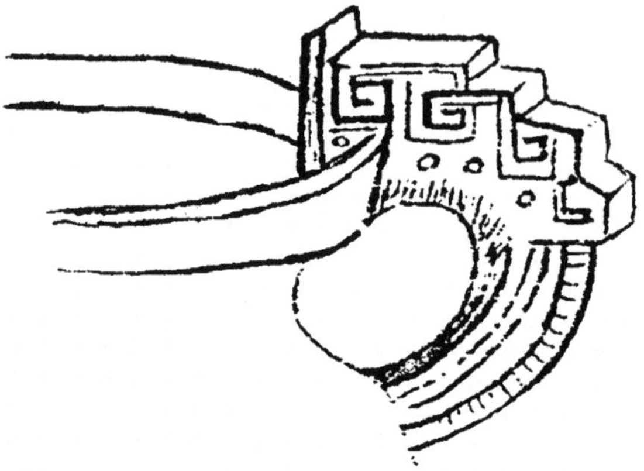

雷紋耳

雲鈎耳

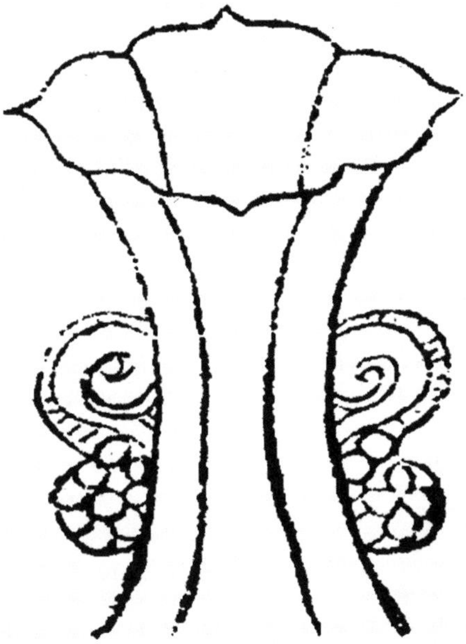

方耳

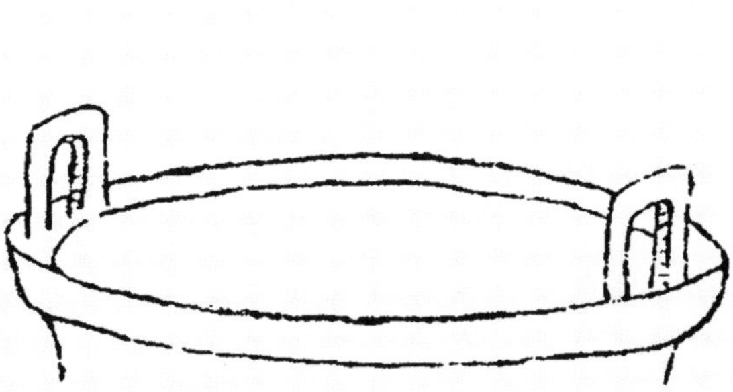

扁耳

貼耳

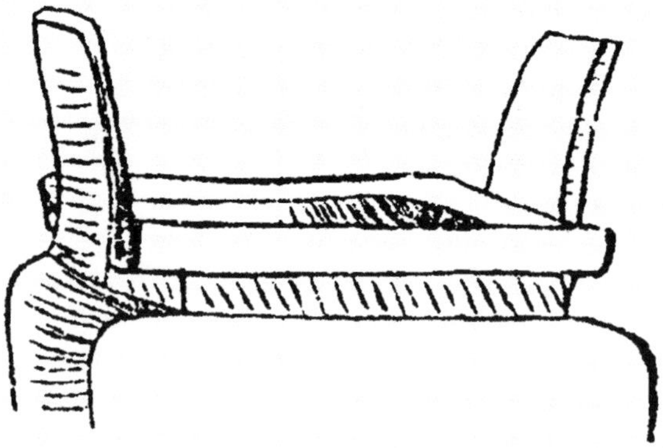

圓耳（帶環）

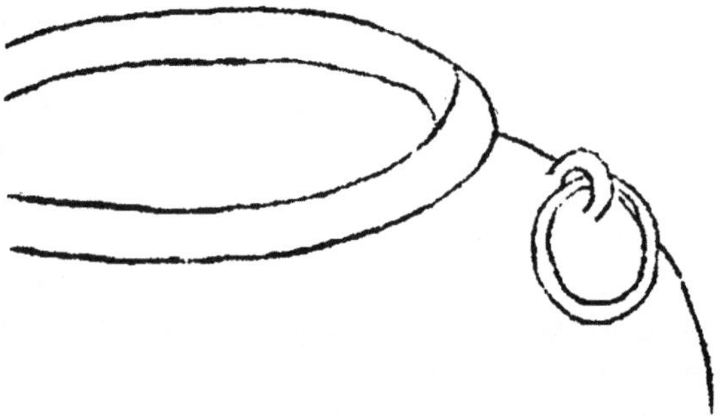

角耳

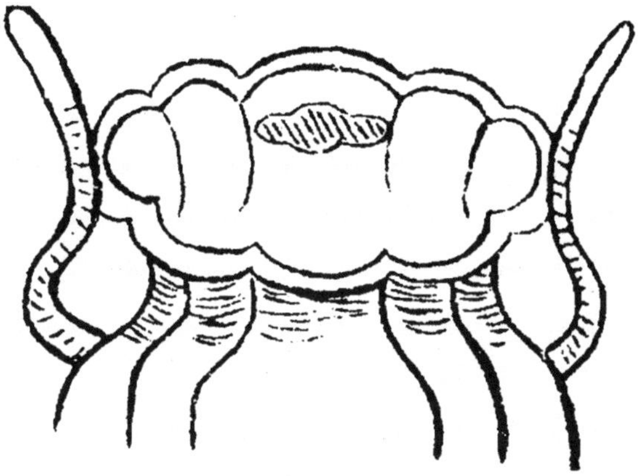

柱耳

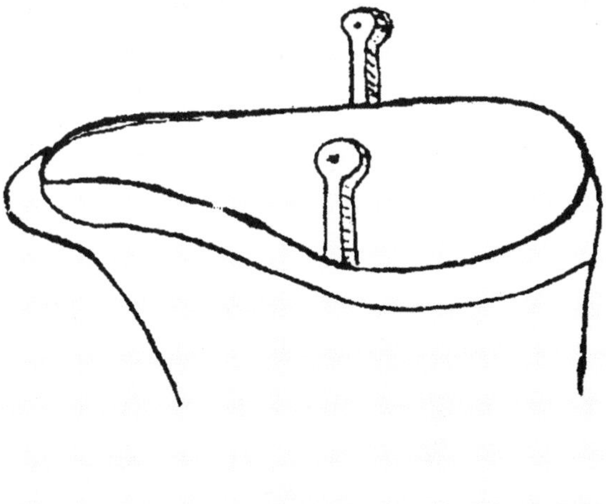

三 器足款式

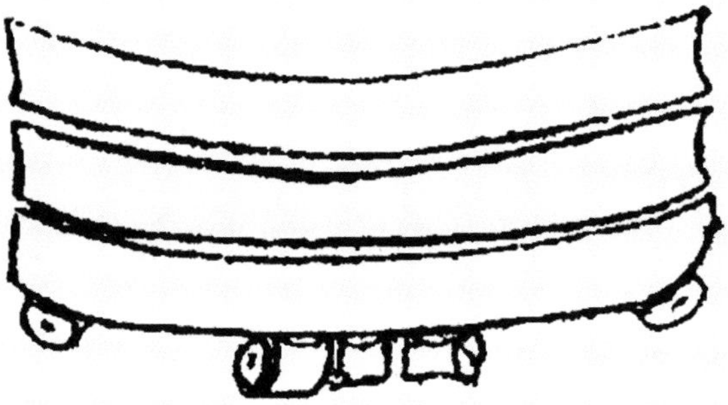

竹節足

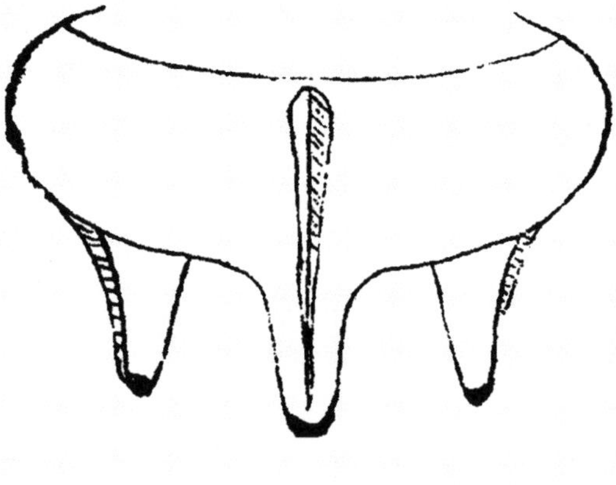

三棱足

筆管足

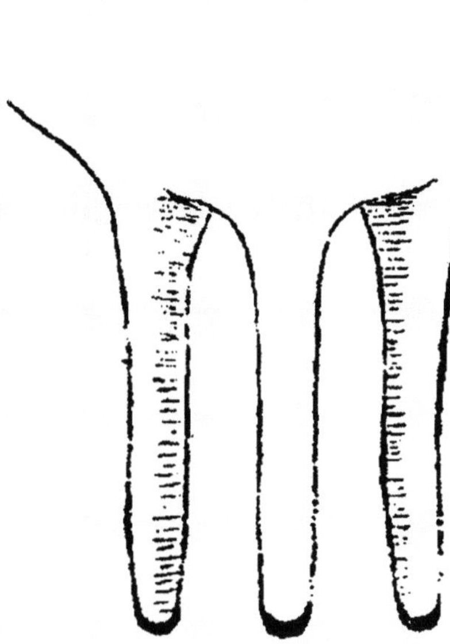

雲鈎足

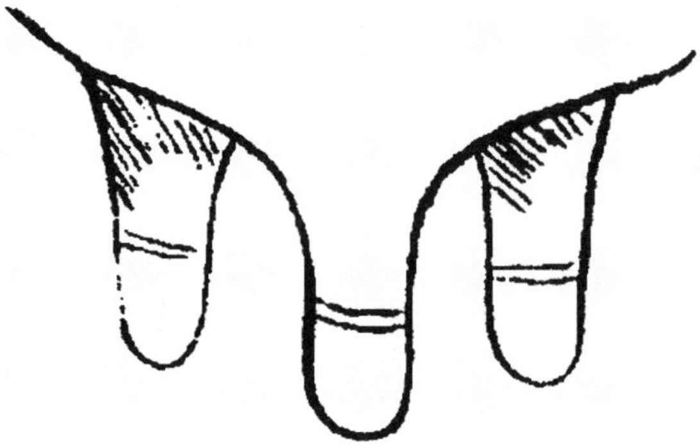

矮足

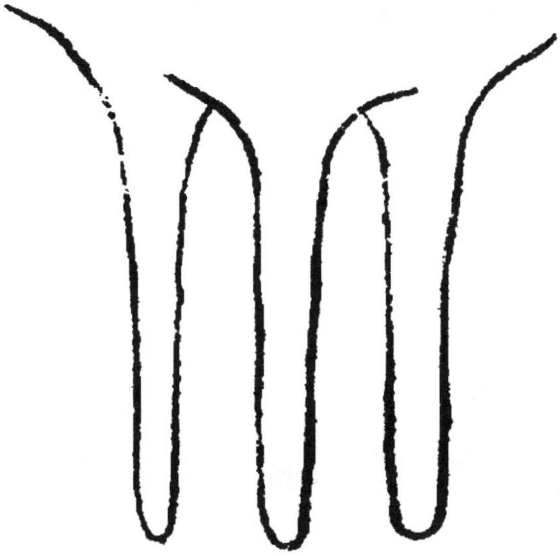

高足

乳足

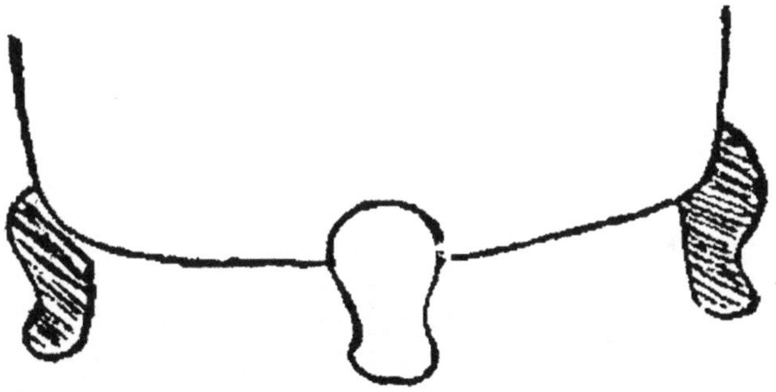

半圓足

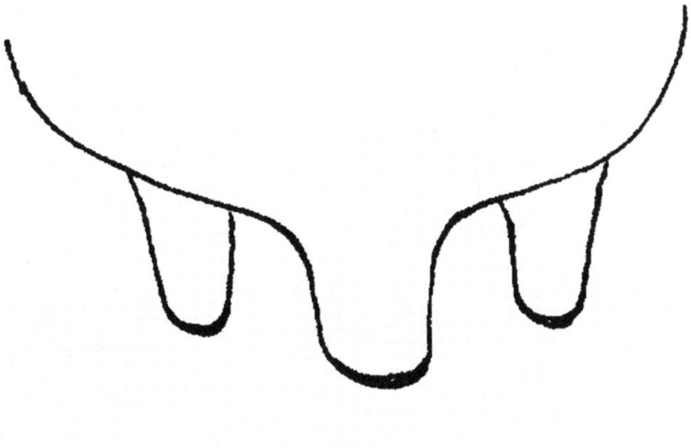

圓足

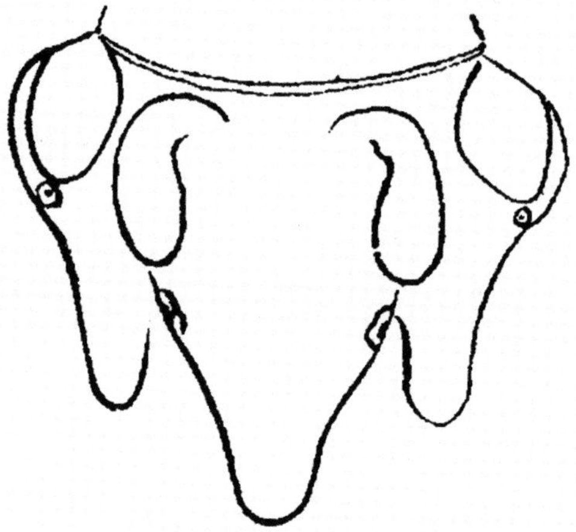

羊頭足

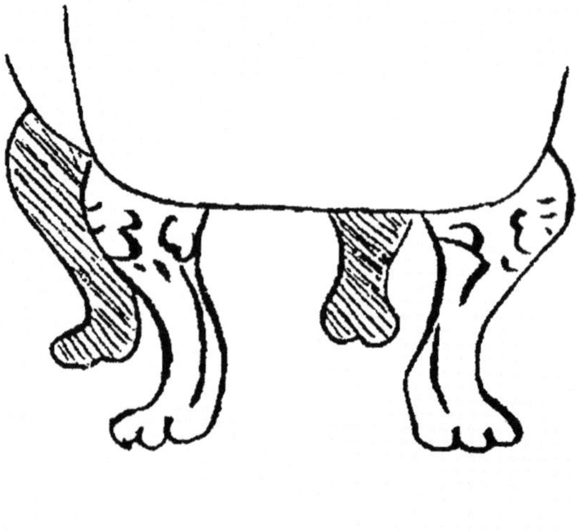

獸頭足

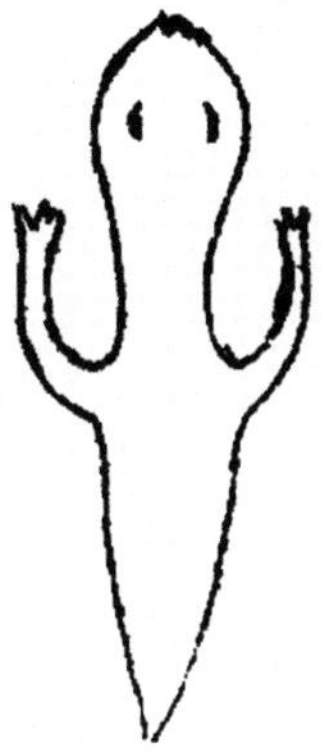

螭虎足

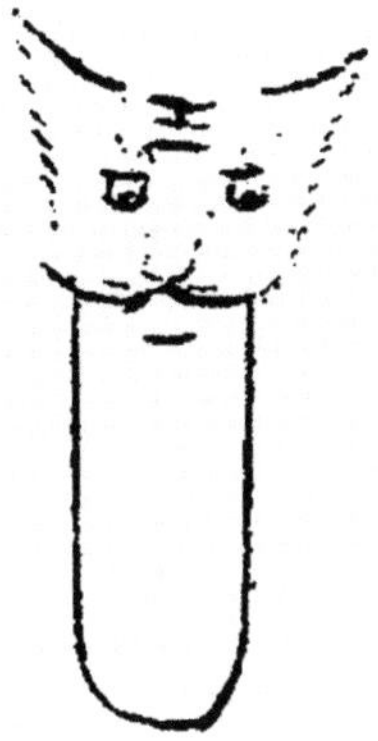

虎頭足

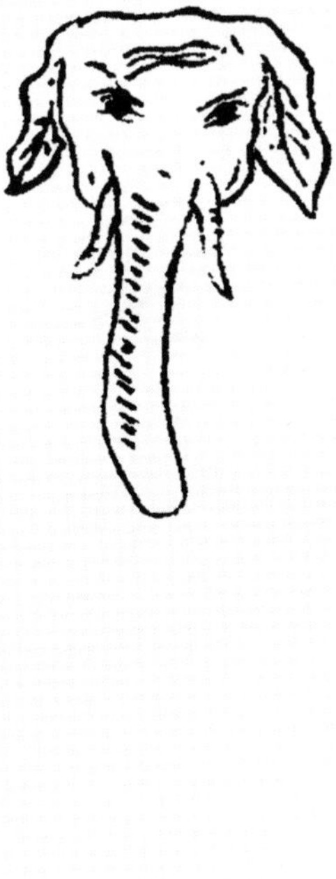

象足

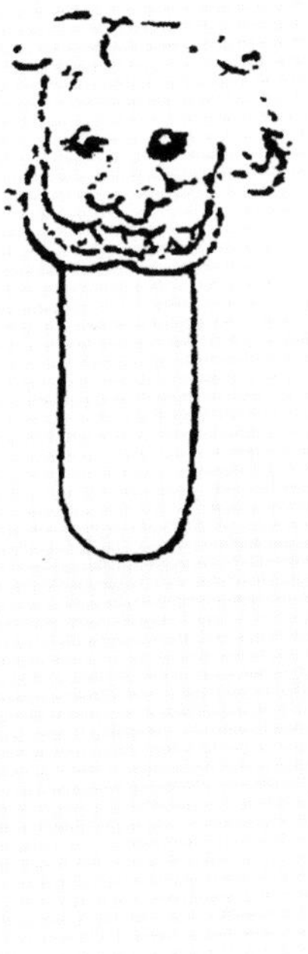

獅頭足

方足

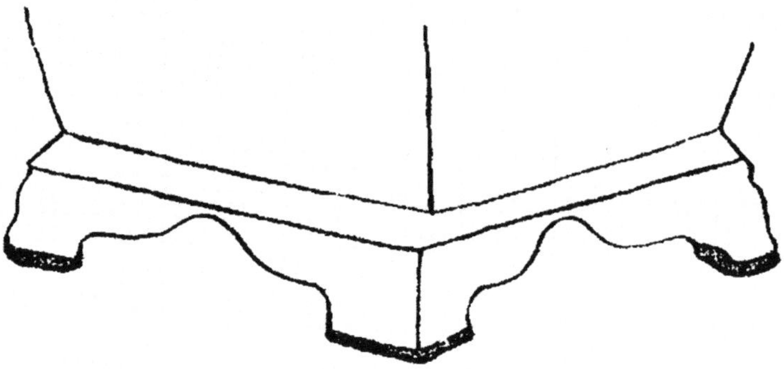

猴足

四　各器款式

瓶类（包括壶、尊、觶、锺、瓻）

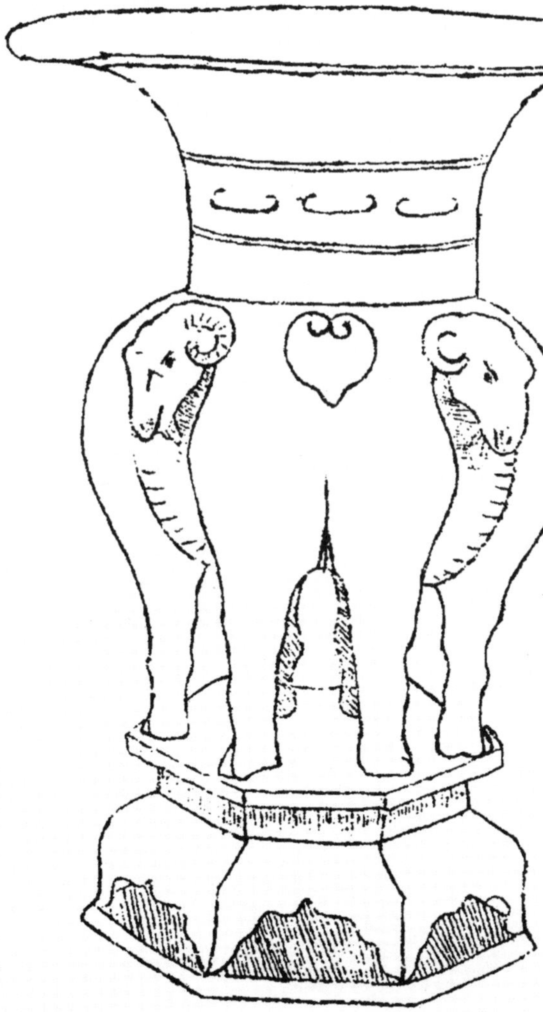

吉羊尊

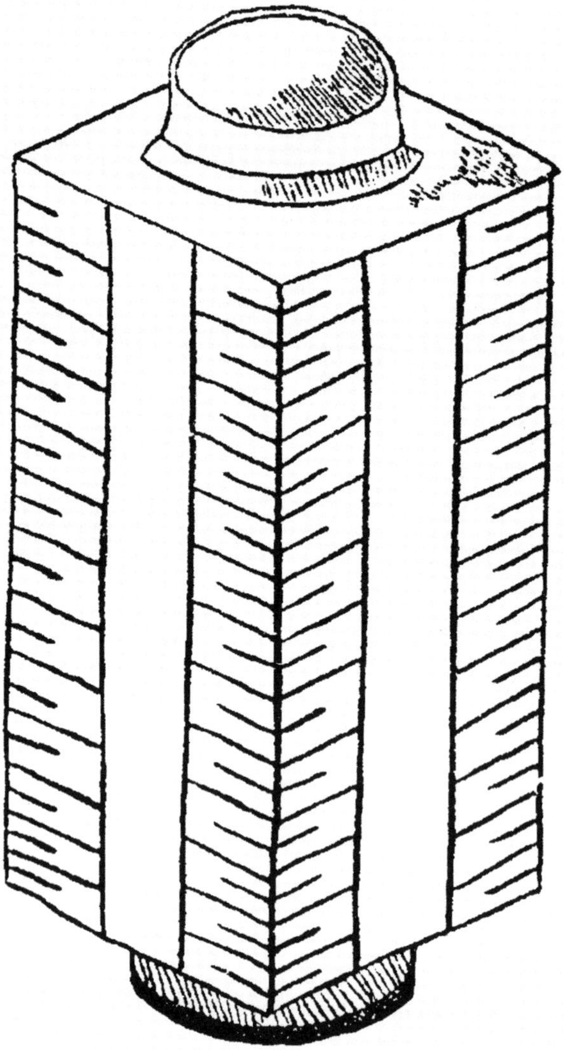

琮式瓶

高装一枝梅（即梅尊）

鍾式瓶

玉壺買春

鞞肩瓶

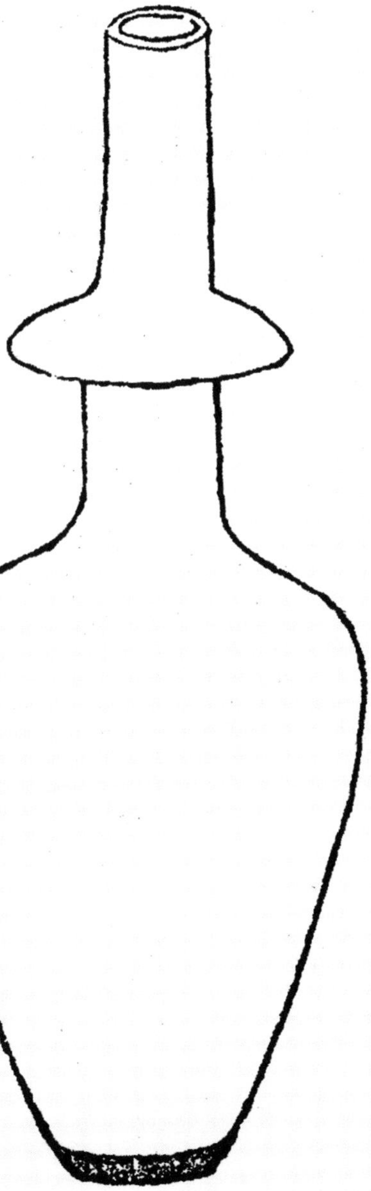

大吉瓶

髡口膽瓶

油鍾瓶

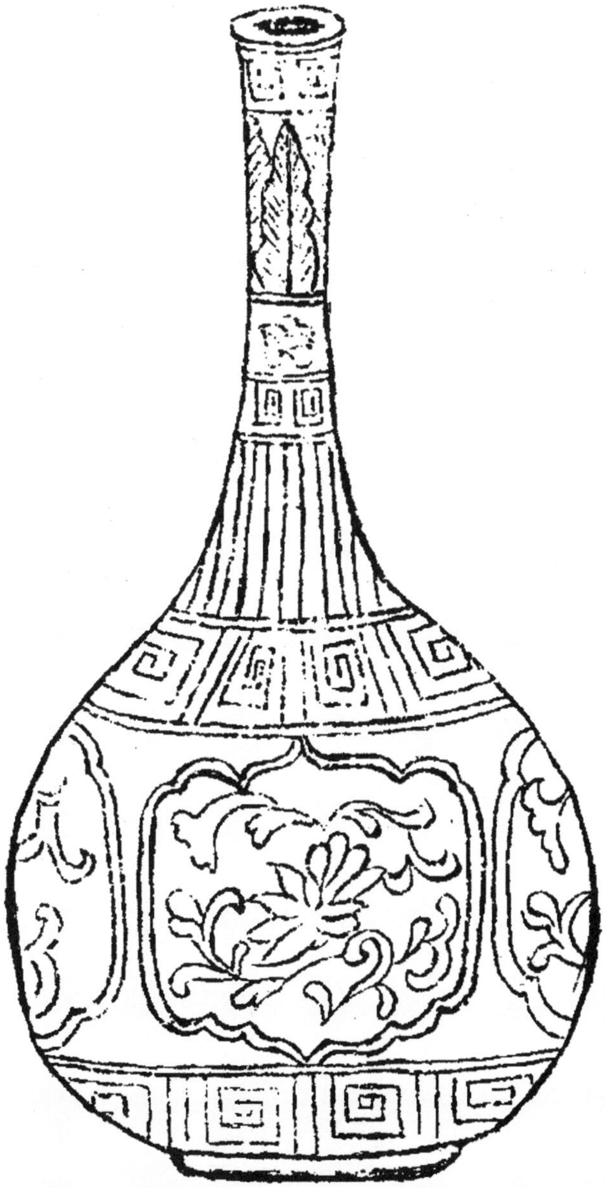

膽瓶

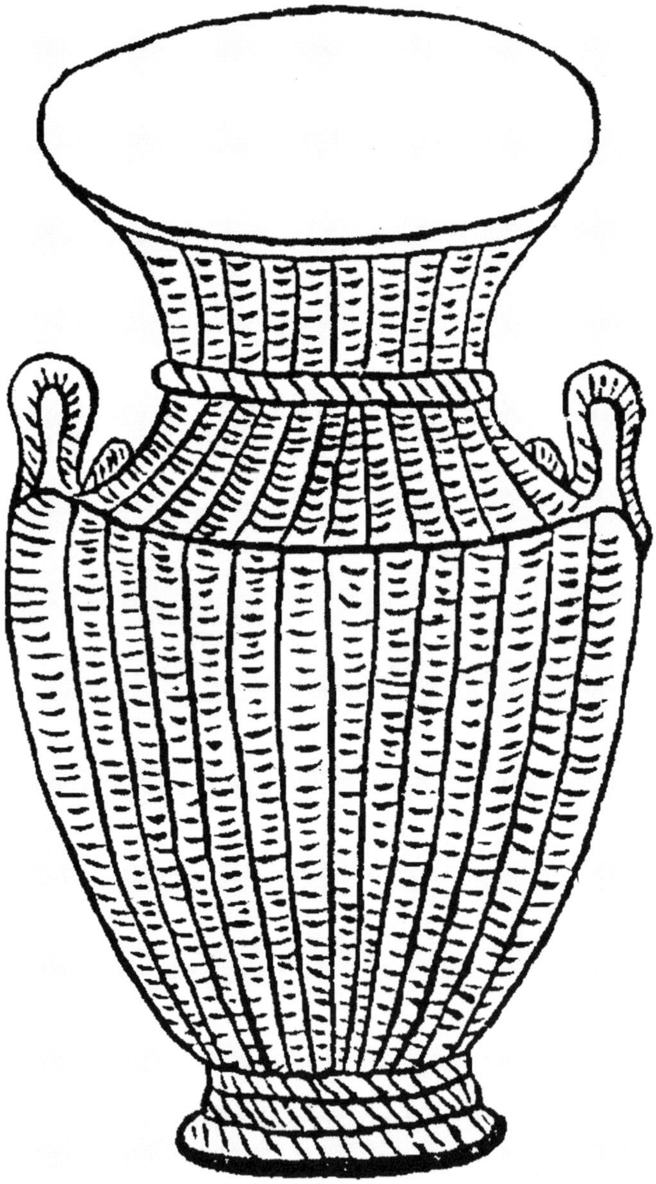

魚罍瓶

牡丹瓶

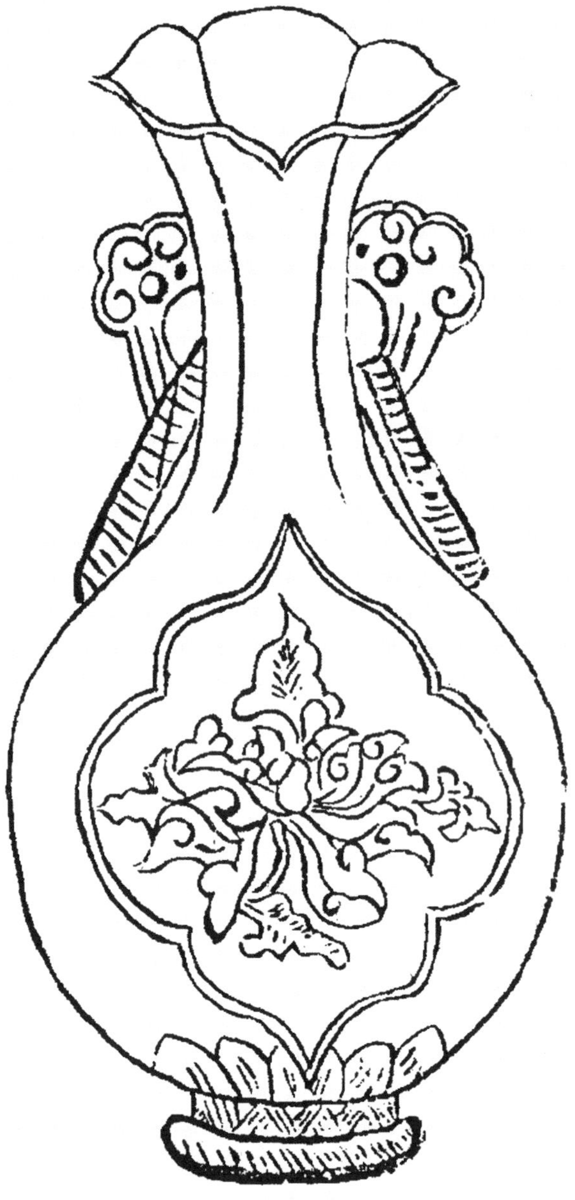

海棠花式瓶

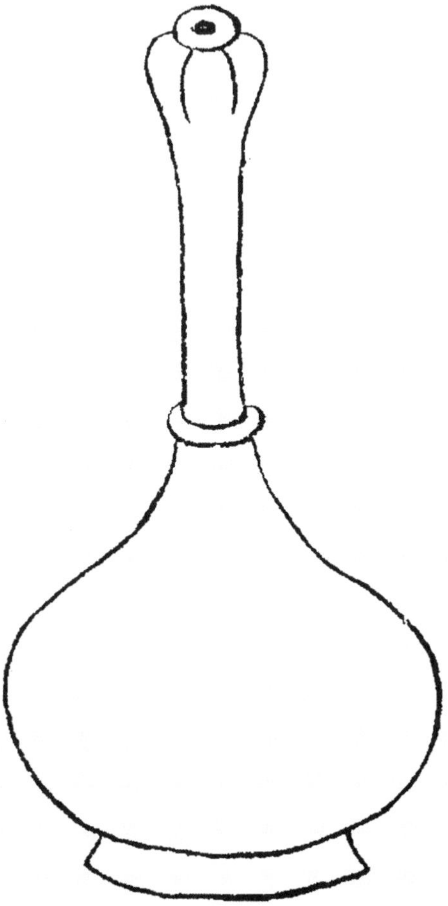

漢壺（又名蒜頭尊）

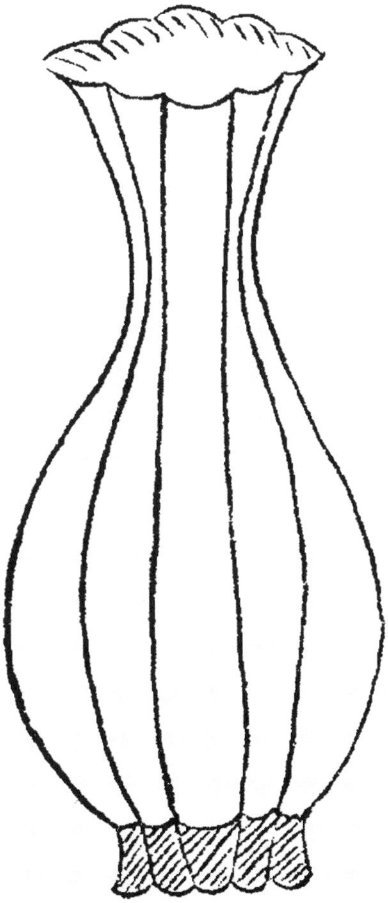

菱花式瓶（俗稱白菜根瓶）

海棠式福字瓶

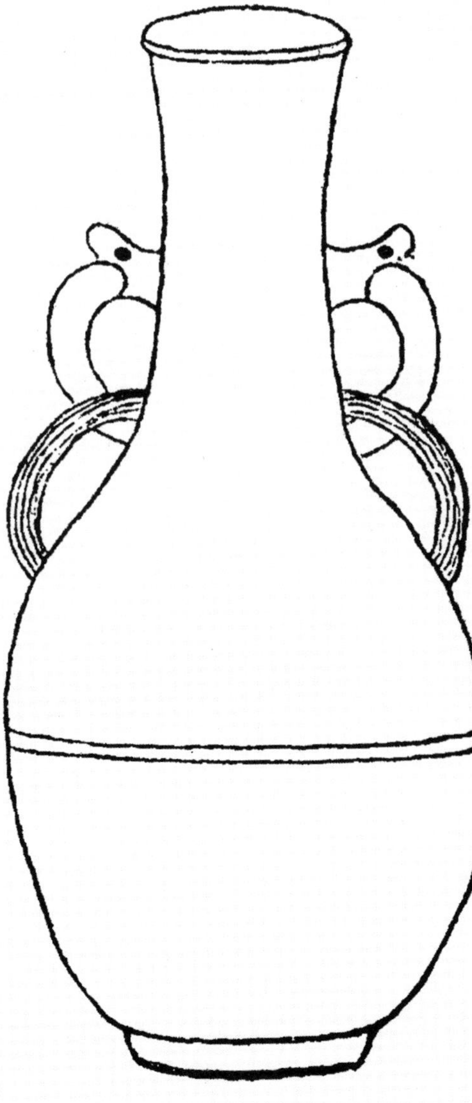

獸耳銜環瓶

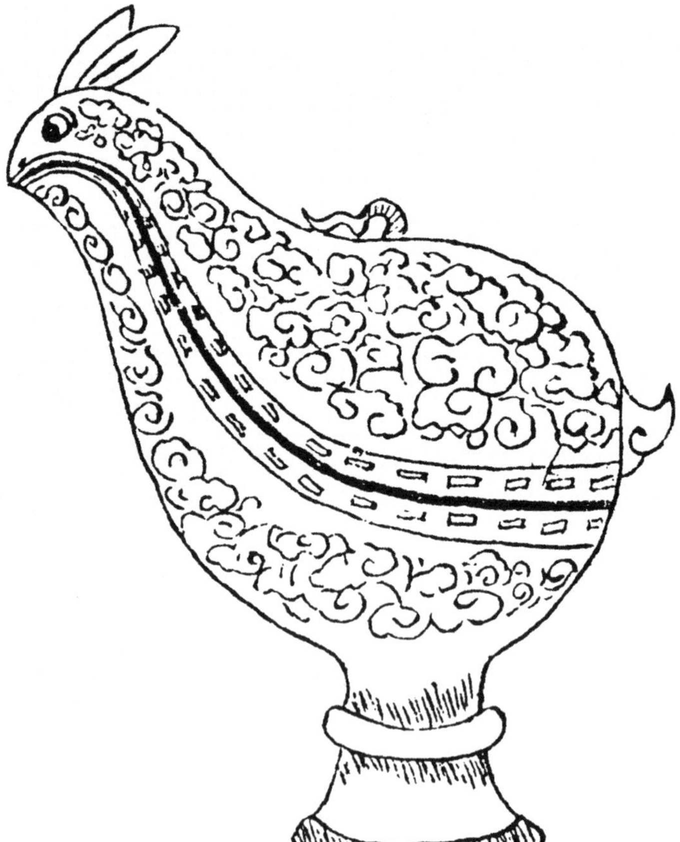

兔尊

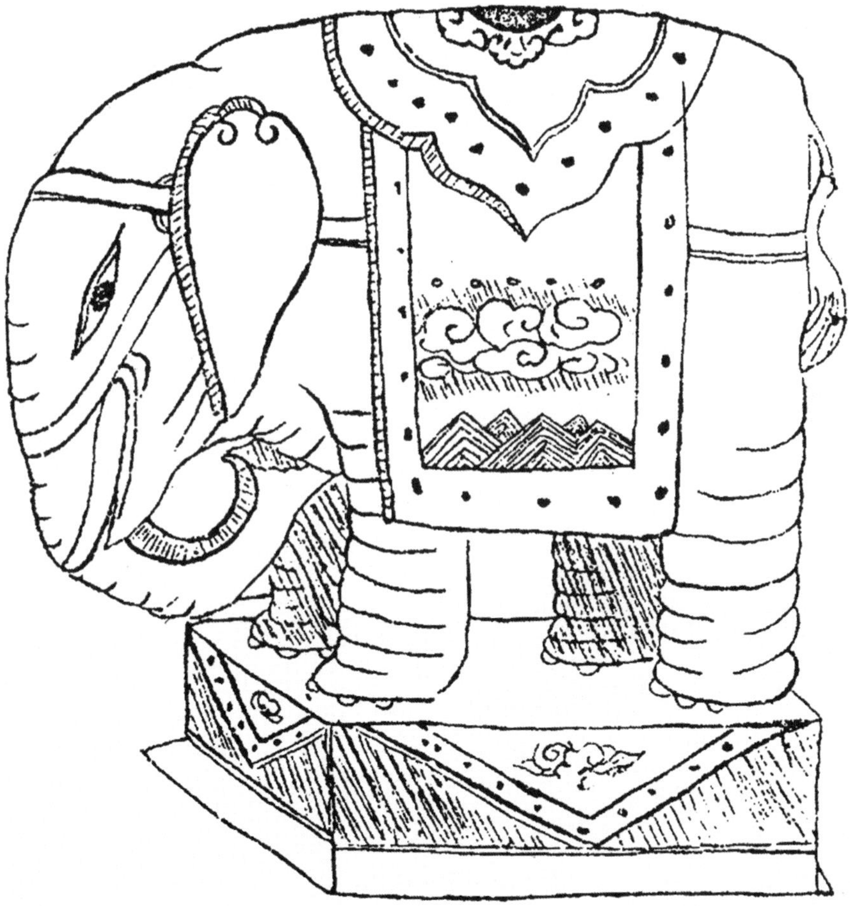

象尊

鹿頭尊

象鼻尊

雙魚抱月尊

鳳耳尊

雙耳穿帶馬蹄尊
魚耳獸環尊

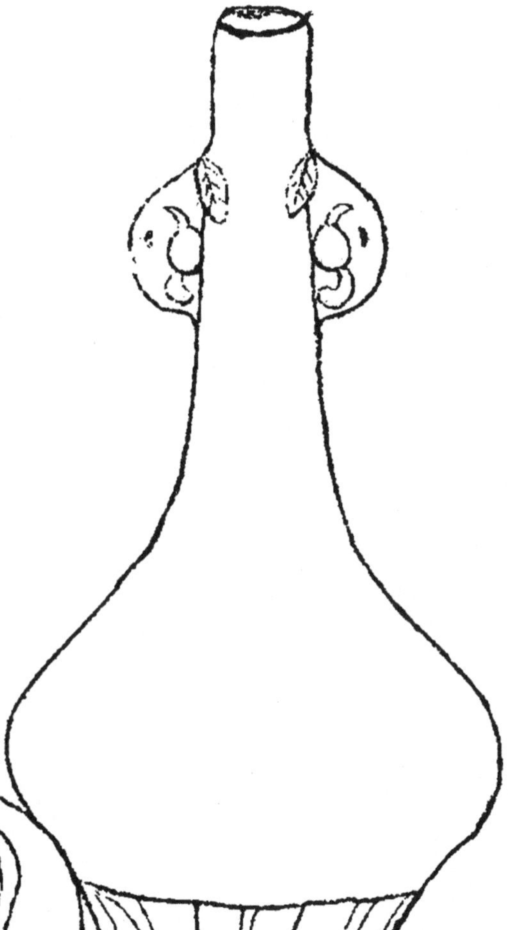

象耳壺

蟠螭壺

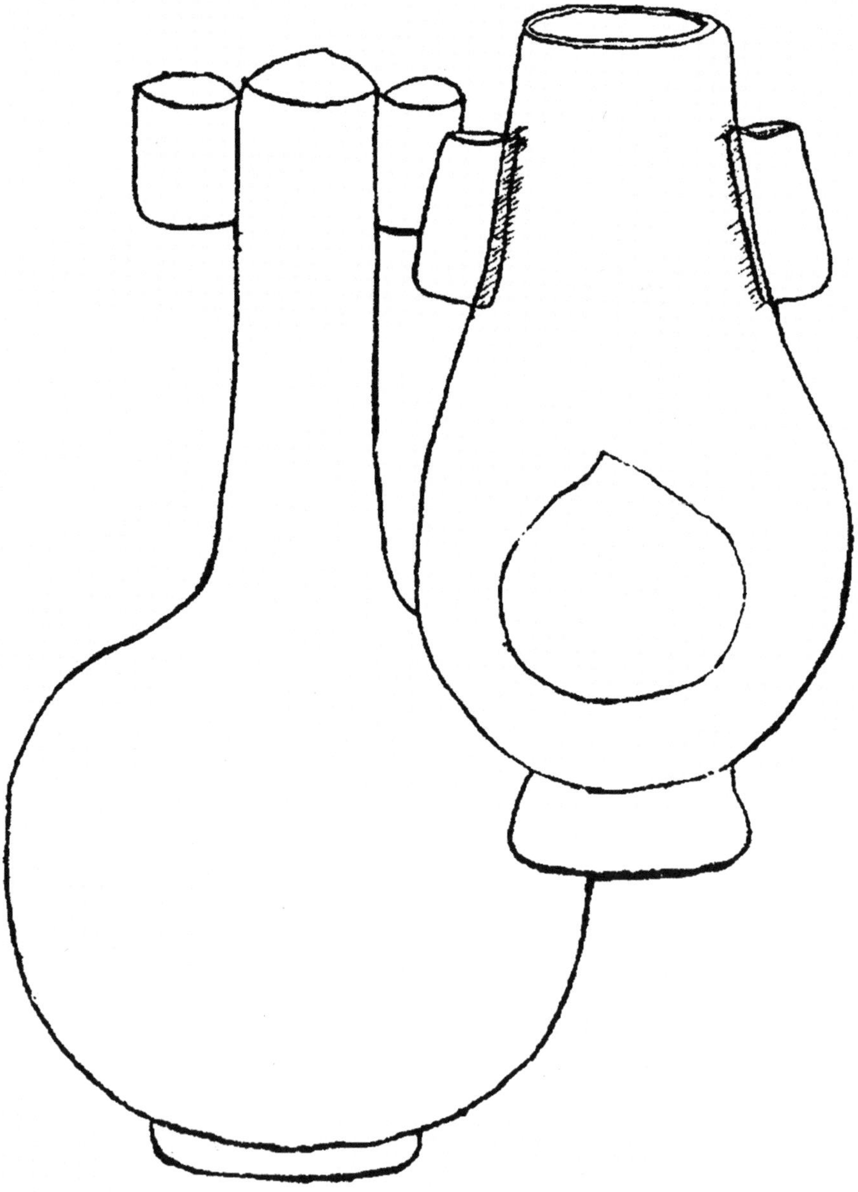

投壺式瓶

貫耳穿帶杏葉壺

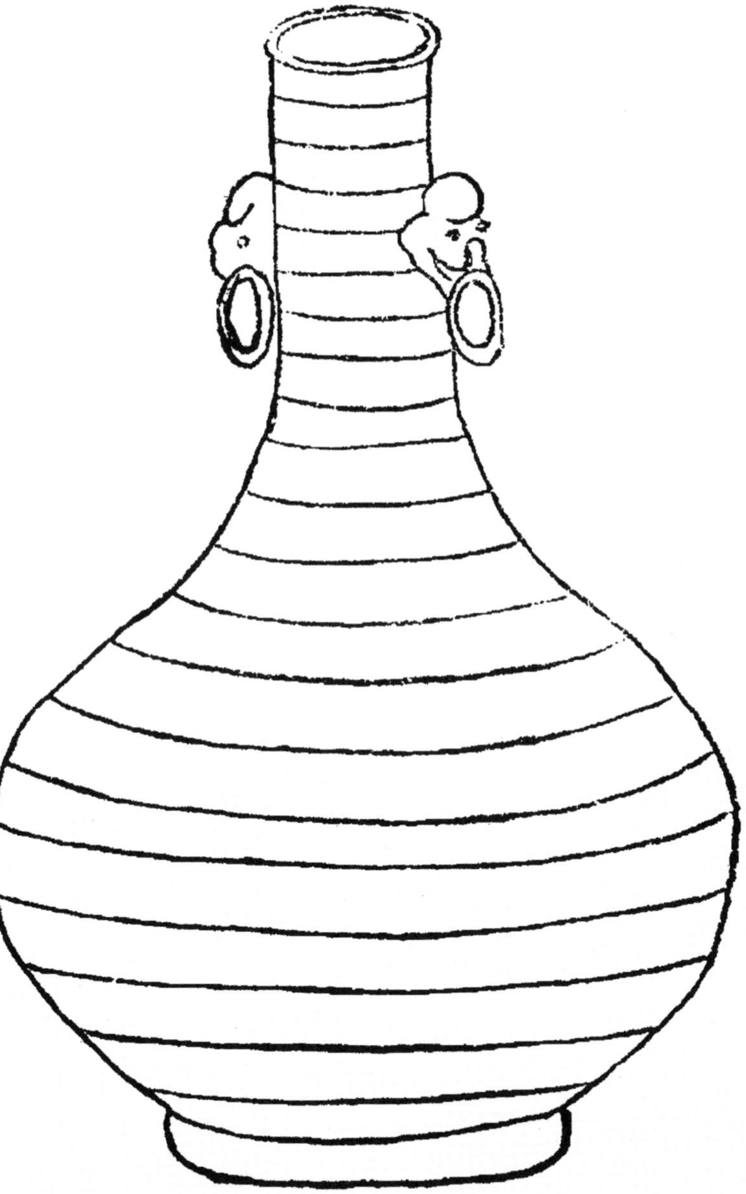

百級獸環壺

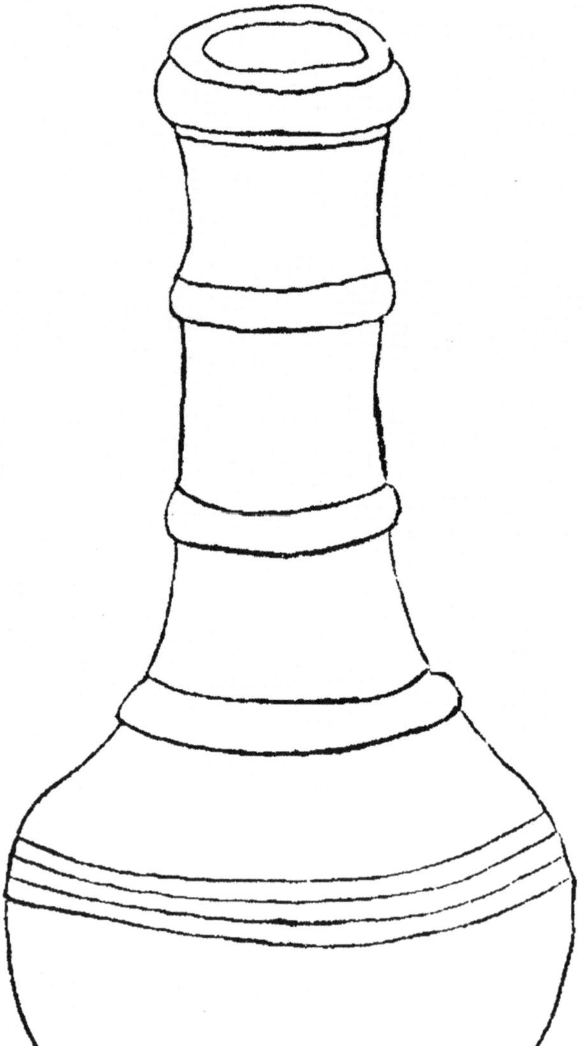

竹節壺

溫壺

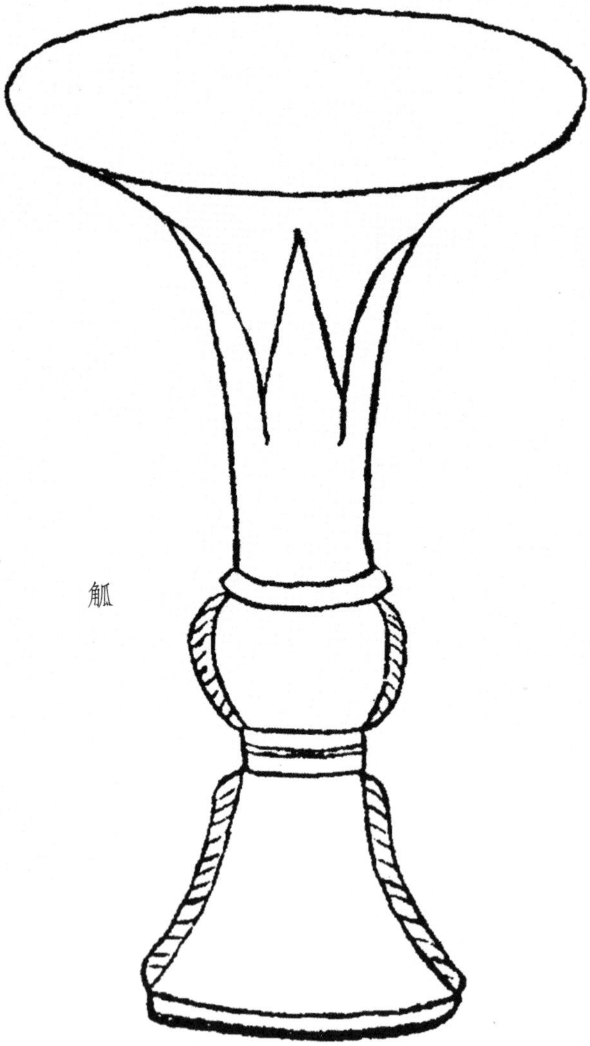

觚

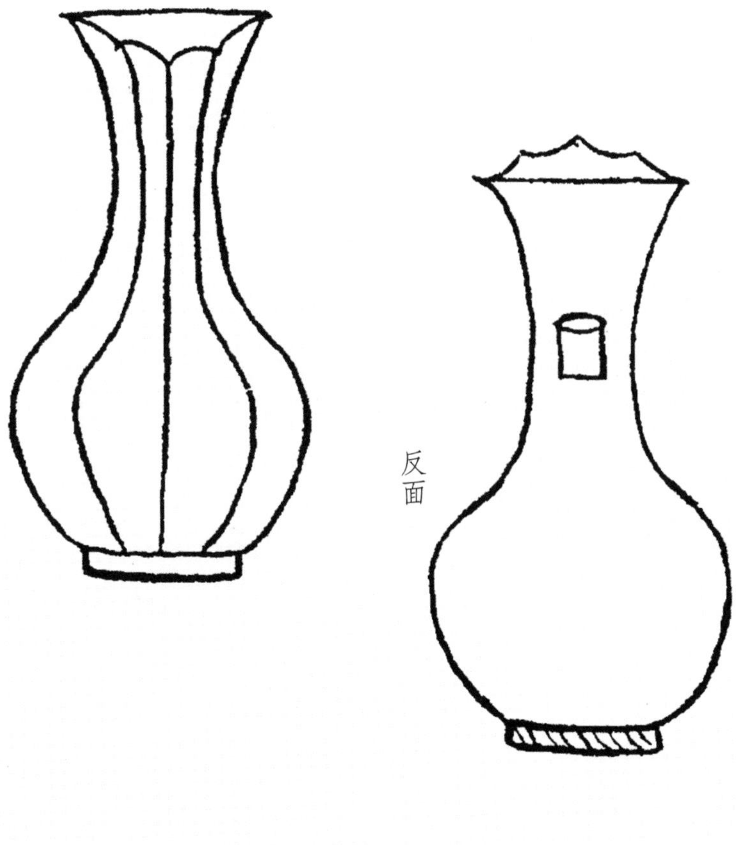
掛瓶
正面
反面

卷書龍鳳雙管花插

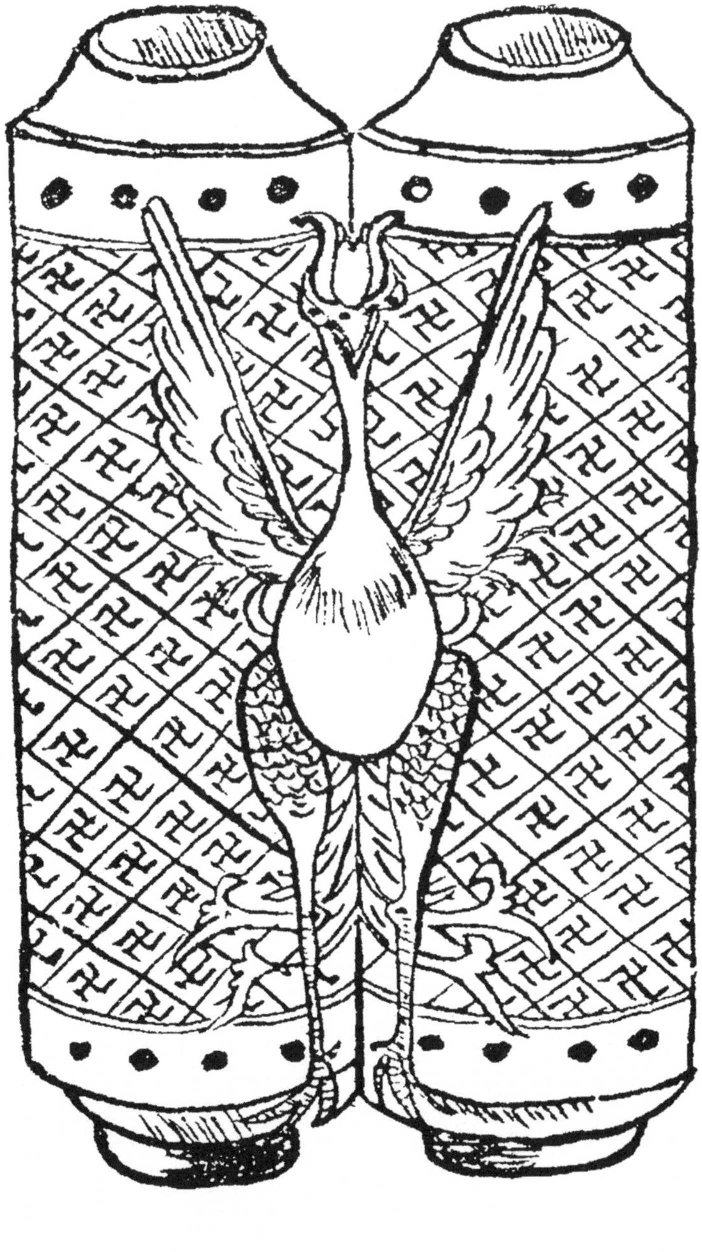

爐类（包括鬲、鼎、彝、敦、罍）

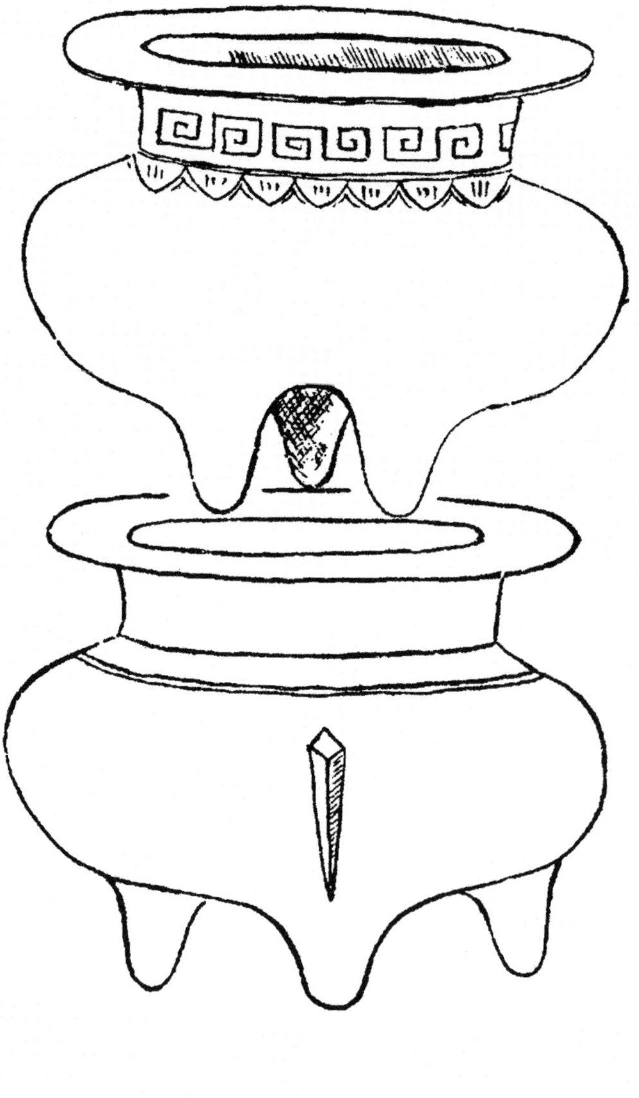

鬲爐

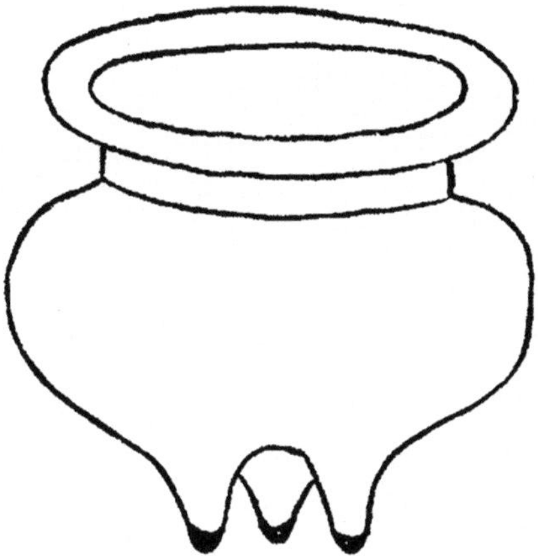

鬲爐

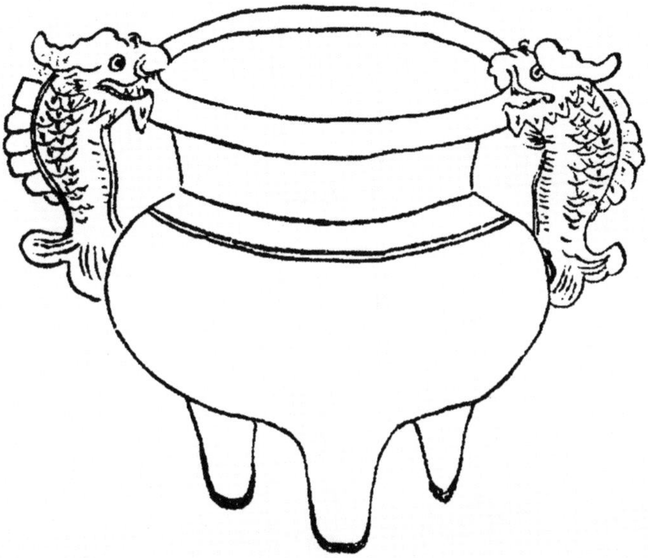

鰲魚鬲爐

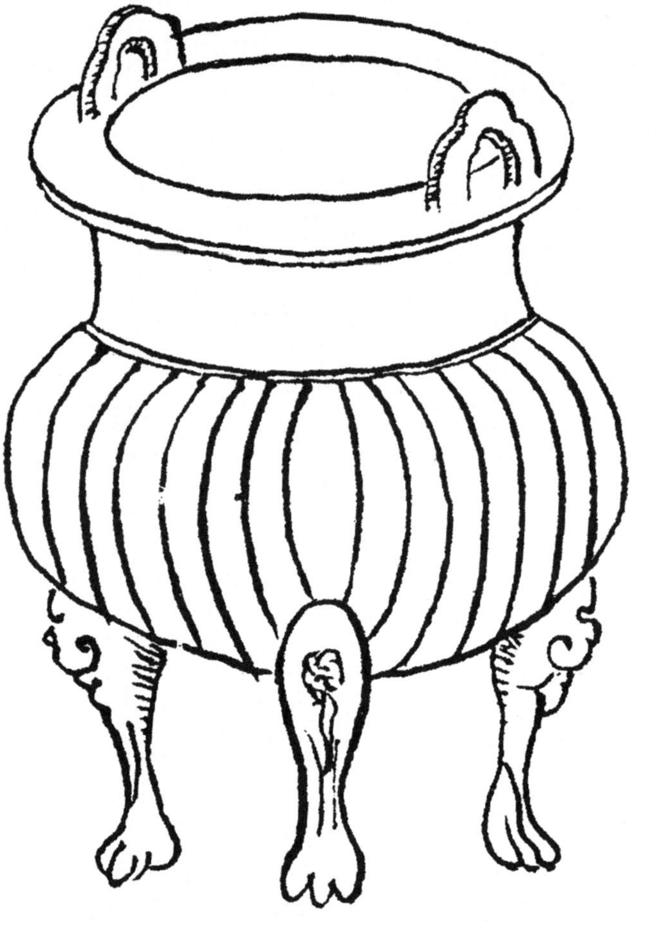

雙耳鬲爐

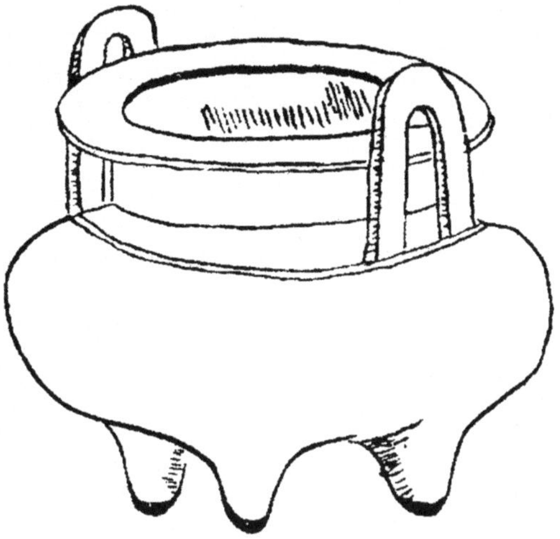

雙耳鬲爐

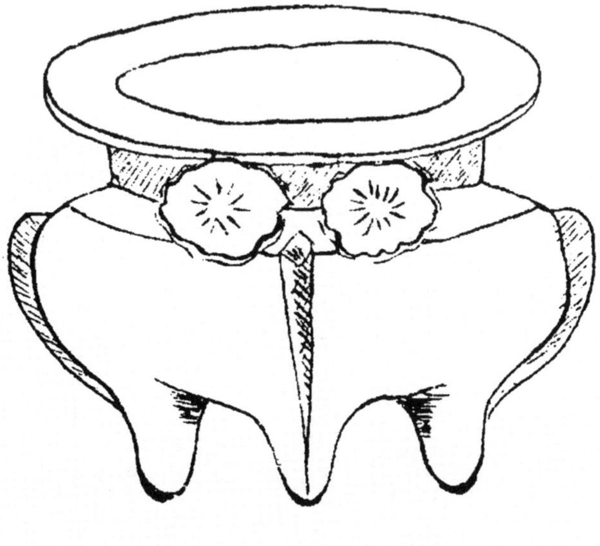

鬲爐

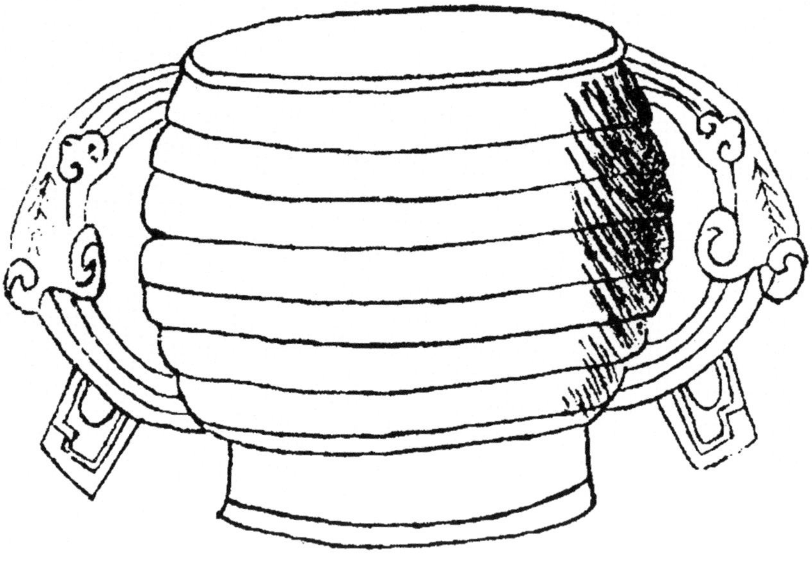

敦式爐

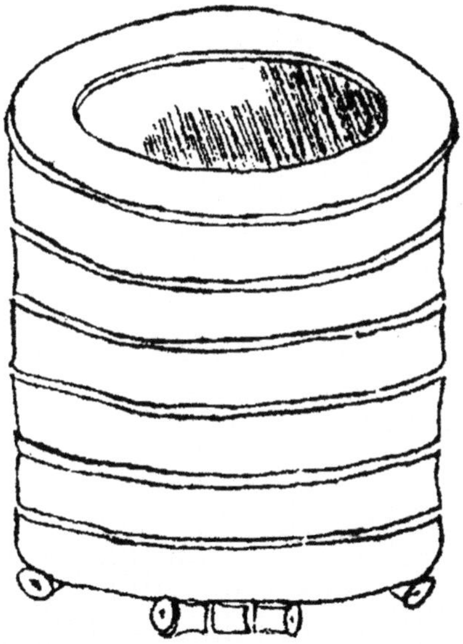

竹節爐

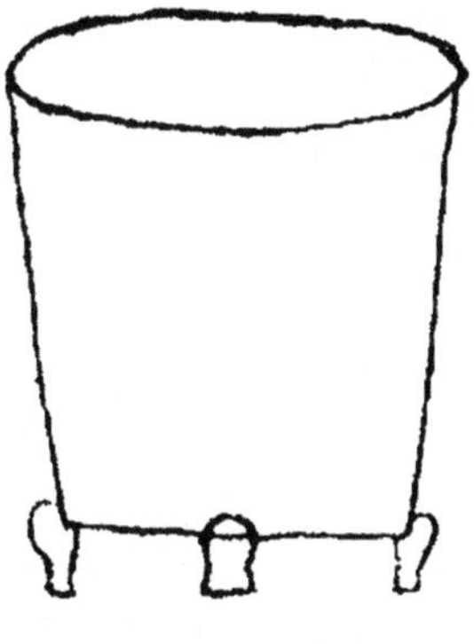

直筒爐

彝式爐

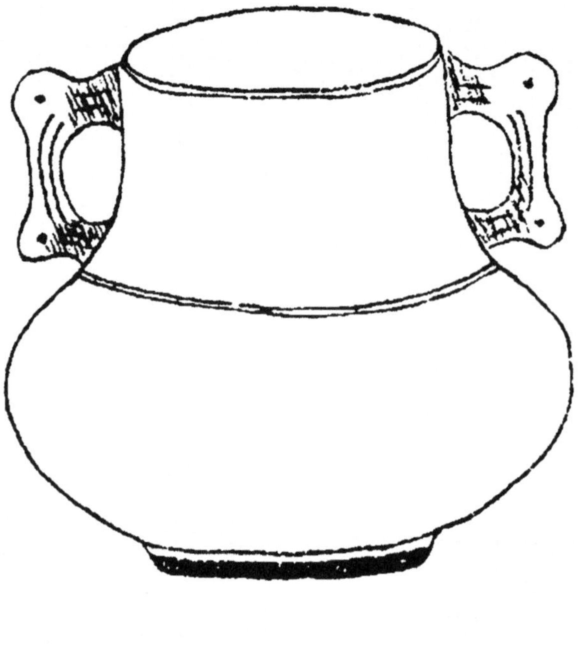

罍式爐

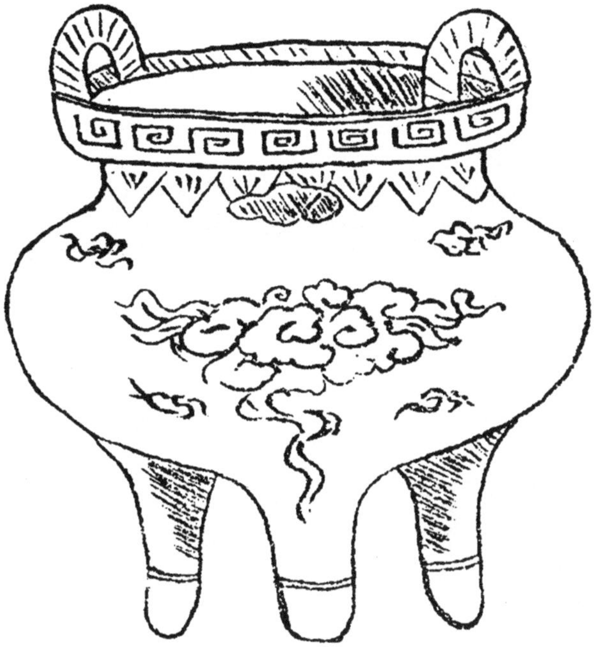

鼎爐

無惠鼎式爐

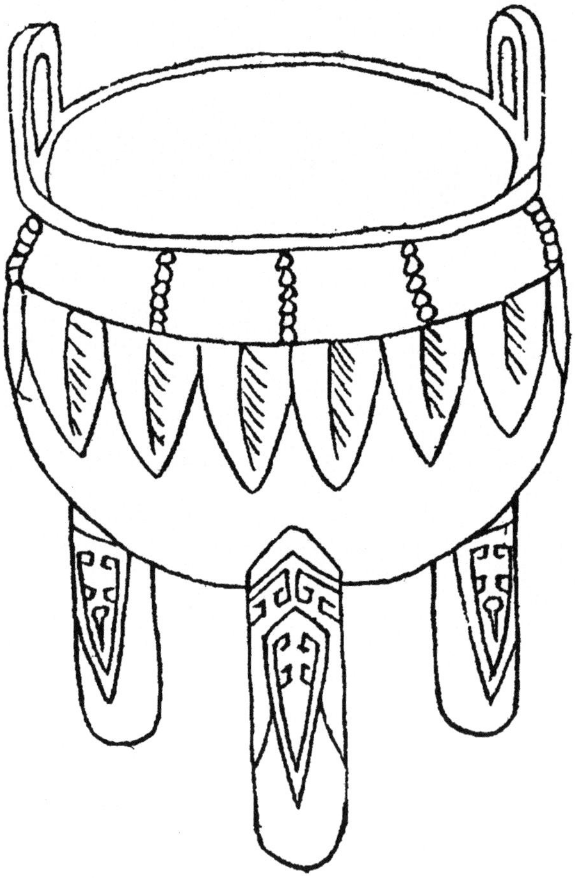

周鼎爐

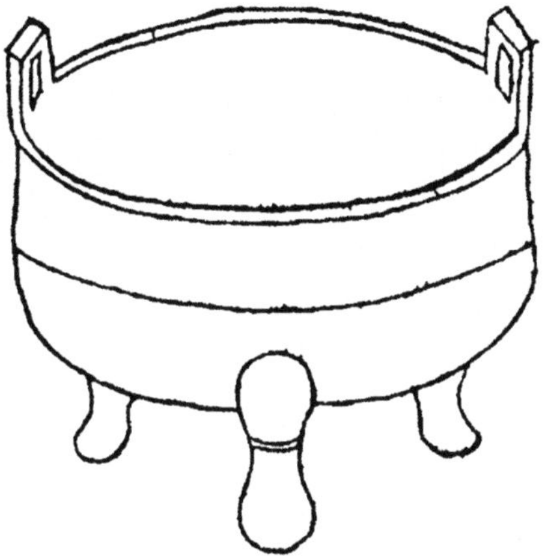

漢鼎爐

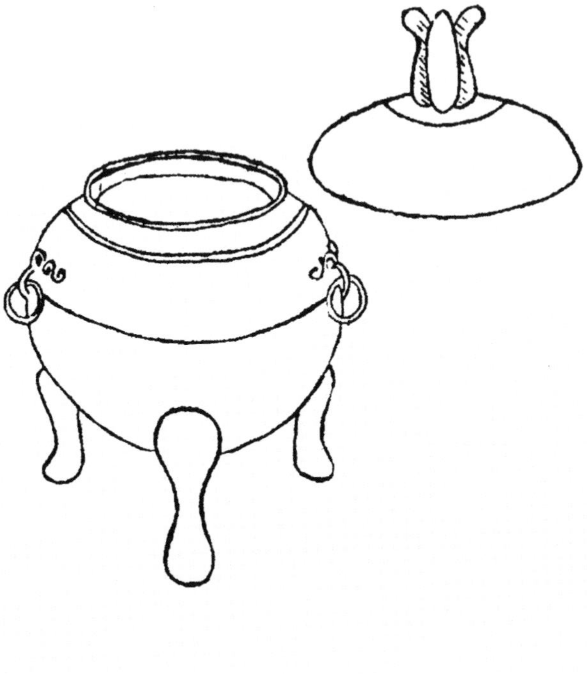

漢永始鼎式爐

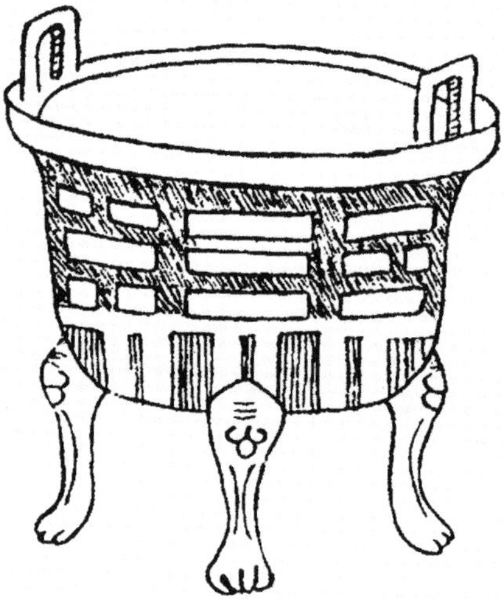
八卦鼎式爐

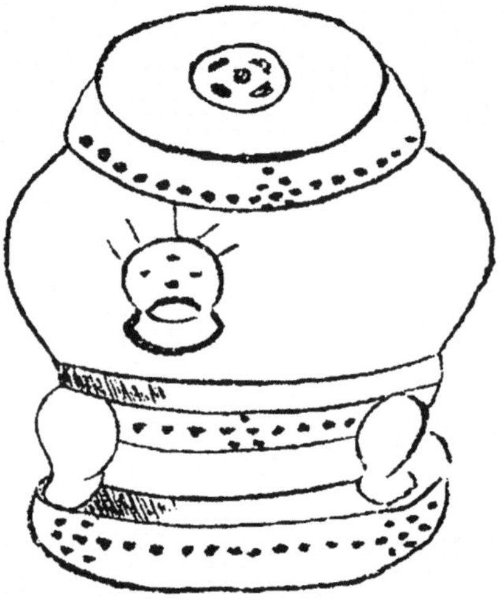
燻爐

菊花圓桶爐

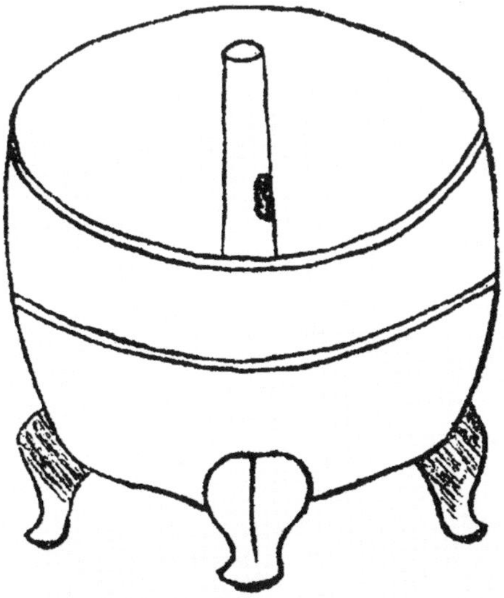

穿心爐

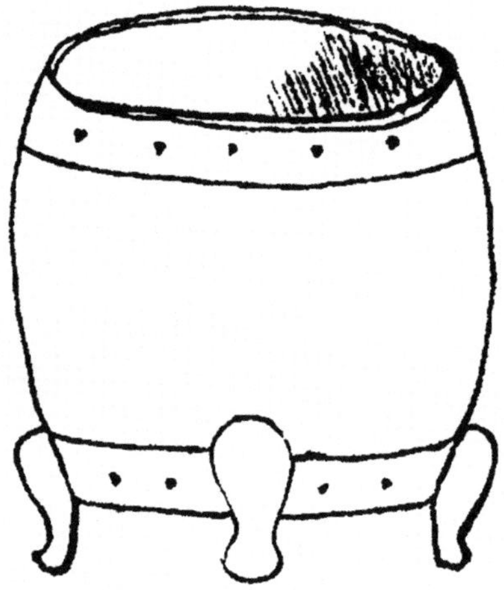

鼓形爐

罍

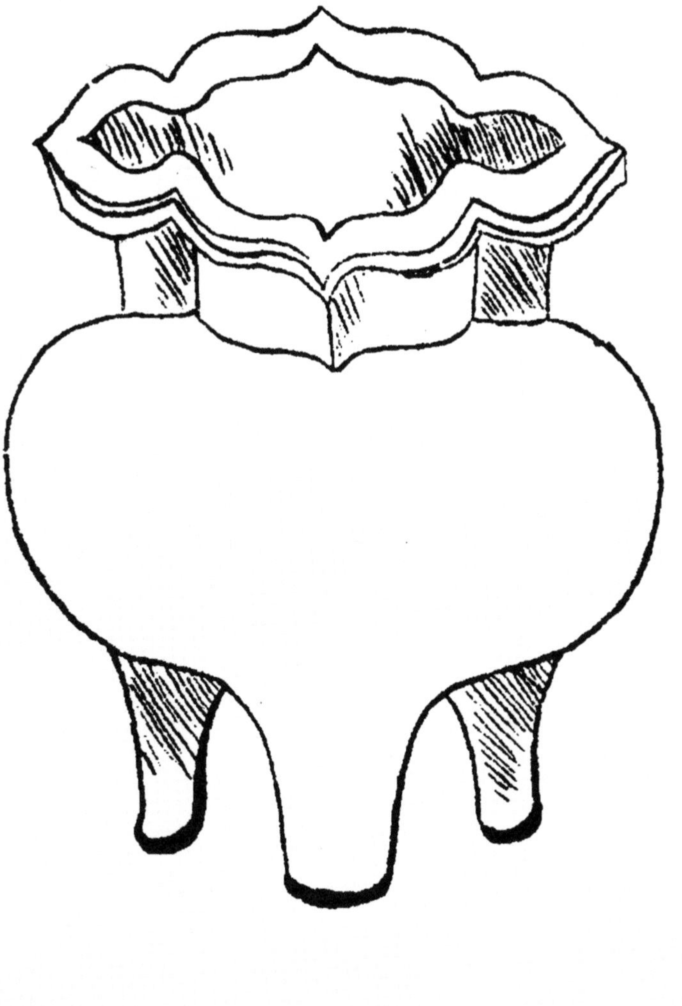

海棠花式爐

龍首燻爐

饕餮爐

金鴨爐

罐类（包括錞、甒、瓿）

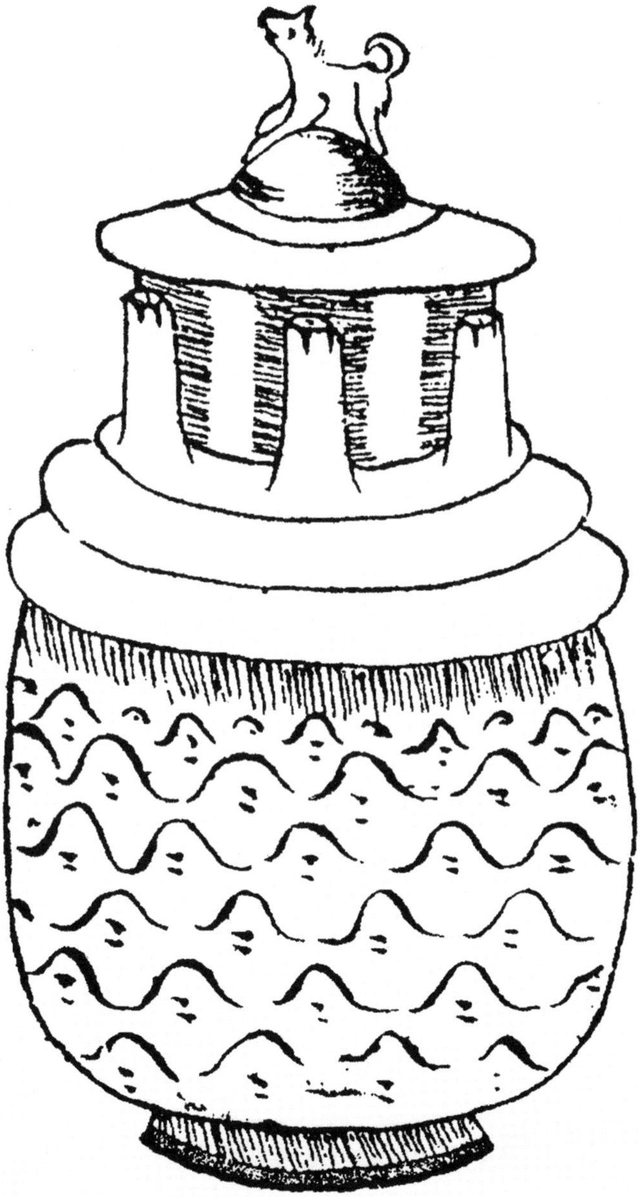

五德罐

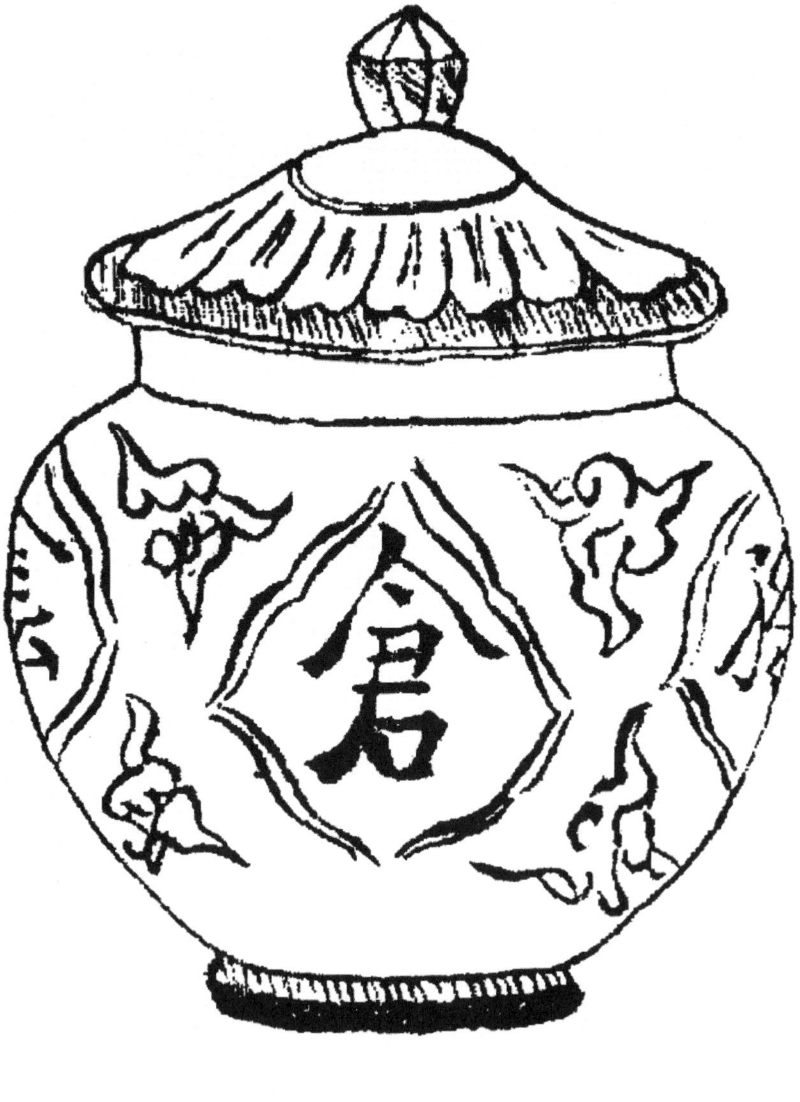

五穀罐（罐者應名五穀瓿，具體而微，因穀粒極小）

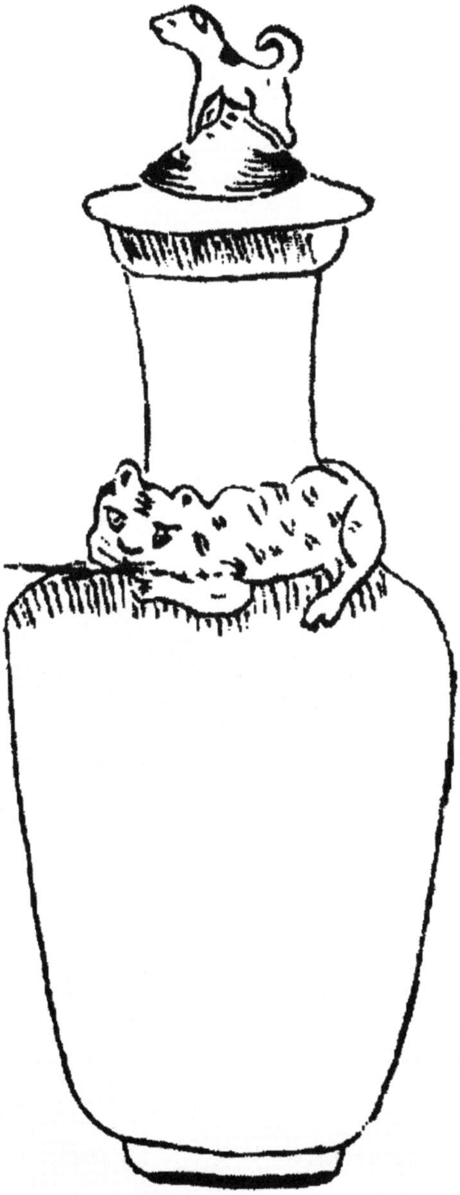

虎罐（應名錞）

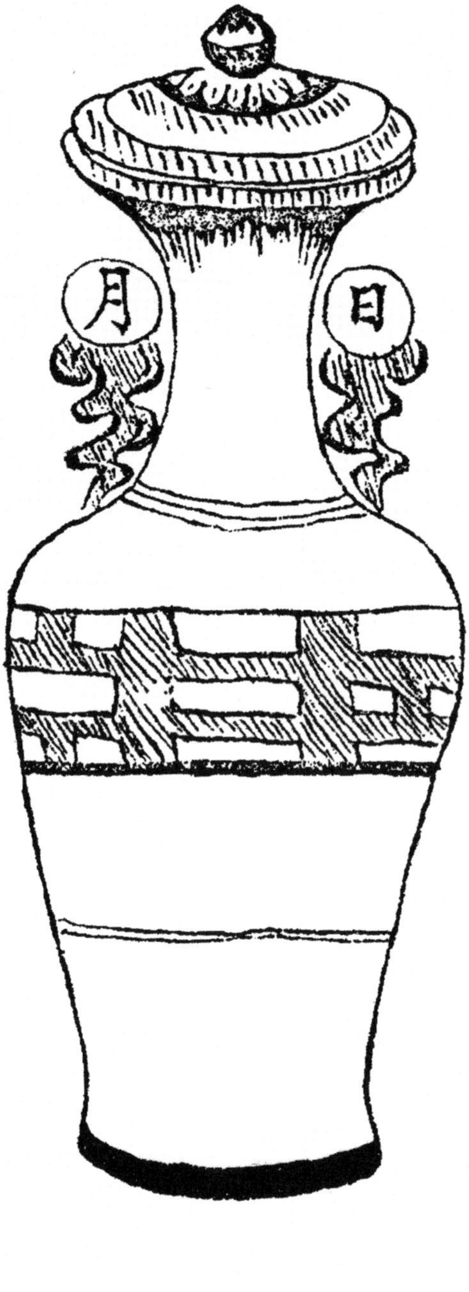

有蓋日月瓶

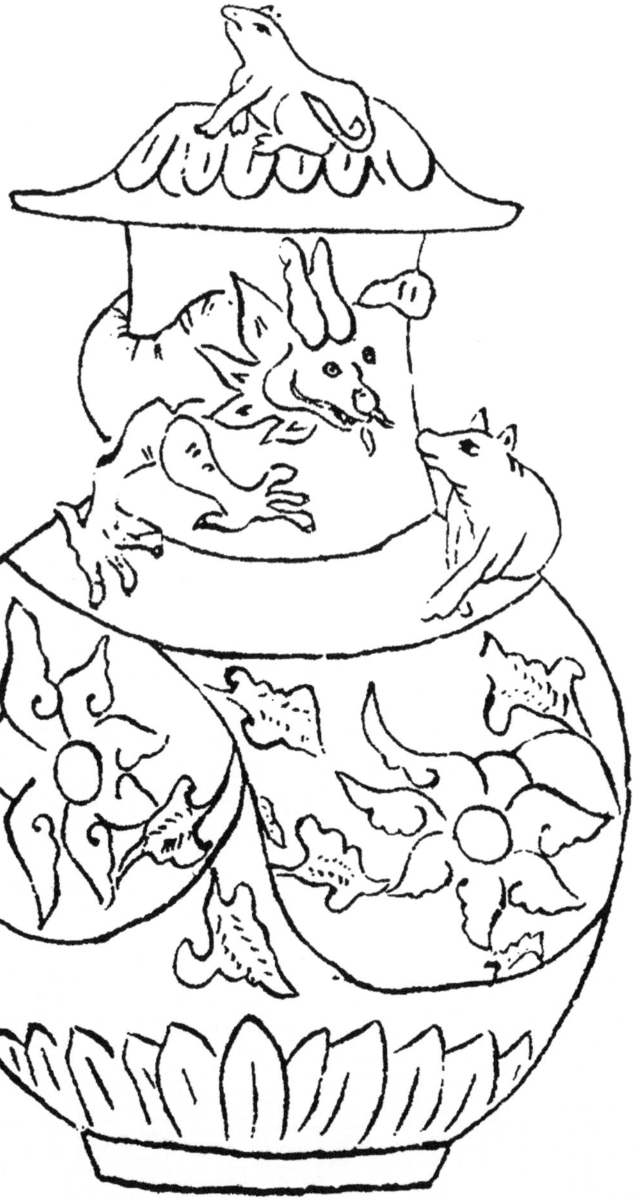

蟠龍瓶

（太白尊實可名甀，瓷器中之太白尊應如下圖）

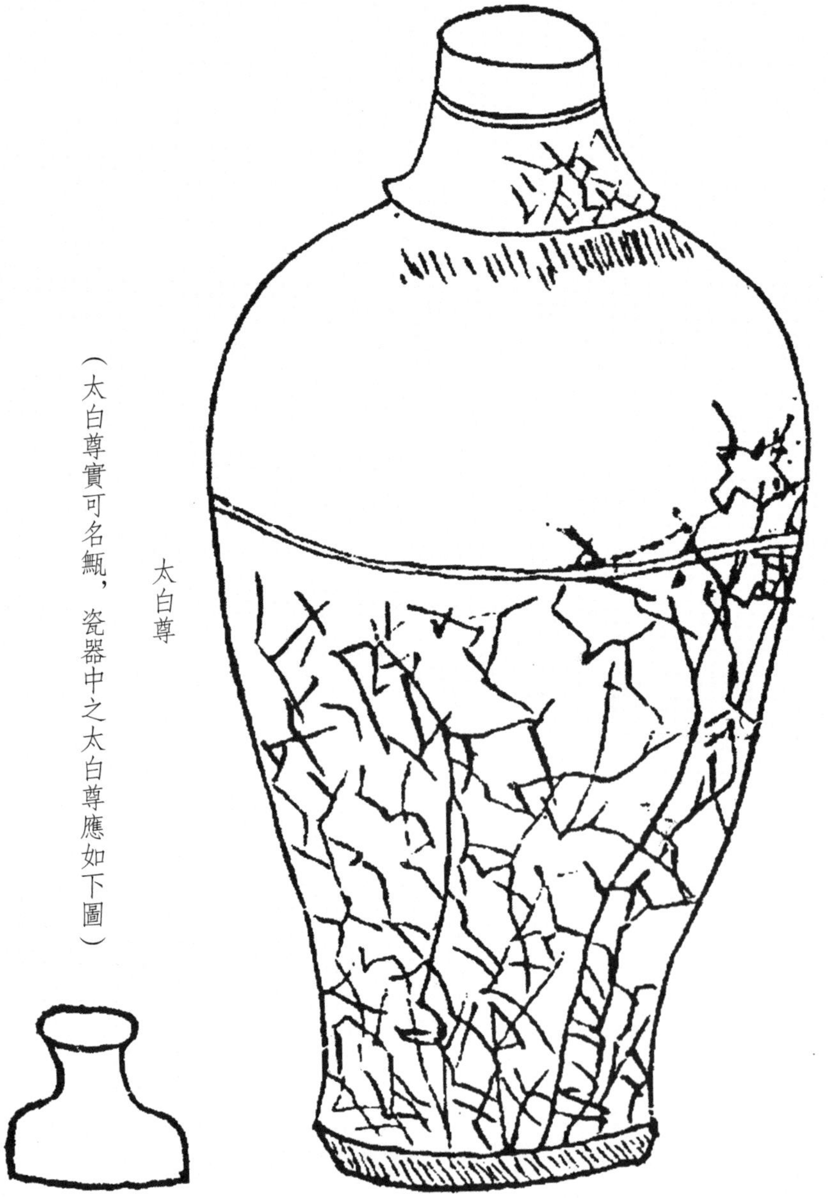

太白尊

洗类

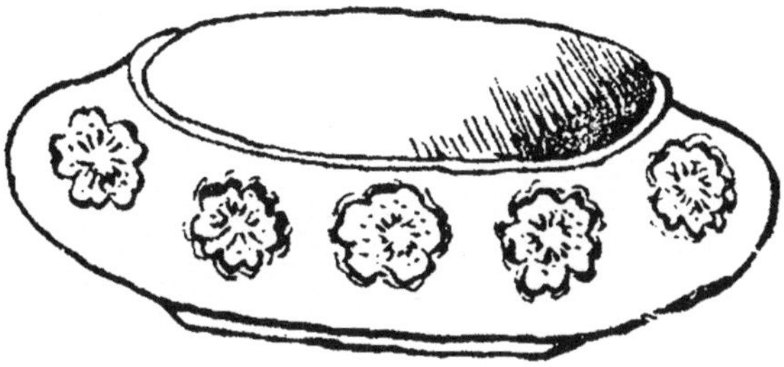

梅花洗

蔗段洗

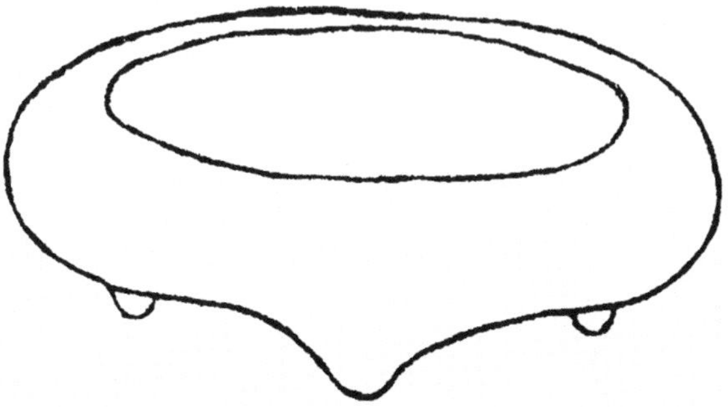

甌口洗

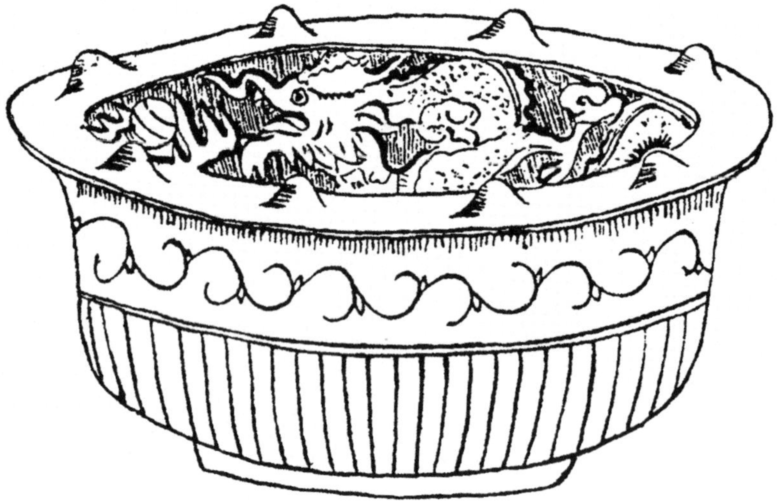

戰鼓式洗

壶类（包括盉、卣）

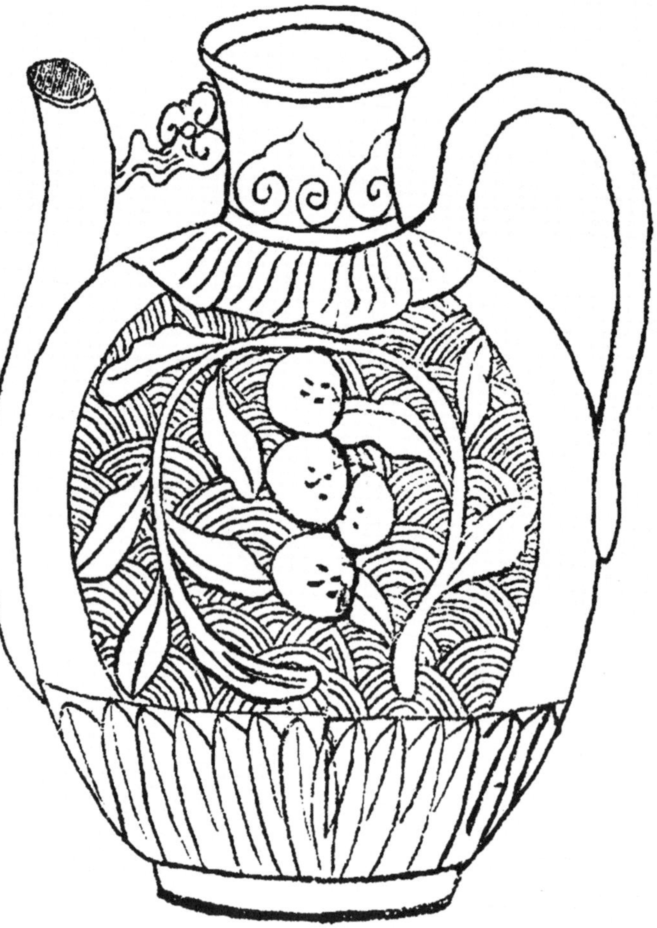

盉

瓜稜壺

葫蘆壺

盘类（包括盘、盂、钵古盏、渣斗）

龜魚盤

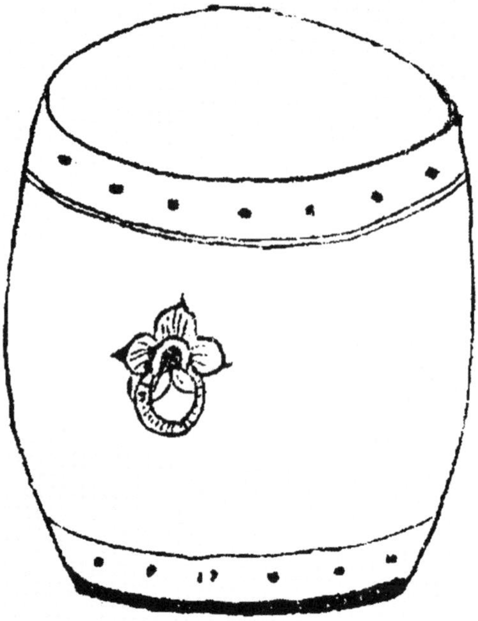

鼓形鉢

奩

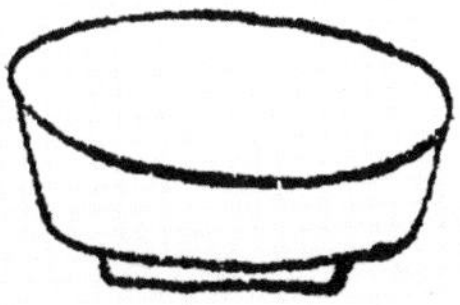

盂

渣斗

杯類（包括杯、盞豆、角盅）

六角杯

梅花杯

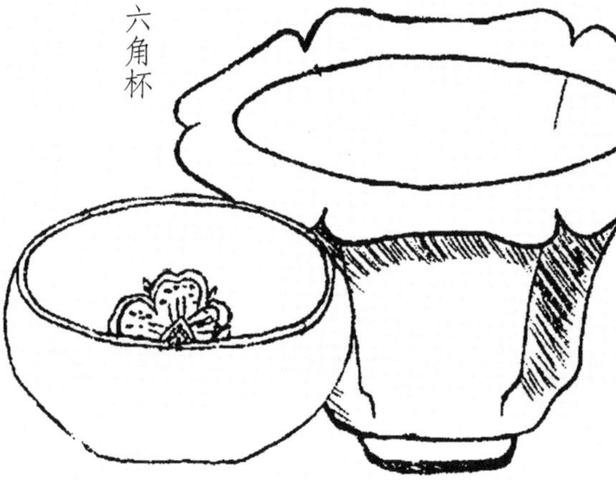

高脚杯

把盞

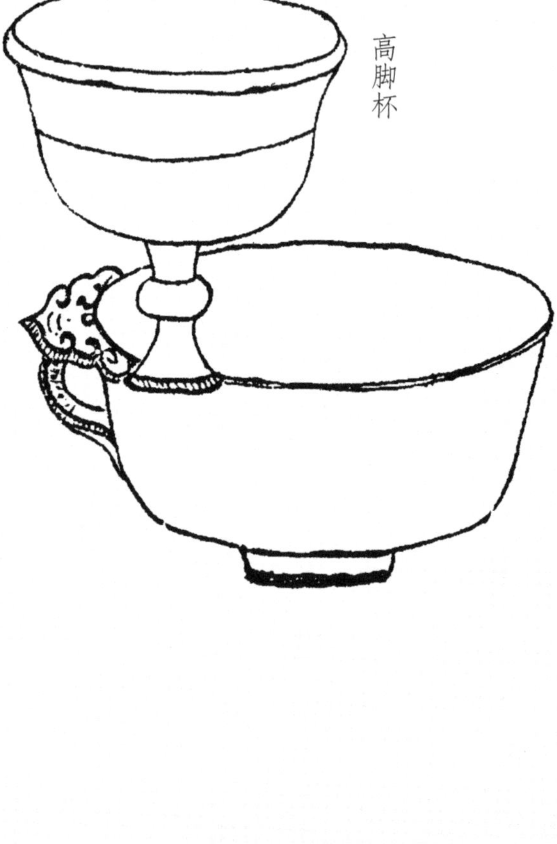

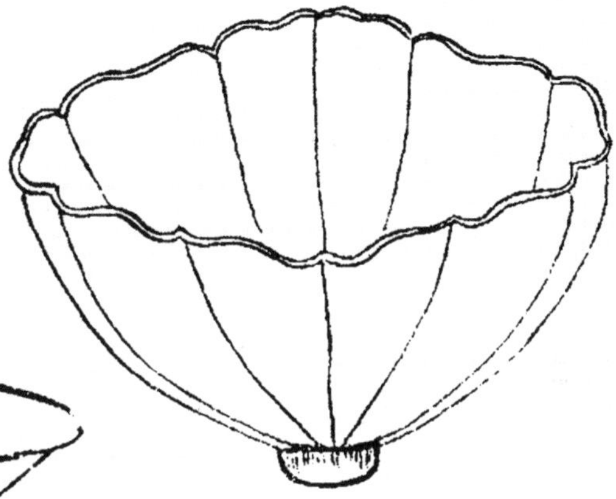

蓮蓬杯

甓口杯

雙羊紐雙環蓋盅

角

雙魚豆

碗類

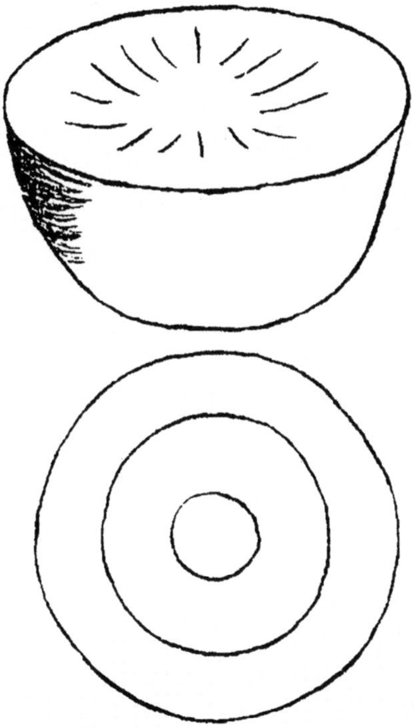

曖碗底形

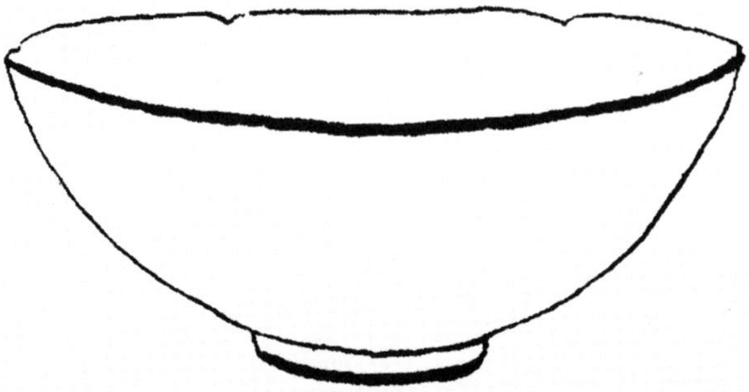

葵瓣碗

有蓋有舟茶碗

荷瓣碗

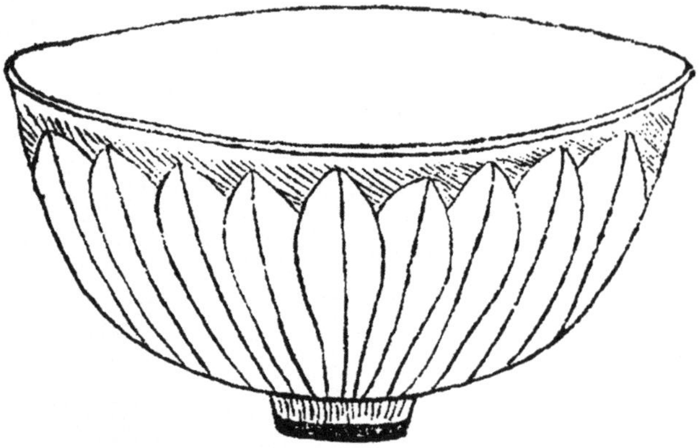

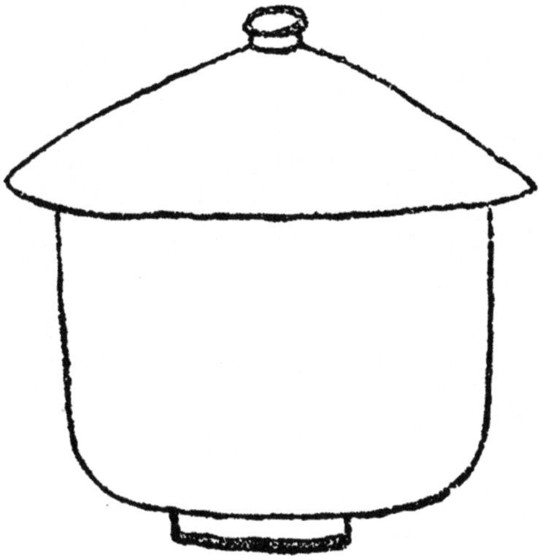
有蓋茶碗

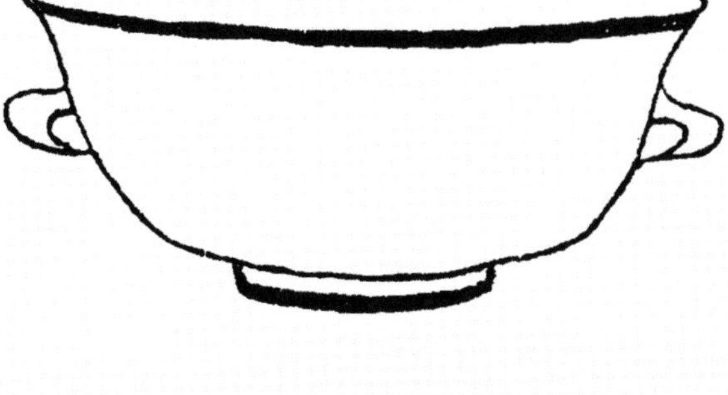
雙耳碗

盆類

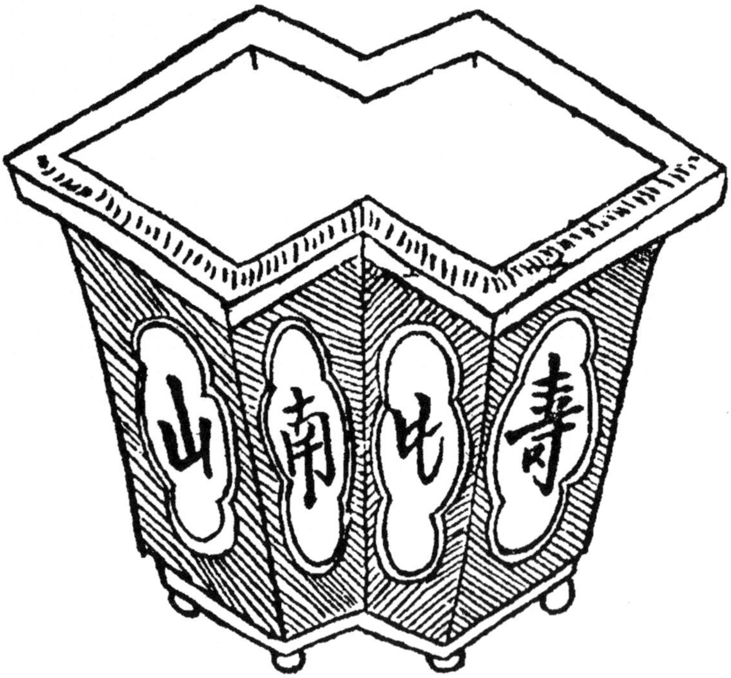

方勝式花盆

文具（包括盒筒、臂擱、籤筒、水注、水中丞）

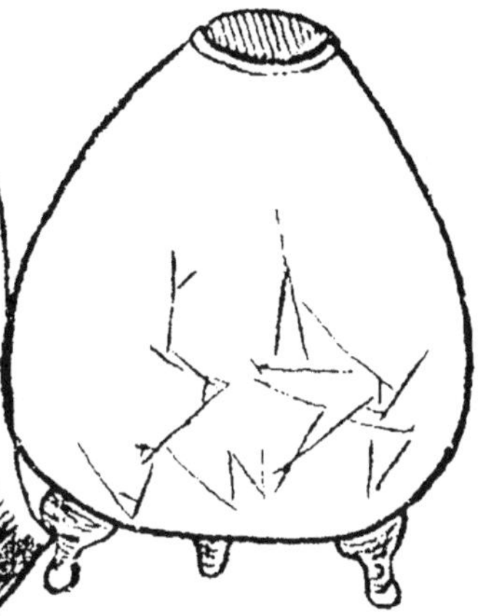

三足水中丞

鍾式水中丞

舟滴

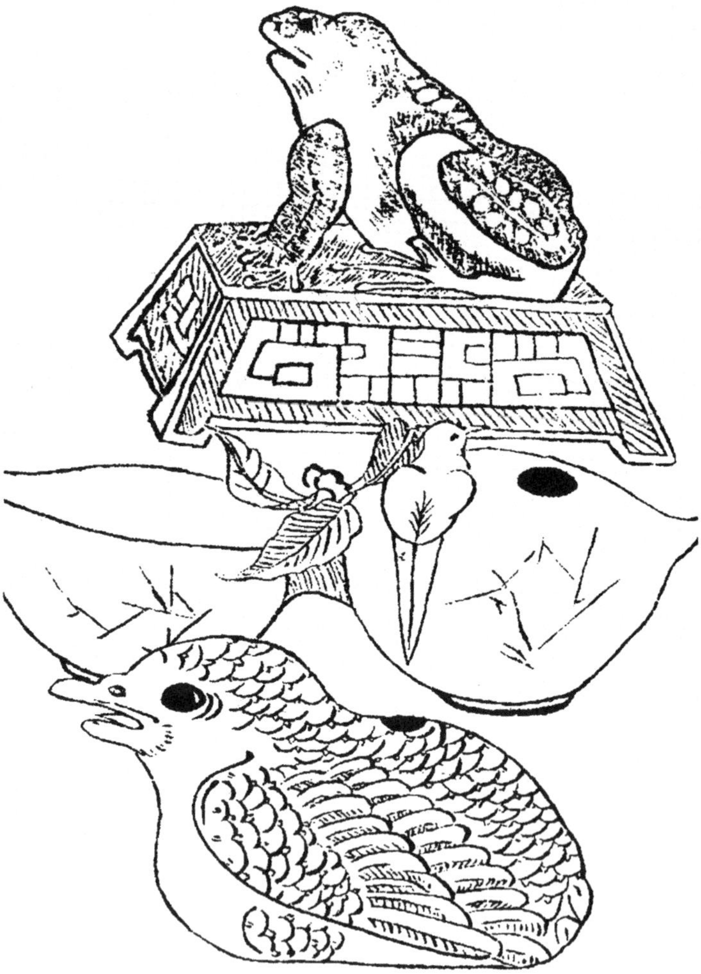

蛙滴

雙桃水滴

鷓鴣水滴

黿形水滴

雲鶴印泥盒

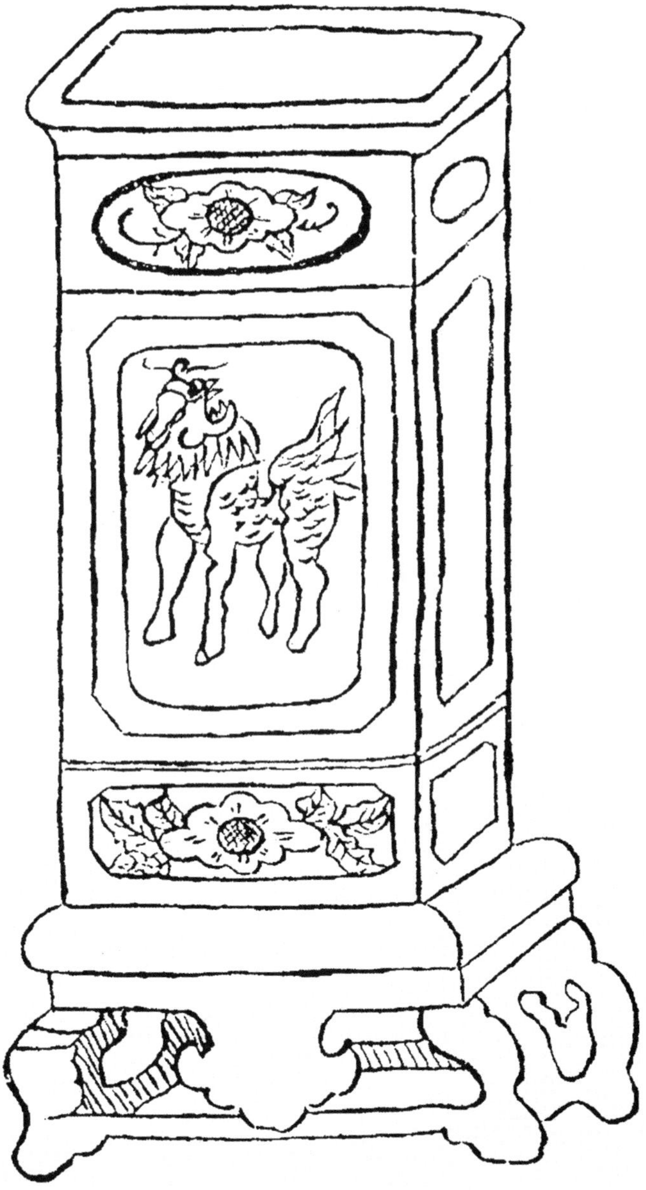

籤筒

雜件寫生

犧牛望月擺件

鴿

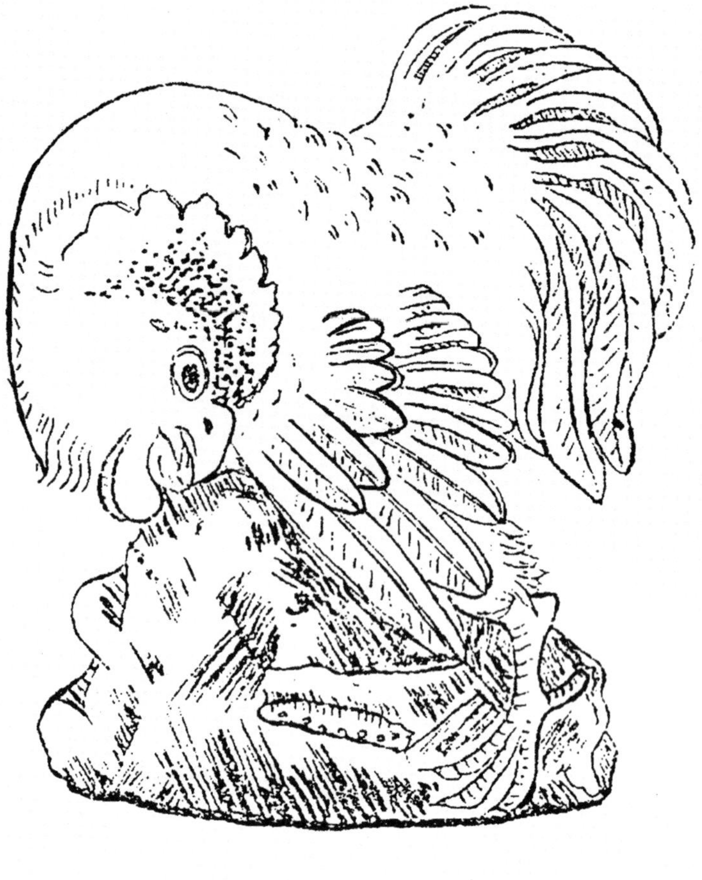

雄雞滅蟲

奩具

鐘

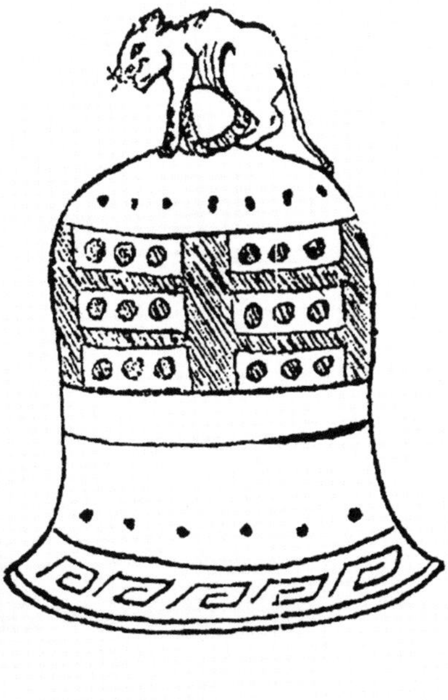

鼓形鳥鐘

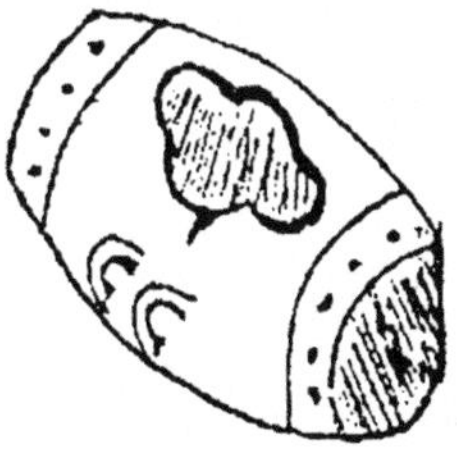

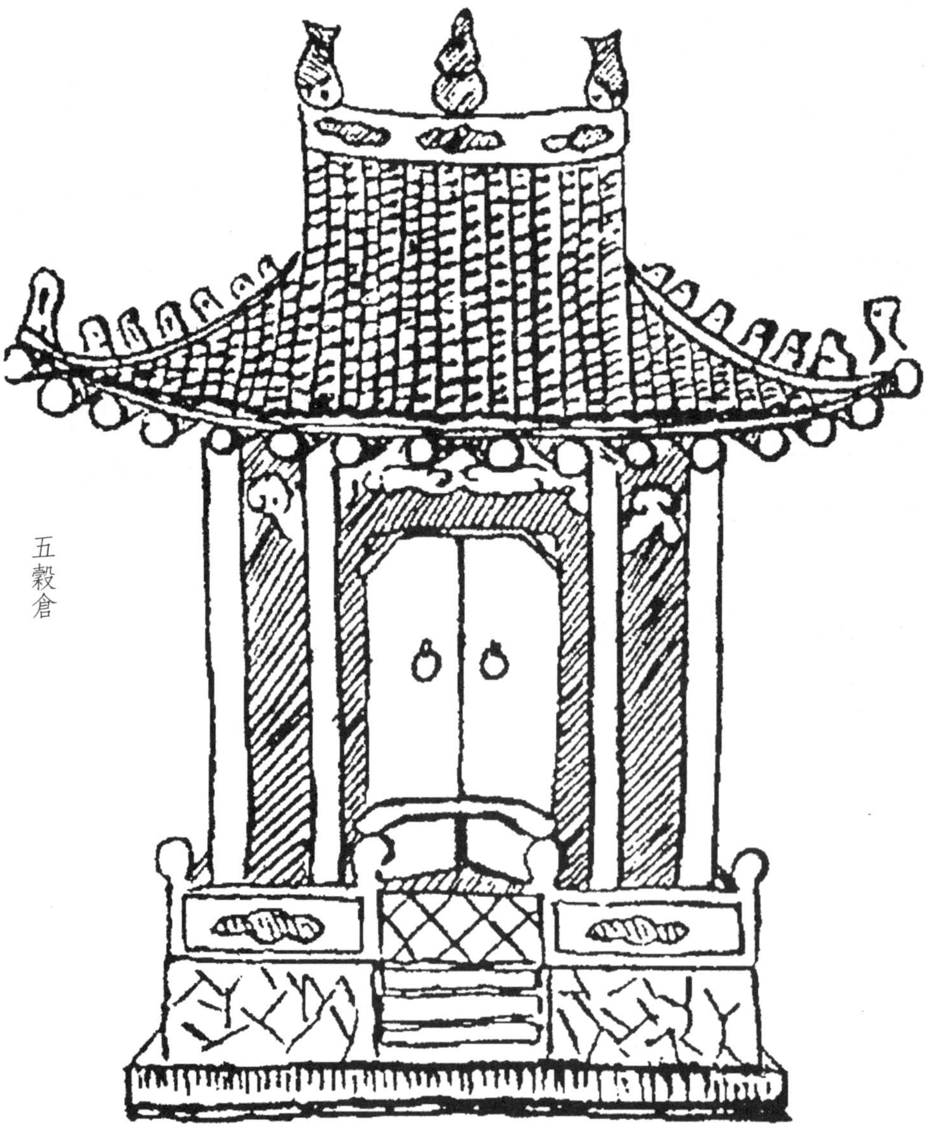

五穀倉

五穀倉

附錄二　參考書目錄

參考書名	原著者	出版處
龍泉縣志		
龍泉瓷窑之研討	錢叔青	未出版
青瓷之調查及研究　第一集	陳萬里	不詳
未題名	廖獻忠	未發表
龍泉章窑	裘造時	未出版
龍泉古瓷考略	吳文苑	未發表
龍泉古瓷	鄭餘德	東南日報（卅二年五月三日）
龍泉青瓷彙觀錄	陳佐漢	未出版

古歡室青瓷研究淺說	陳佐漢	未出版
中國陶瓷史	吳仁敬等	商務印書館
中國美術史	大村西崖	商務印書館
陶說	朱琰	商務印書館
陶雅	陳瀏	掃葉山房
天工開物	宋應星	世界書局
瓷摘	金石壽	未出版
景德鎮瓷業史	江思清	中華書局
參加倫敦中國藝術國際展覽會出品圖說	倫敦中國藝術國際展覽會籌備委員會	商務印書館

附録三　龍泉青瓷彙觀録

陳佐漢繪

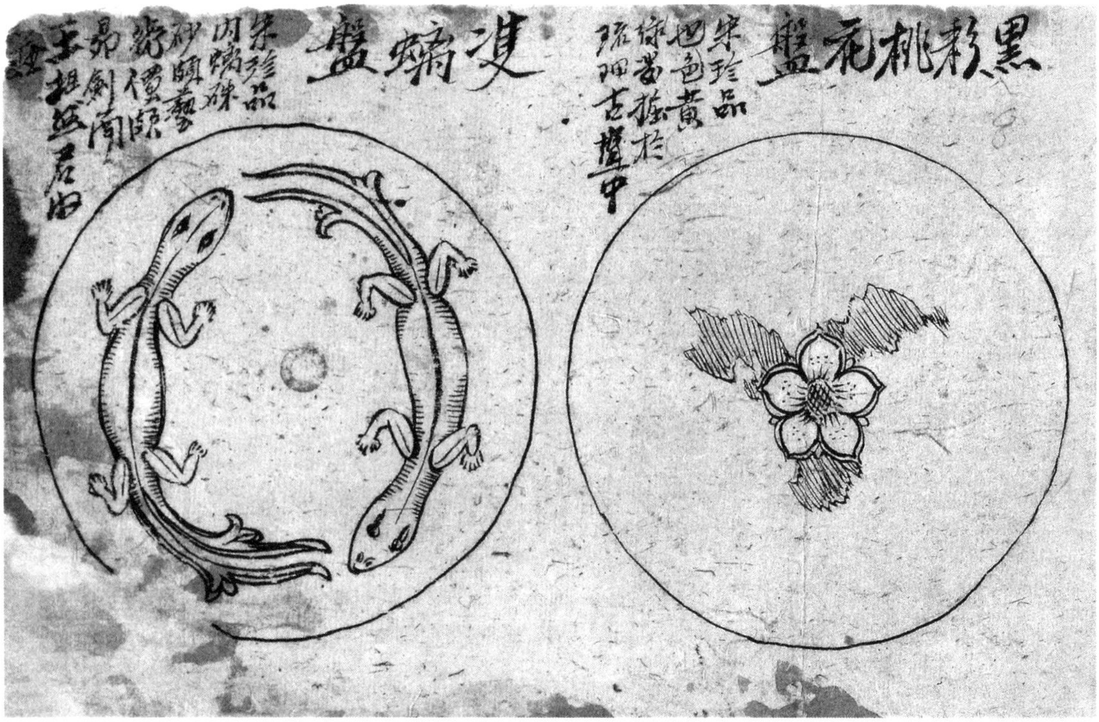

黑彩桃花盤

宋珍品也。色黄緑。發掘於琉田古塚中。

雙螭盤

宋珍品。内螭硃砂，頗藝術。價頗昂。劍南王坦然君收藏。

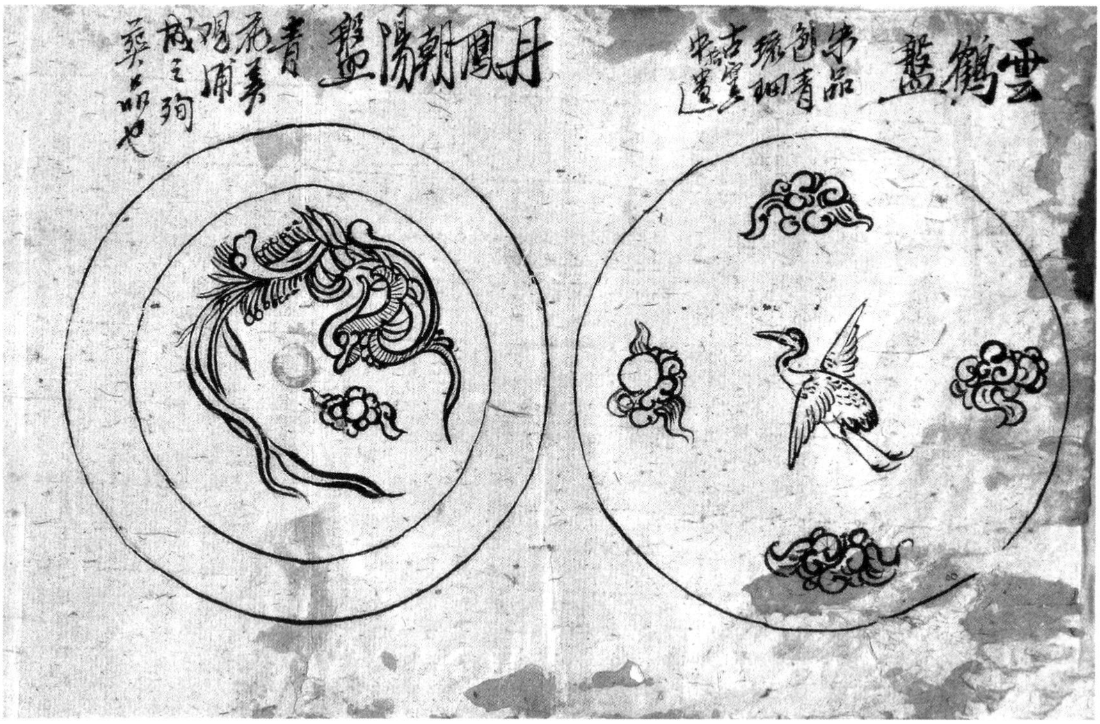

雲鶴盤

宋品。色青。琉田古窑中拾遺。

丹鳳朝陽盤

青花。美觀。浦城之殉葬品也。

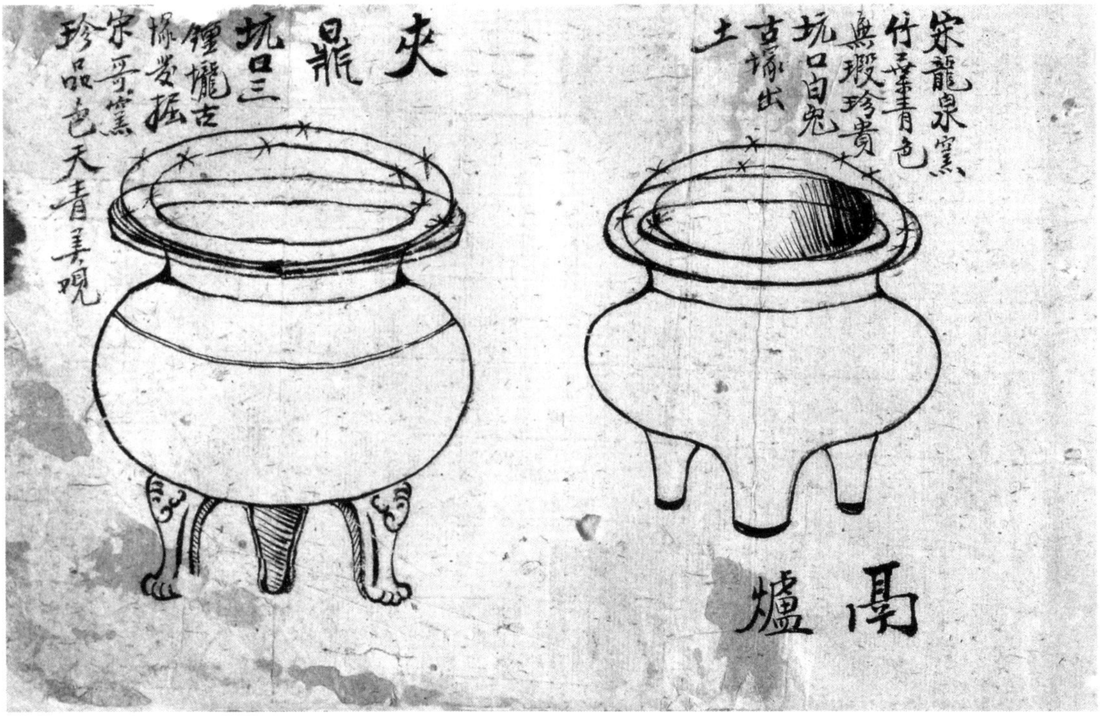

鬲爐

宋龍泉窑。竹葉青色，無瑕，珍貴。坑口白兔古塚出土。

夾鼎

坑口三鐘龍古塚發掘。宋哥窑珍品。色天青，美觀。

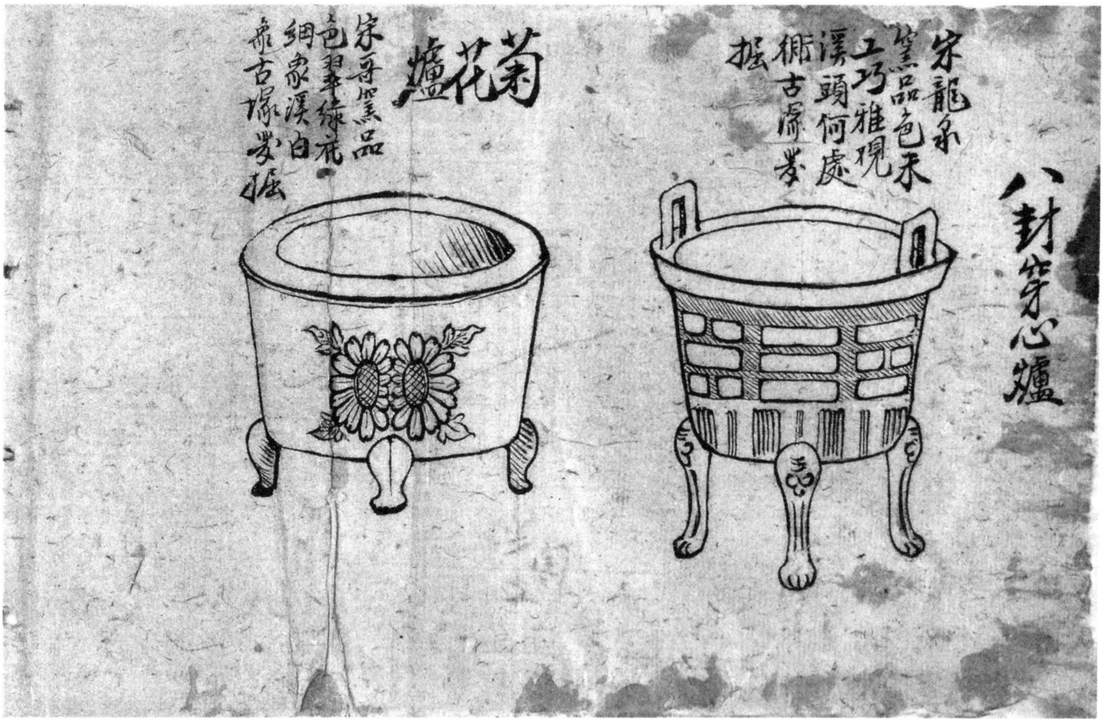

八卦穿心爐

宋龍泉窑品。色米，工巧，雅觀。溪頭何處衕古塚發掘。

菊花爐

宋哥窑品。色翠緑，花細。象溪白象古塚發掘。

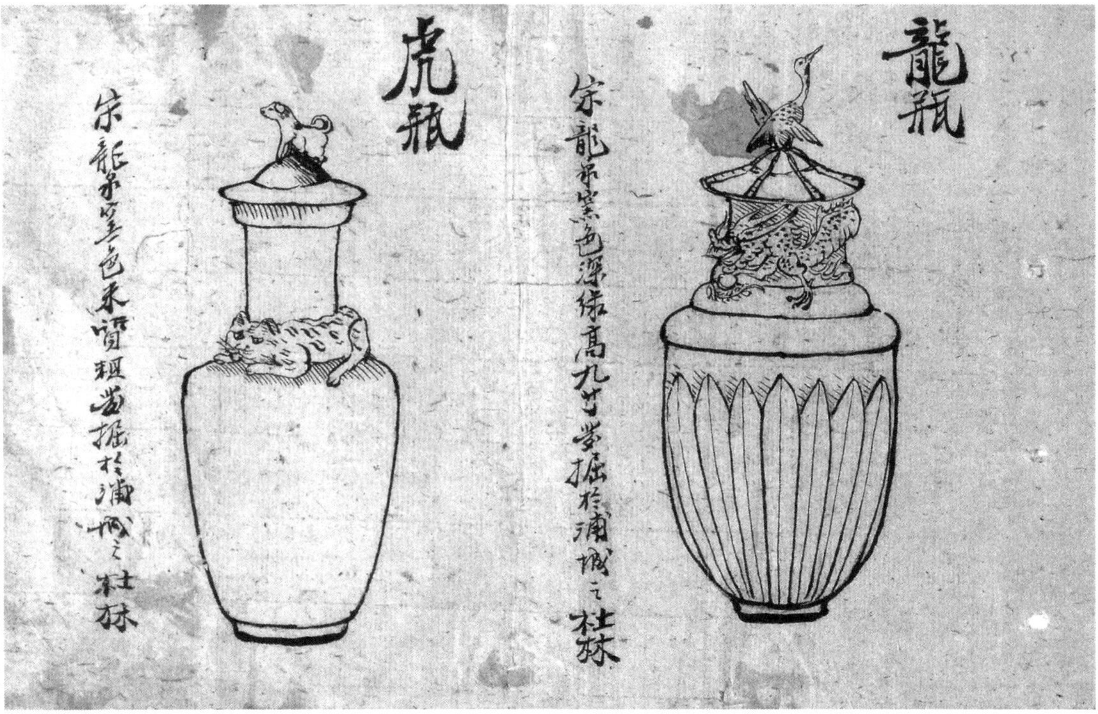

龍瓶

宋龍泉窑。色深緑，高九寸。發掘於浦城之杜林。

虎瓶

宋龍泉窑。色米，質粗。發掘於浦城之杜林。

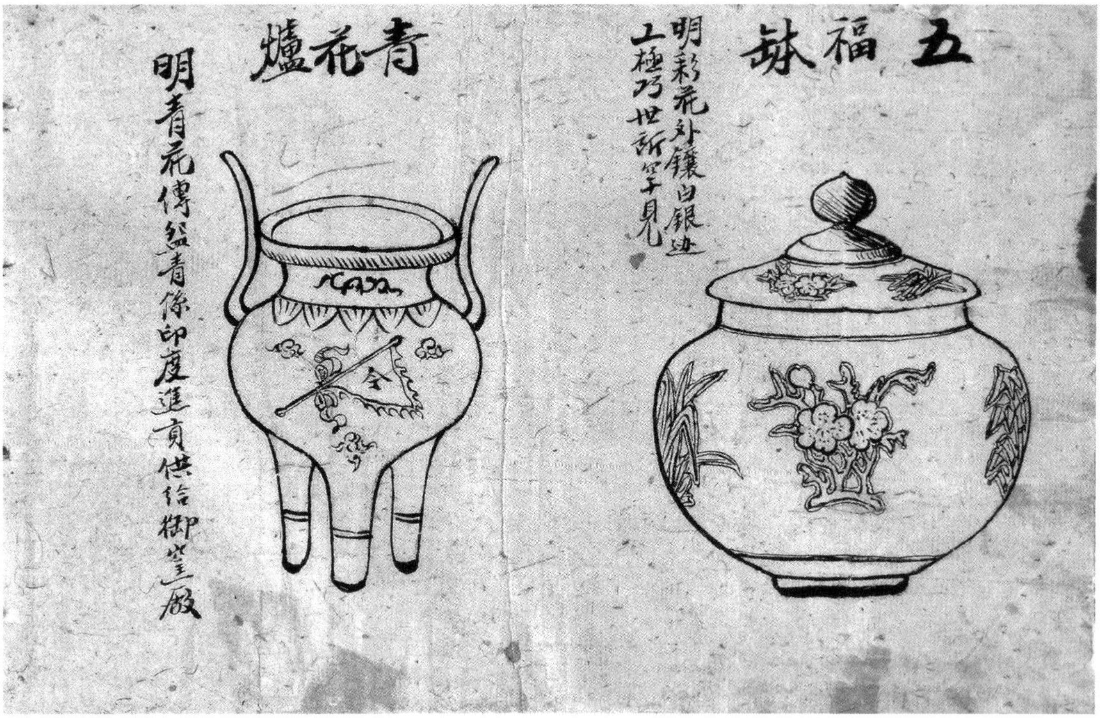

五福鉢

明彩花。外鑲白銀邊，工極巧，世所罕見。

青花爐

明青花。傳碗青係印度進貢，供給御窑廠。

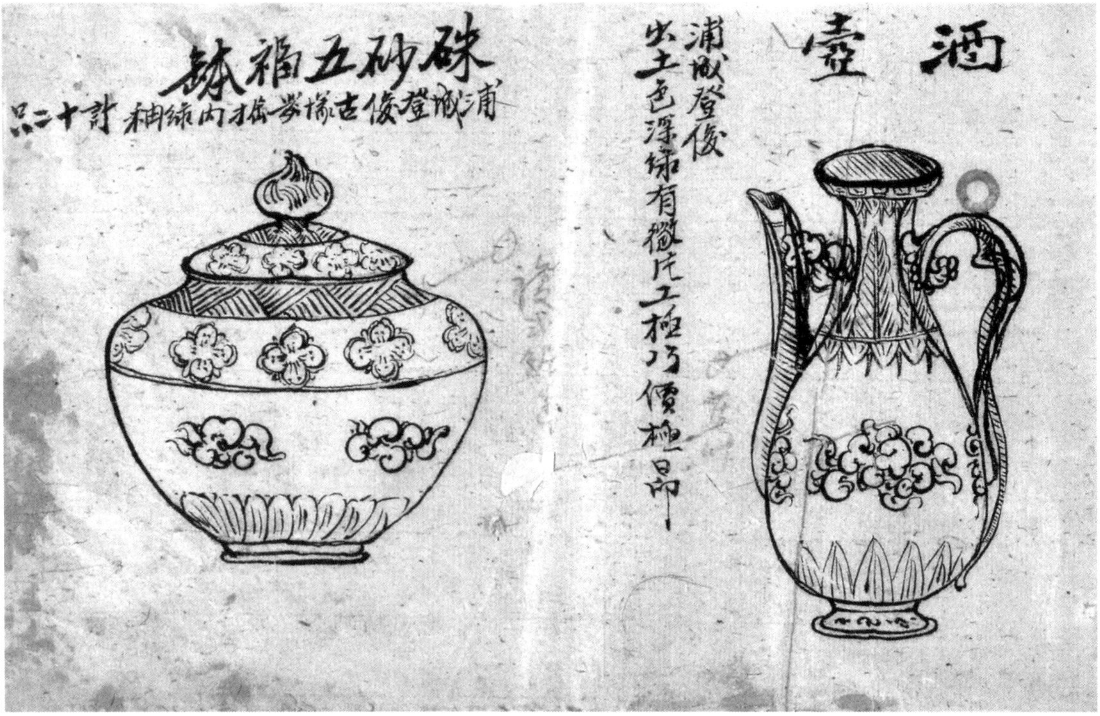

酒壺

浦城登俊出土。色深緑，有微片。工極巧。價極昂。

硃砂五福缽

浦城登俊古塚發掘。内緑釉。計十二隻。

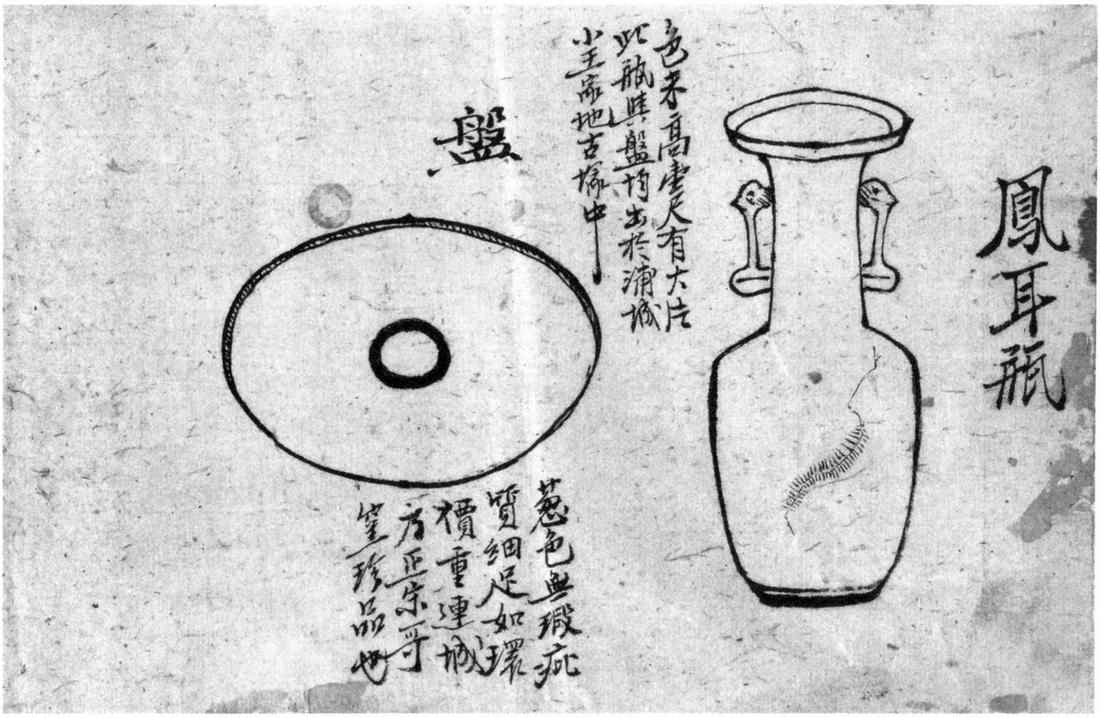

鳳耳瓶

色米，高壹尺。有大片。此瓶與盤均出於浦城小王家地古塚中。

盤

葱色，無瑕疵，質細，足如環，價重連城。乃正宗哥窑珍品也。

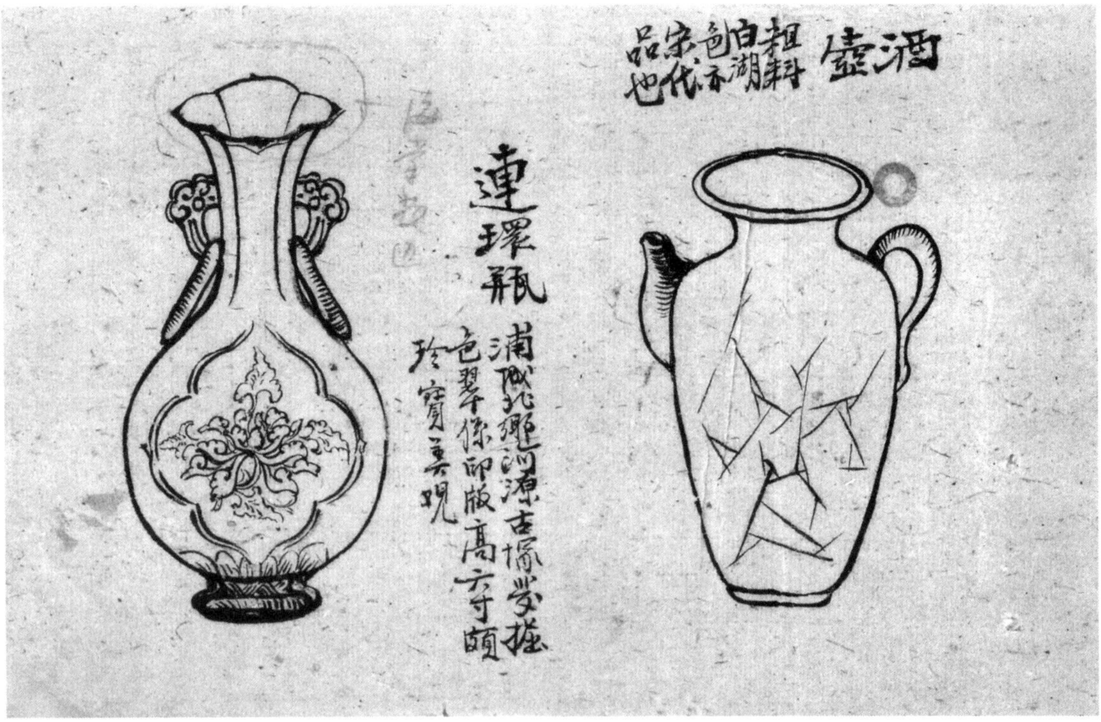

酒壺

粗料，白湖色。亦宋代品也。

連環瓶

浦城北鄉河源古塚發掘。色翠，係印版，高六寸。頗珍寶美觀。

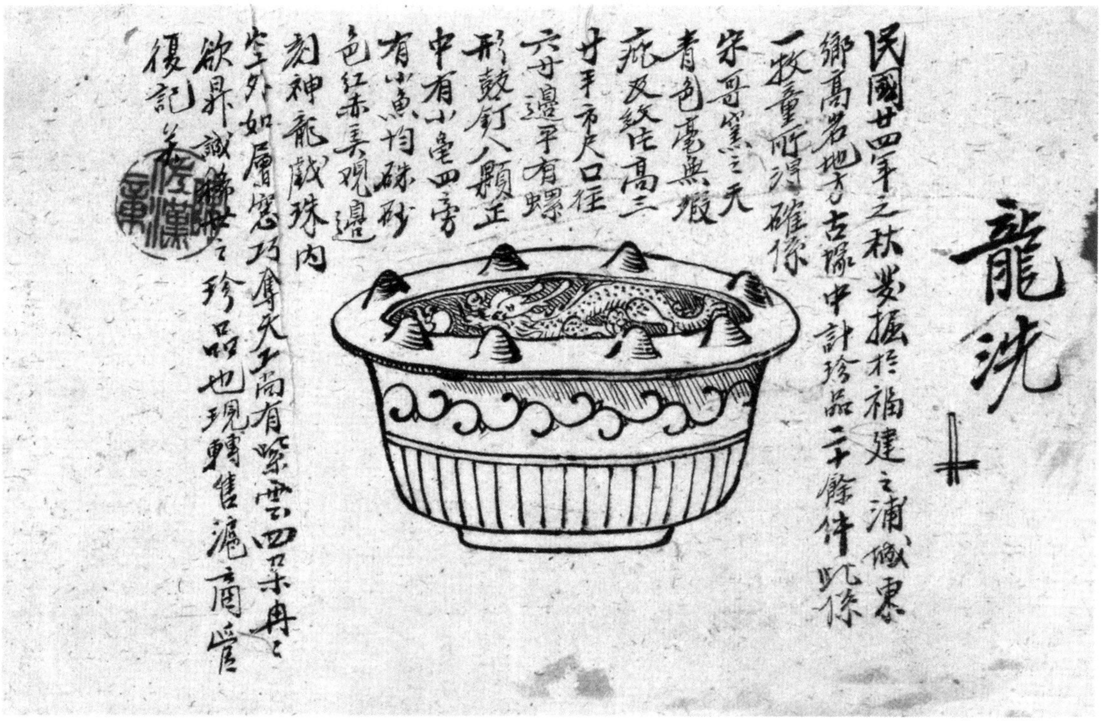
龍洗 十
民國廿四年之秋發掘於福建之浦城東
鄉高巖地方古塚中計珍品二十餘件此係
一牧童所得確係
宋哥窯之天
青色毫無瑕
疵及紋片高三
寸平市尺口徑
六寸邊平有螺
形鼓釘八顆正
中有小龜四旁
有小魚均硃砂
色紅赤美觀邊
刻神龍戲珠內
空外如層寬巧奪天工尚有紫雲四朵冉冉
欲昇誠稀世之珍品也現轉售滬商管
復記耑

龍洗

民國廿四年之秋發掘於福建之浦城東鄉高巖地方古塚中。計珍品二十餘件。此係一牧童所得。確係宋哥窑之天青色，毫無瑕疵及紋片。高三寸平市尺，口徑六寸。邊平，有螺形鼓釘八顆。正中有小龜，四旁有小魚。均珠砂色，紅赤美觀。邊刻神龍戲珠，內空外如層寬，巧奪天工。尚有紫雲四朵冉冉欲昇。誠稀世之珍品也。現轉售滬商管復記闕。

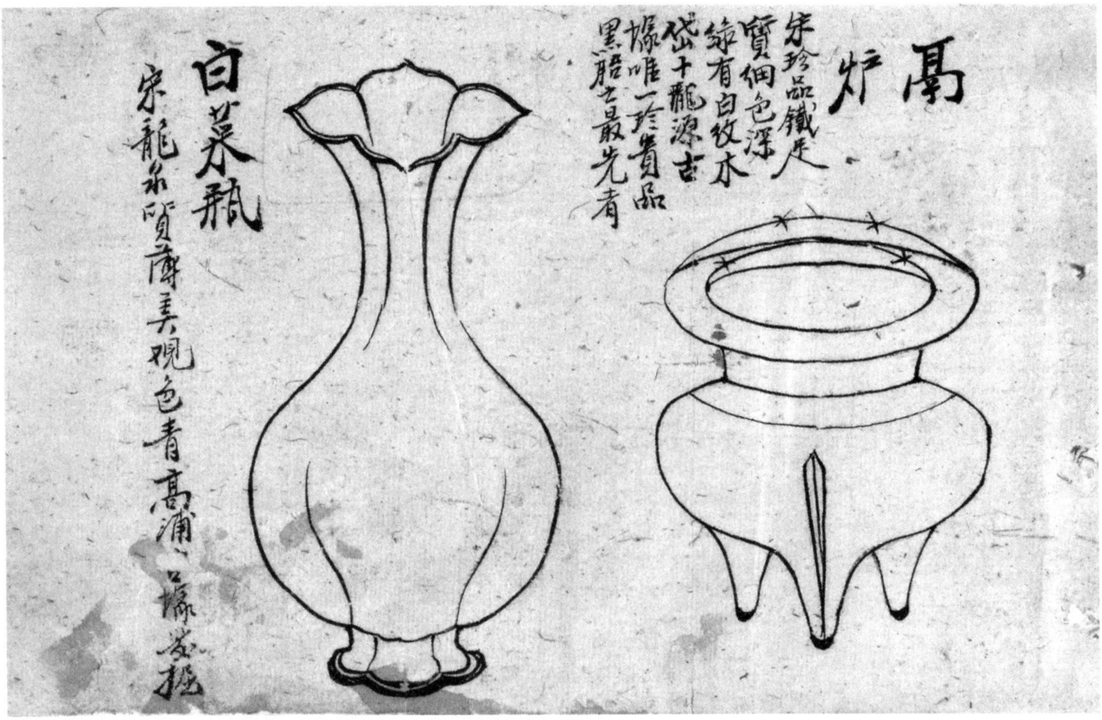

鬲爐

宋珍品。鐵足，質細。色深緑，有白紋。木岱十龍源古塚唯一珍貴品、黑胎之最先者。

白菜瓶

宋龍泉。質薄美觀，色青。高浦古塚發掘。

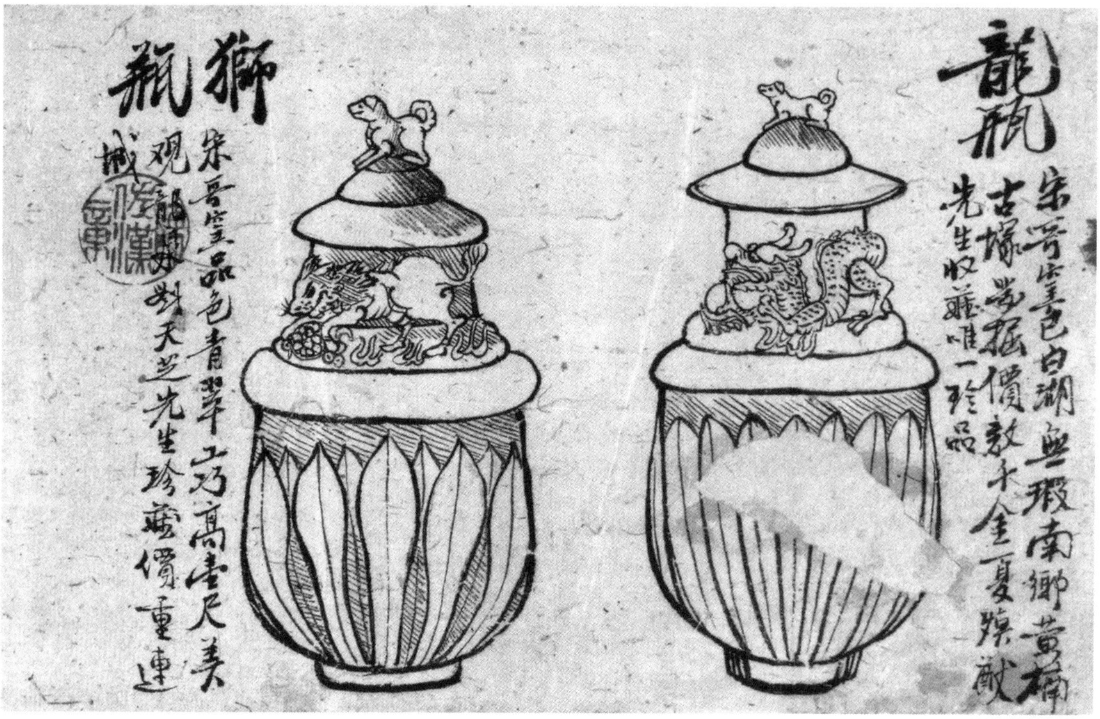

龍瓶

宋哥窑。色白湖，無瑕。南鄉黃楠古塚發掘。價數千金。夏煥猷先生收藏唯一珍品。

獅瓶

宋哥窑品。色青翠，工巧。高壹尺，美觀。龍泉劉天芝先生珍藏。價重連城。

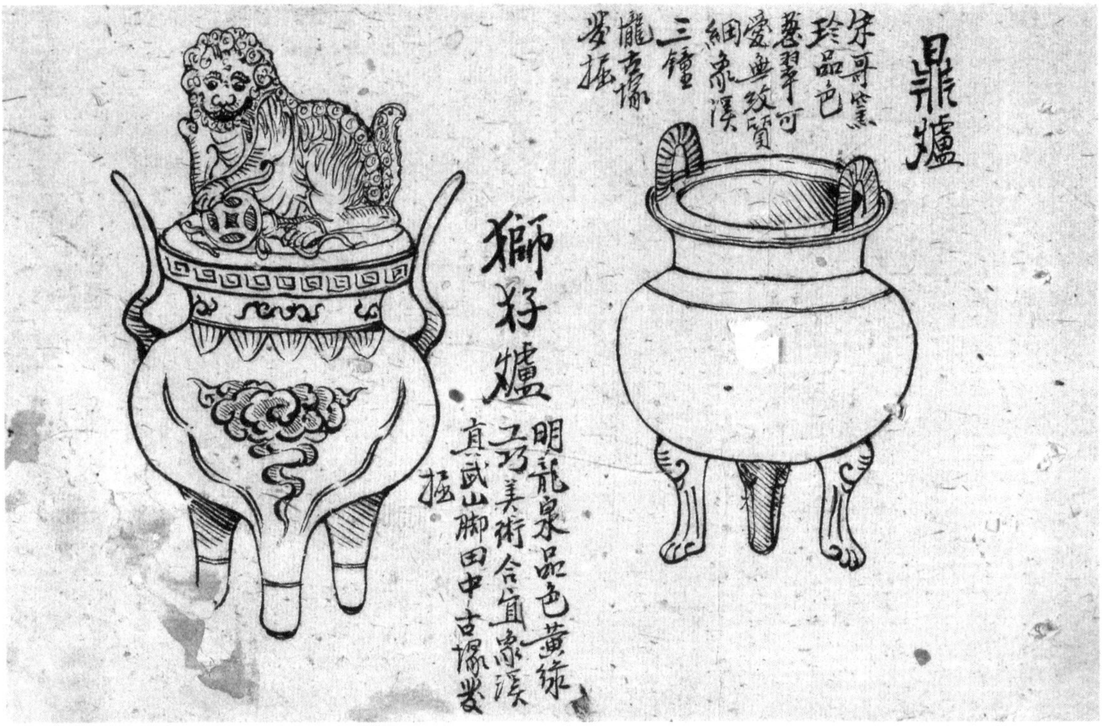

鼎爐

宋哥窑珍品。色葱翠可愛，無紋，質細。象溪三鐘壠古塚發掘。

獅仔爐

明龍泉品。色黄緑，工巧美術合宜。象溪真武山脚田中古塚發掘。

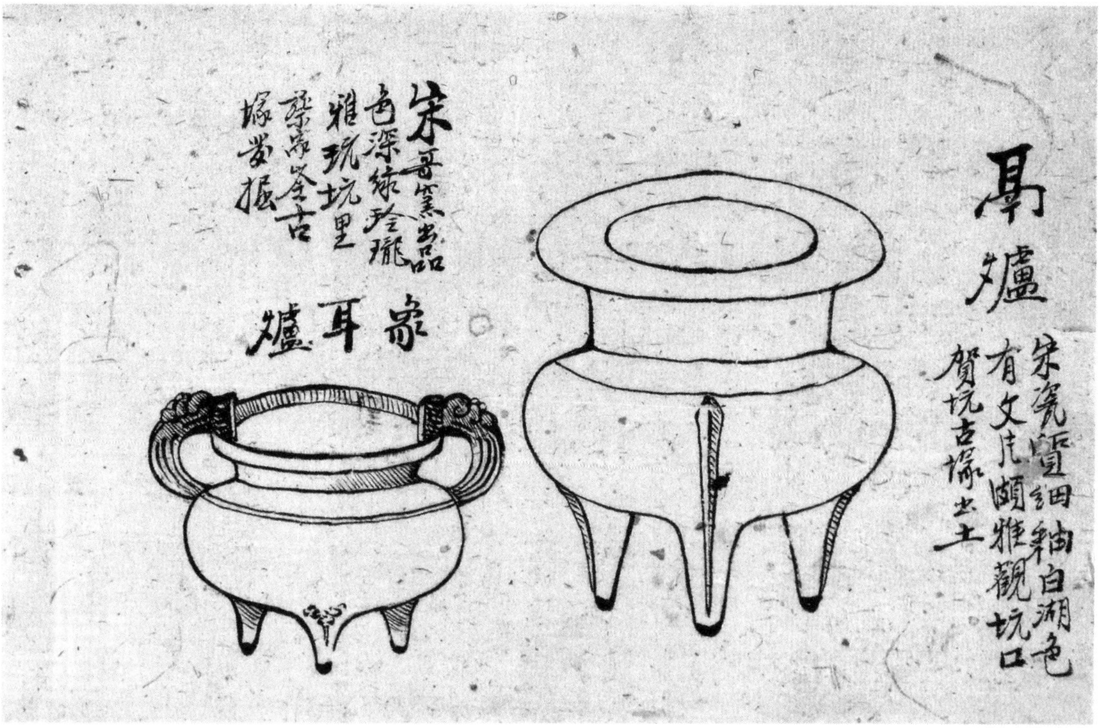
鬲爐
宋瓷質細釉白湖色
有文片頗雅觀坑口
賀坑古塚出土
象耳爐
宋哥窯出品
色深綠玲瓏
雅玩坑里
蔡家嶺古
塚發掘

鬲爐

宋瓷。質細。釉白湖色，有紋片，頗雅觀。坑口賀坑古塚出土。

象耳爐

宋哥窑出品。色深緑，玲瓏雅玩。坑里蔡家嶺古塚發掘。

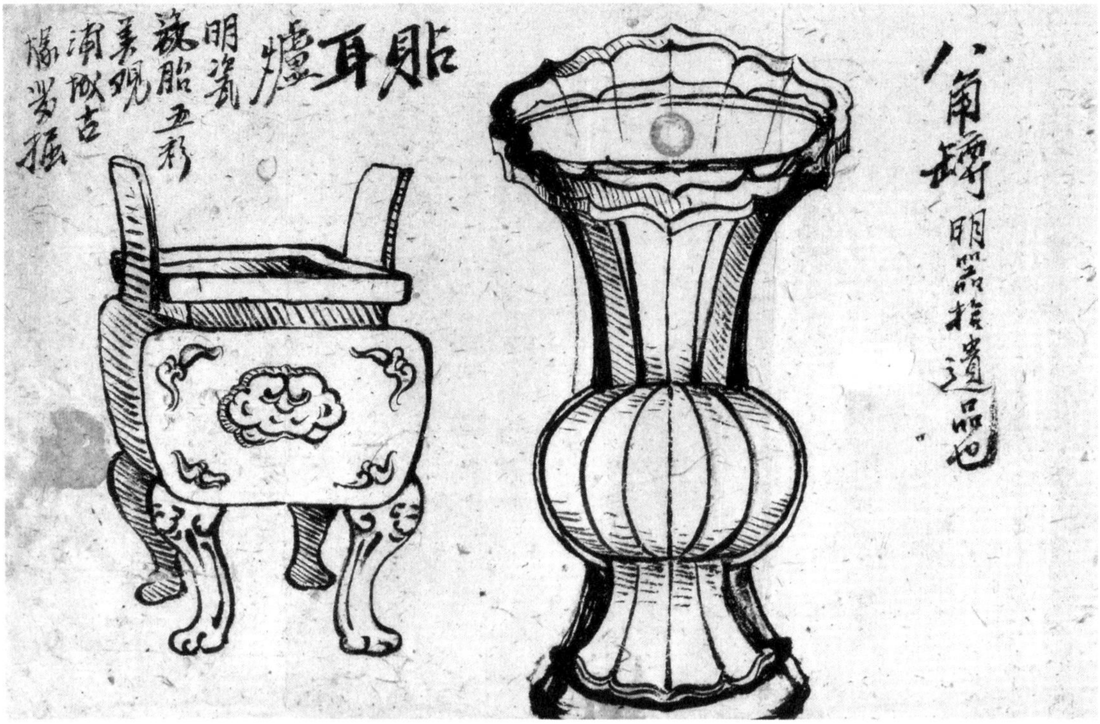

八角罇

明器，拾遺品也。

貼耳爐

明瓷。瓷胎五彩美觀。浦城古塚發掘。

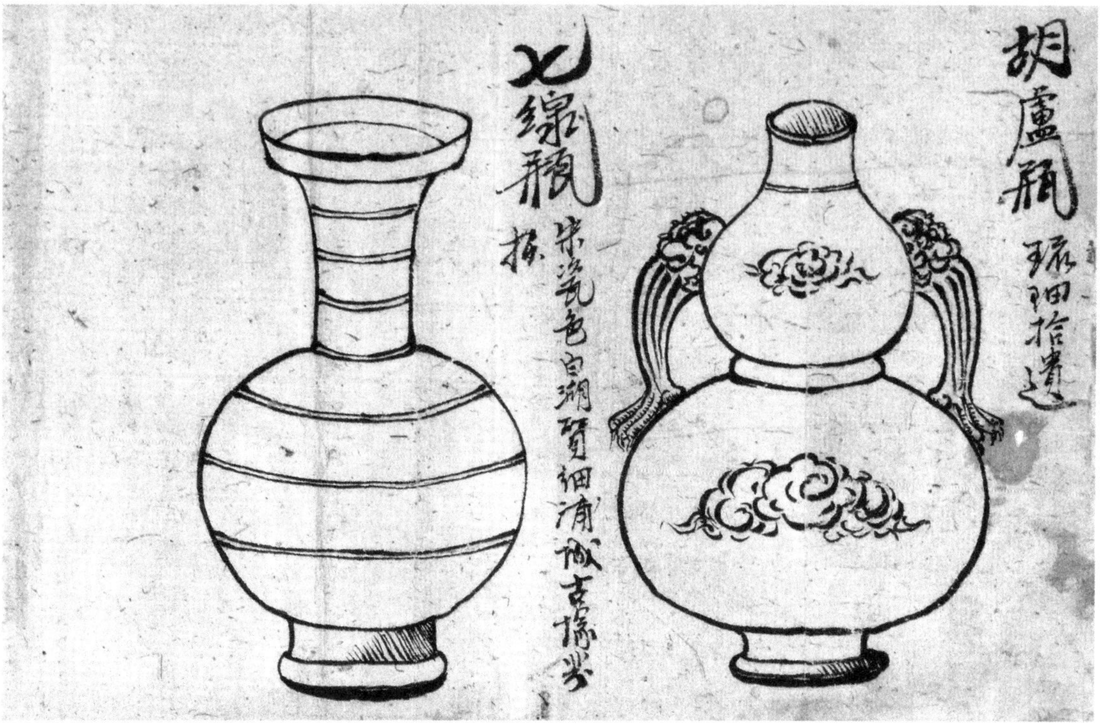

胡盧瓶

琉田拾遺。

七線瓶

宋瓷。色白湖，質細。浦城古塚發掘。

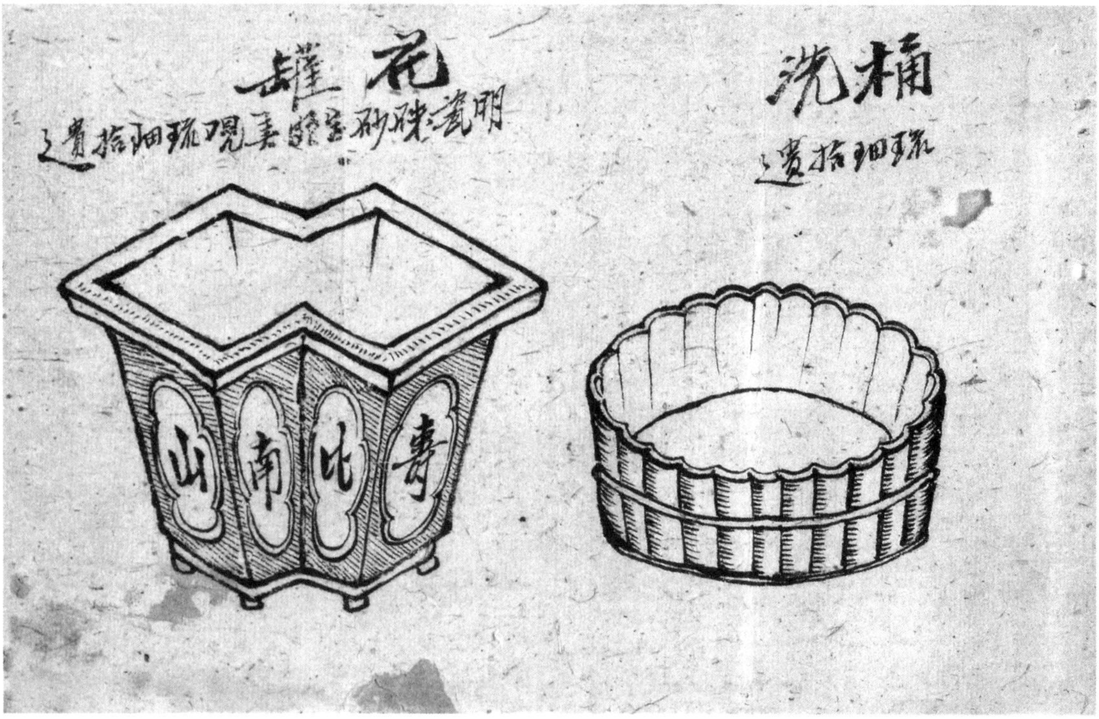

洗桶

琉田拾遺。

花罐

明瓷。硃砂字頗美觀。琉田拾遺。

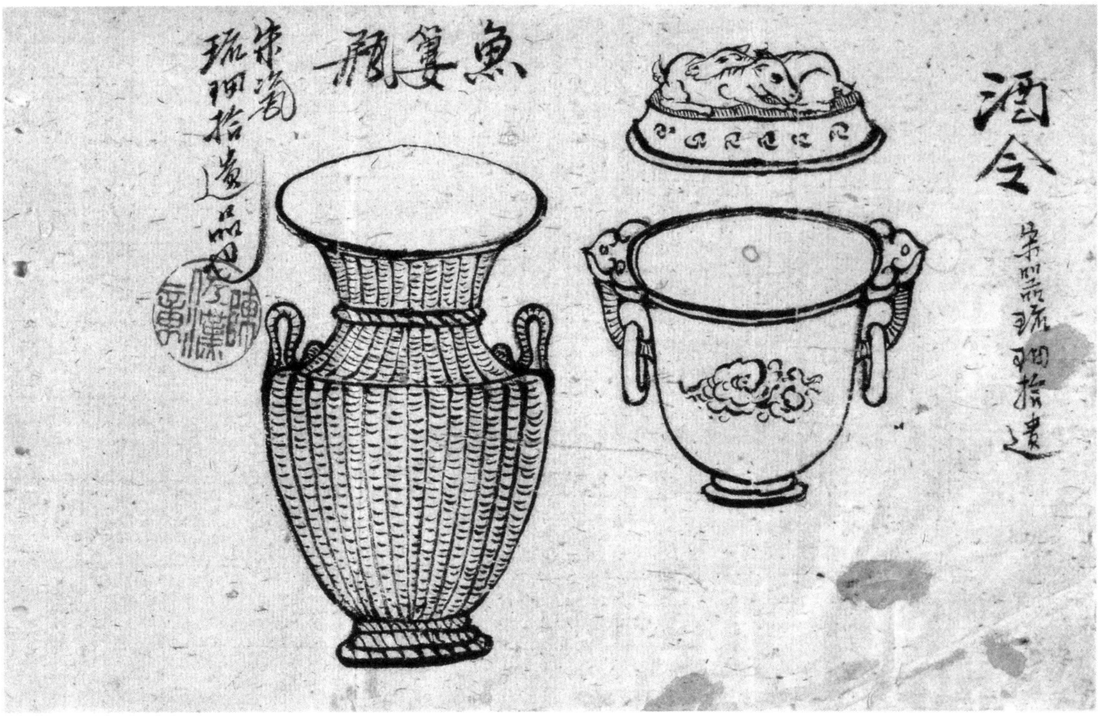

酒令

宋器。琉田拾遺

魚簍瓶

宋瓷。琉田拾遺品也。

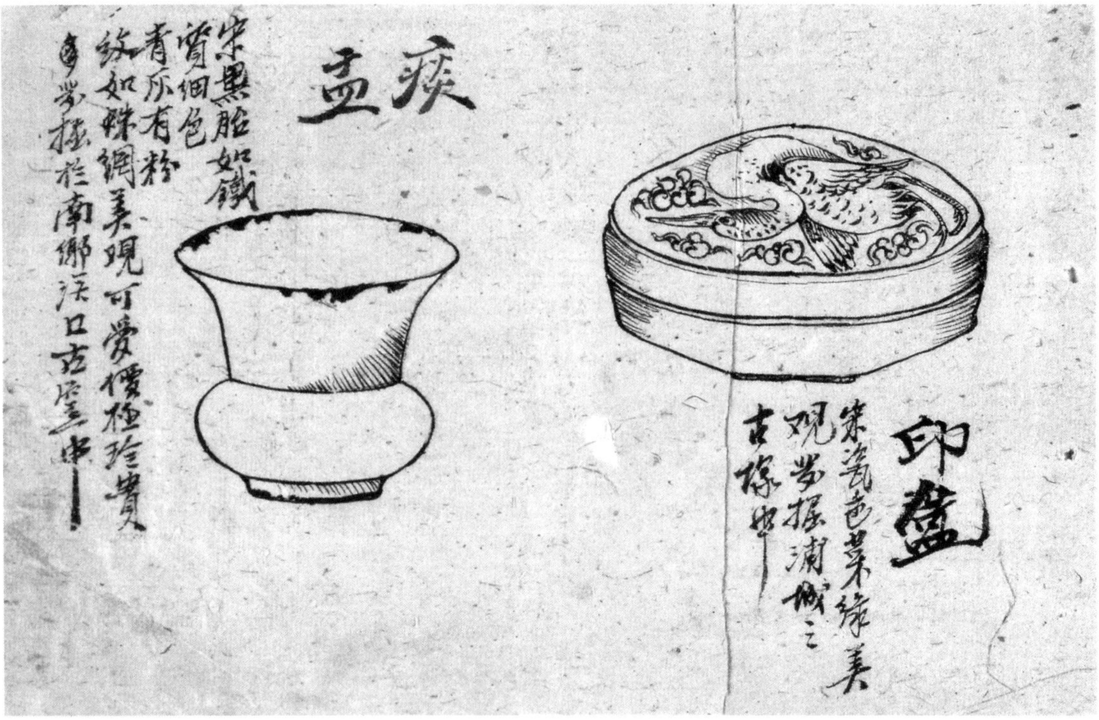

印盒

宋瓷。色菜緑，美觀。發掘浦城之古塚中。

痰盂

宋。黑胎如鐵，質細。色青灰，有粉紋如蛛網，美觀可愛。價極珍貴。發掘於南鄉溪口古窑中。

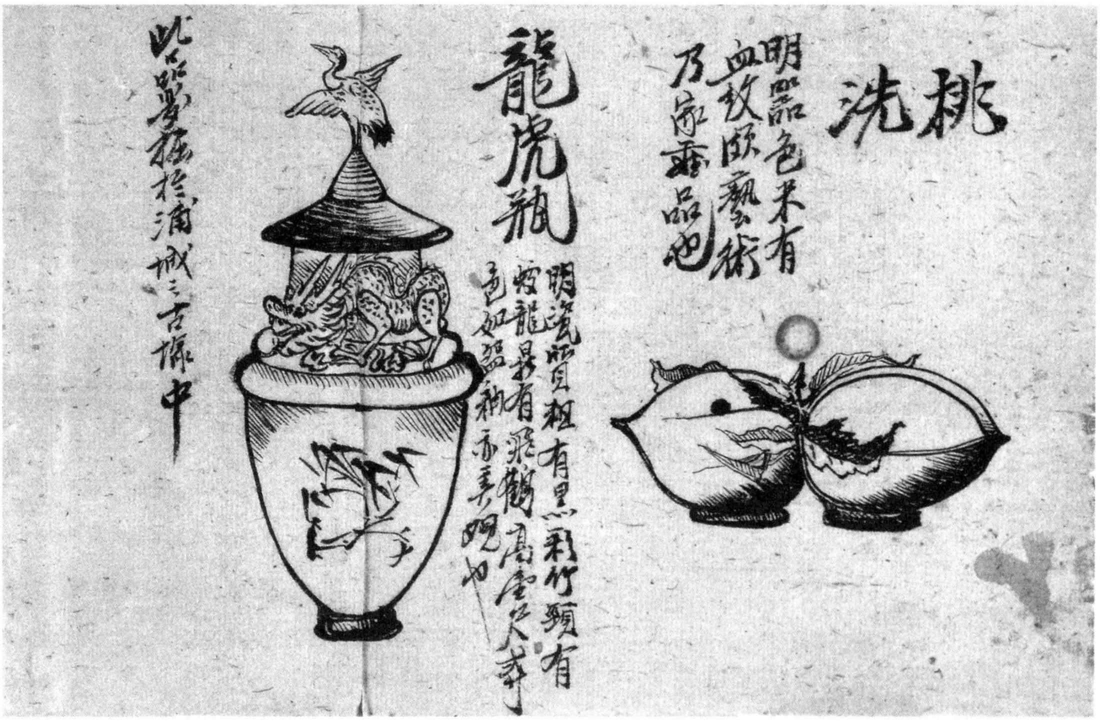

桃洗

明器。色米，有血紋，頗藝術。乃家藏品也。

龍虎瓶

明瓷。質粗，有黑彩竹。頸有蛟龍，鼎有飛鶴。高壹尺貳寸。色如碗釉，亦美觀也。此品發掘於浦城之古塚中。

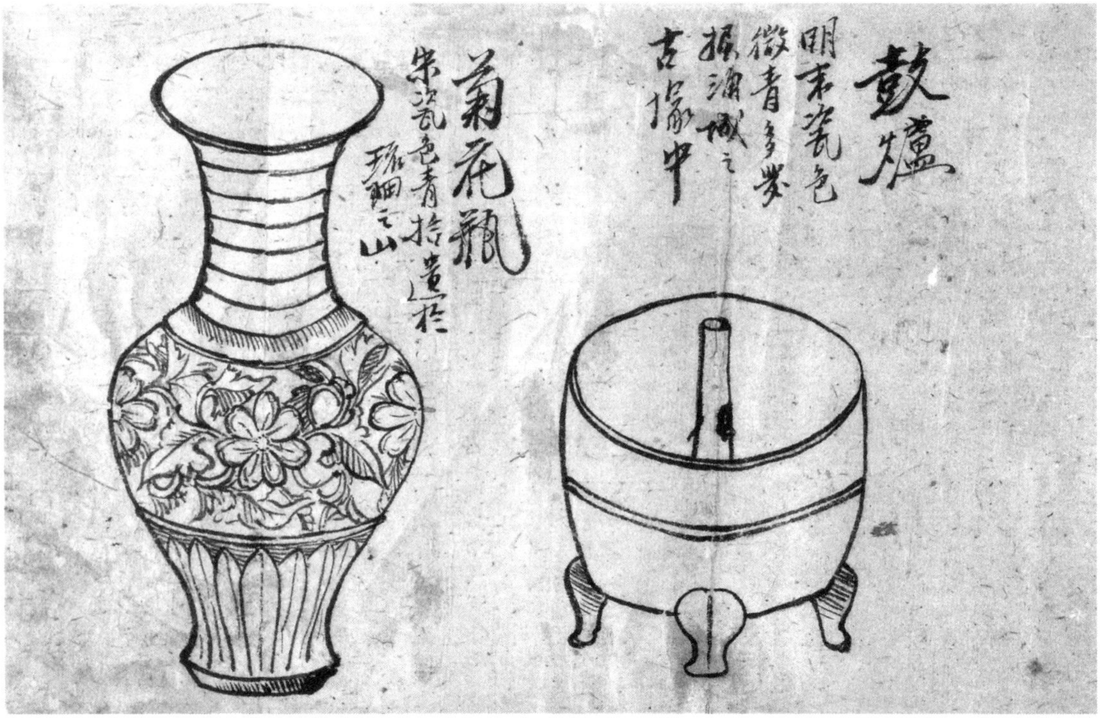
鼓爐
明末瓷色微青多發掘浦城之古塚中
菊花瓶
宋瓷色青拾遺於琉田之山

鼓爐

明末瓷。色微青。多發掘浦城之古塚中。

菊花瓶

宋瓷。色青。拾遺於琉田之山。

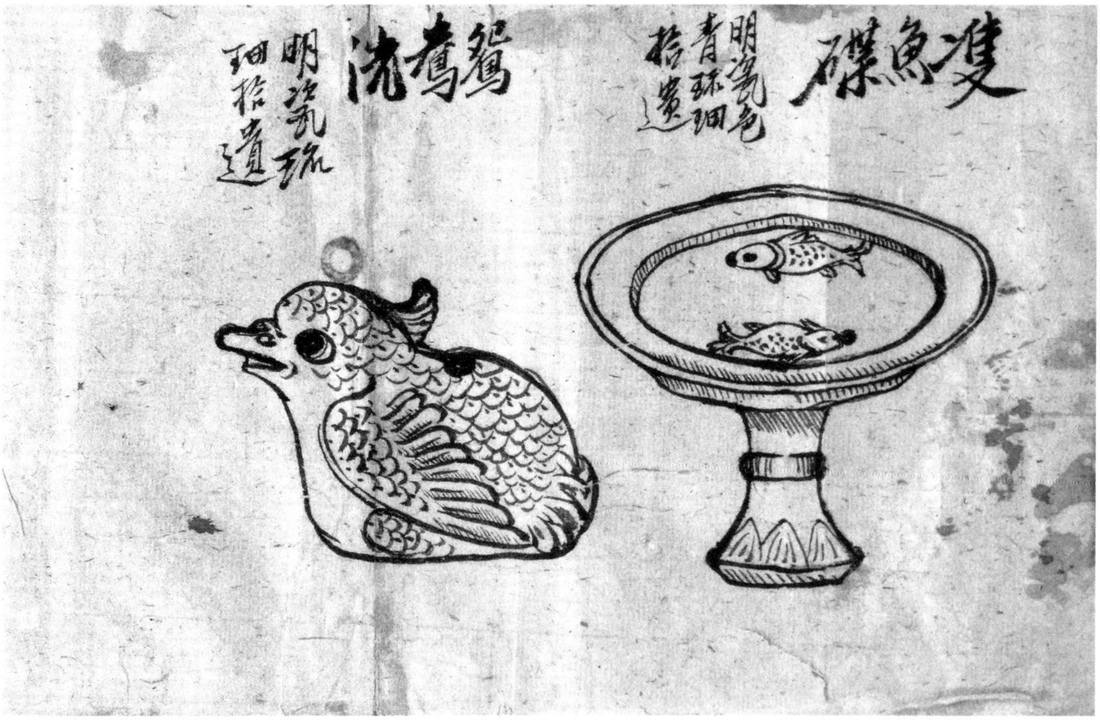

雙魚碟

明瓷。色青。琉田拾遺。

鴛鴦洗

明瓷。琉田拾遺。

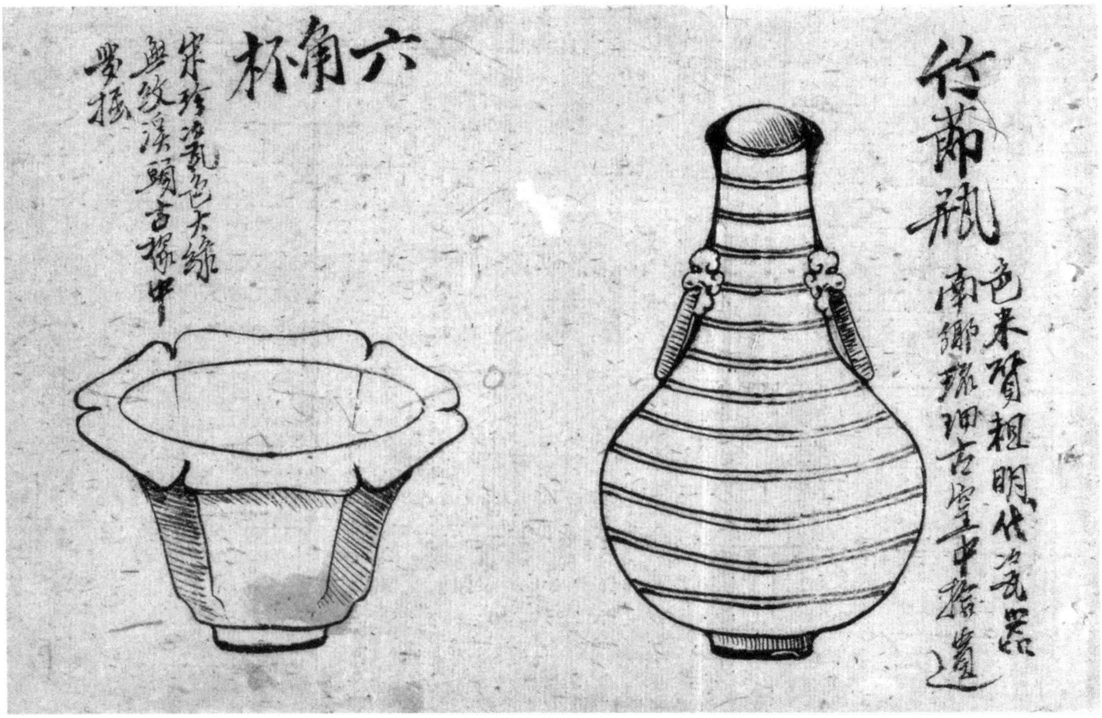

竹節瓶

色米，質粗。明代瓷器。南鄉琉田古窑中拾遺。

六角杯

宋珍瓷。色大綠，無紋。溪頭古塚中發掘。

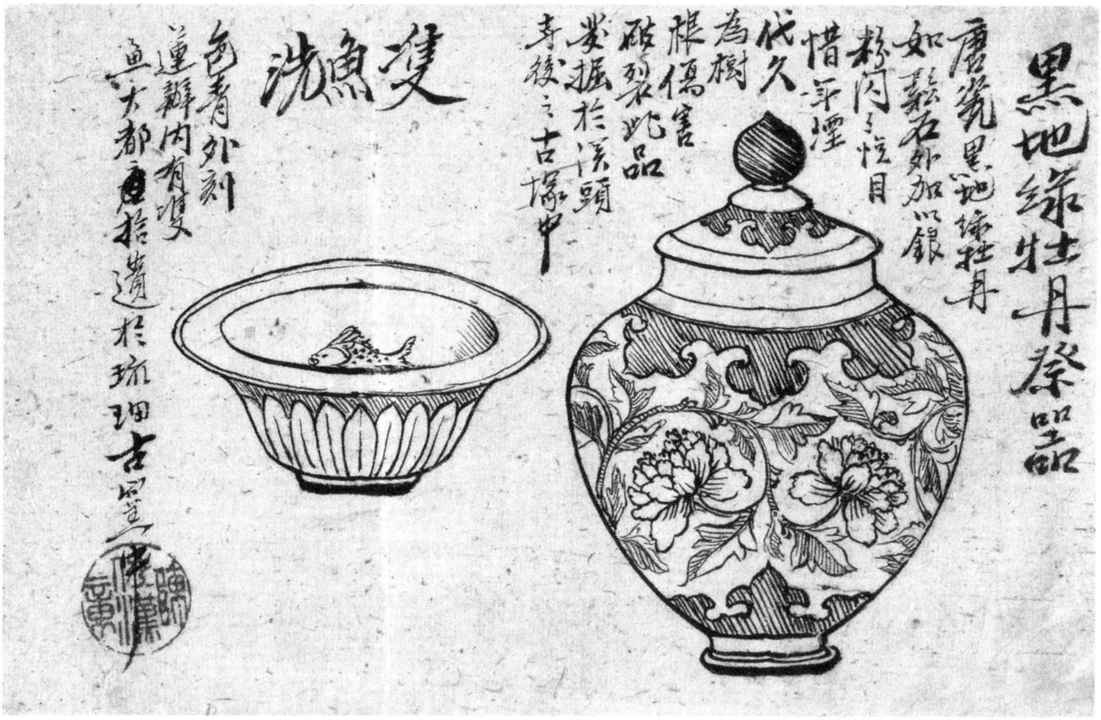

黒地緑牡丹祭器

唐瓷。黒地緑牡丹如鬆石，外加以銀粉，閃閃悦目。惜年湮代久，為樹根傷害破裂。此品發掘於溪頭寺後之古塚中。

雙魚洗

色青。外刻蓮瓣，内有雙魚。大都拾遺於琉田古窑中。

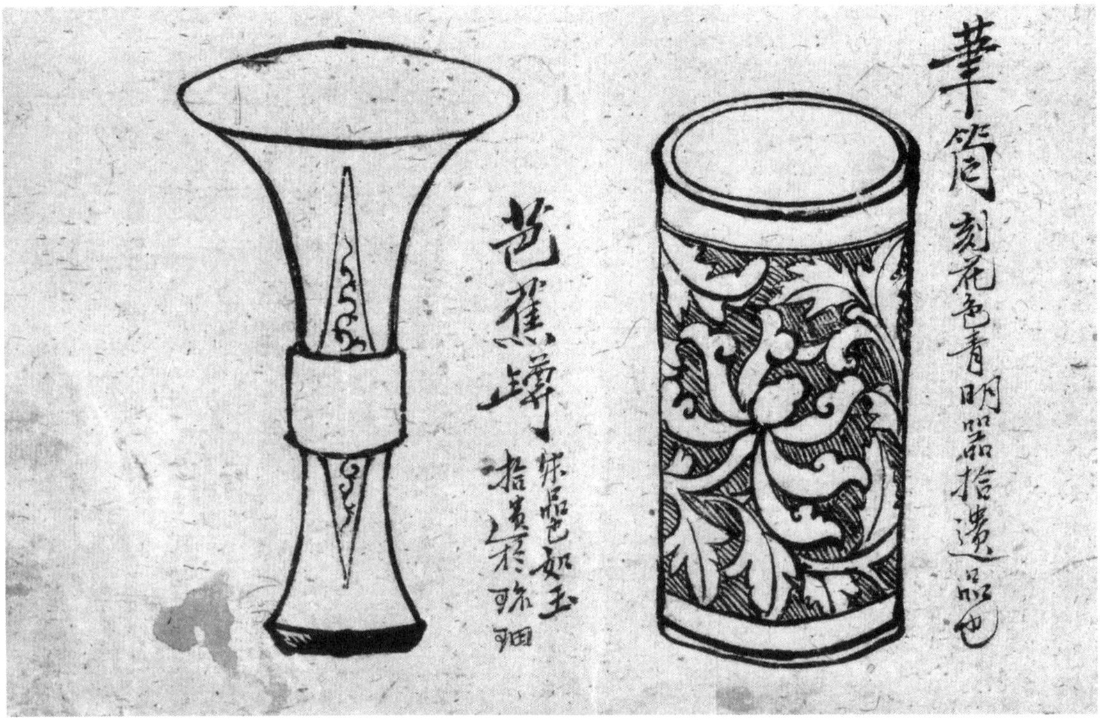

筆筒
刻花。色青。明器。拾遺品也。

芭蕉罇
宋品。色如玉。拾遺於琉田。

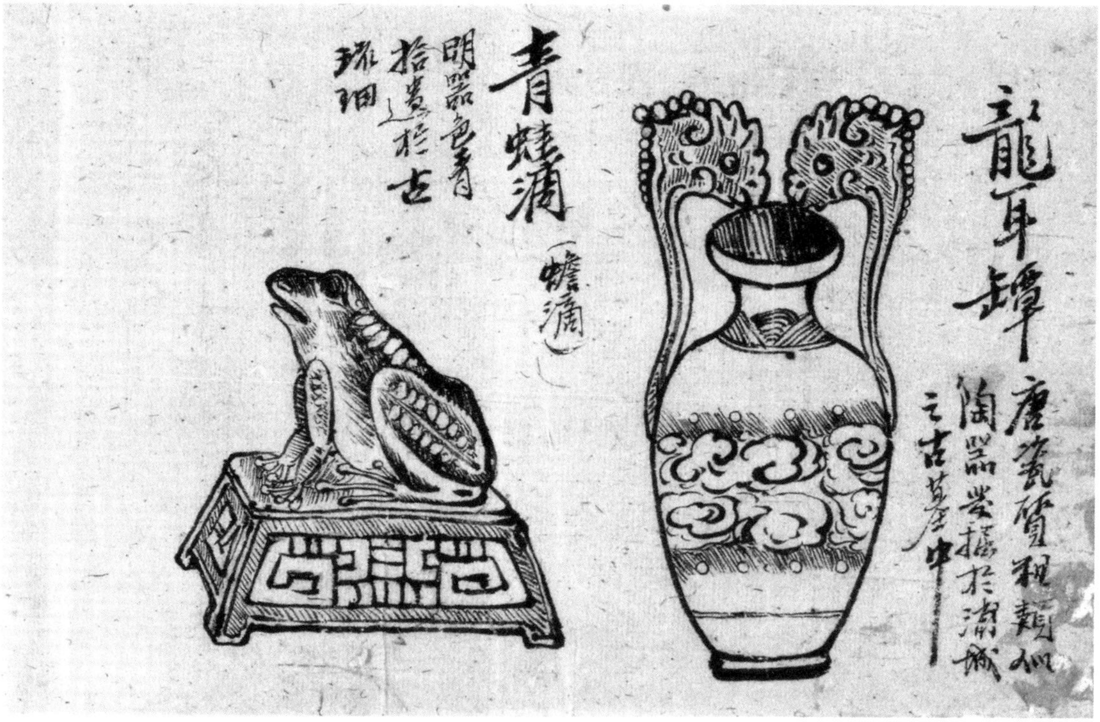

龍耳罈

唐瓷。質粗，類似陶器。發掘於浦城之古墓中。

青蛙滴（蟾滴）

明器。色青。拾遺於古琉田。

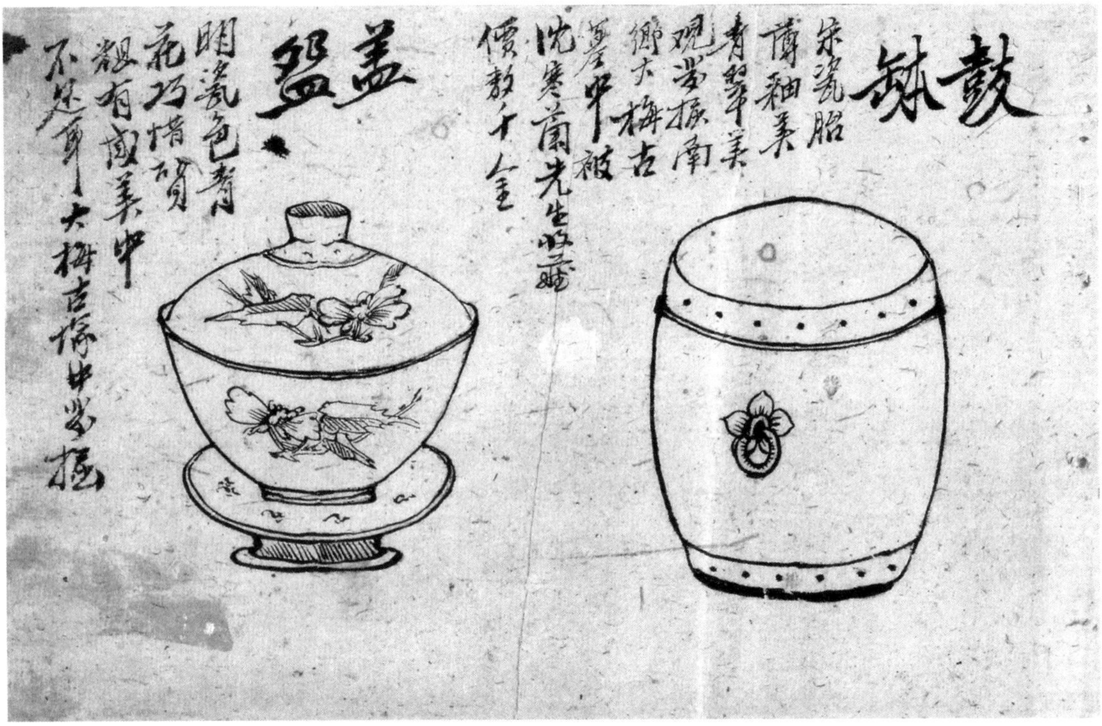

鼓鉢

宋瓷。胎薄釉美，青翠美觀。發掘南鄉大梅古墓中。被寒蘭先生收藏。價數千金。

蓋碗

明瓷。色青，花巧。惜質粗，有感美中不足耳。大梅古塚中發掘。

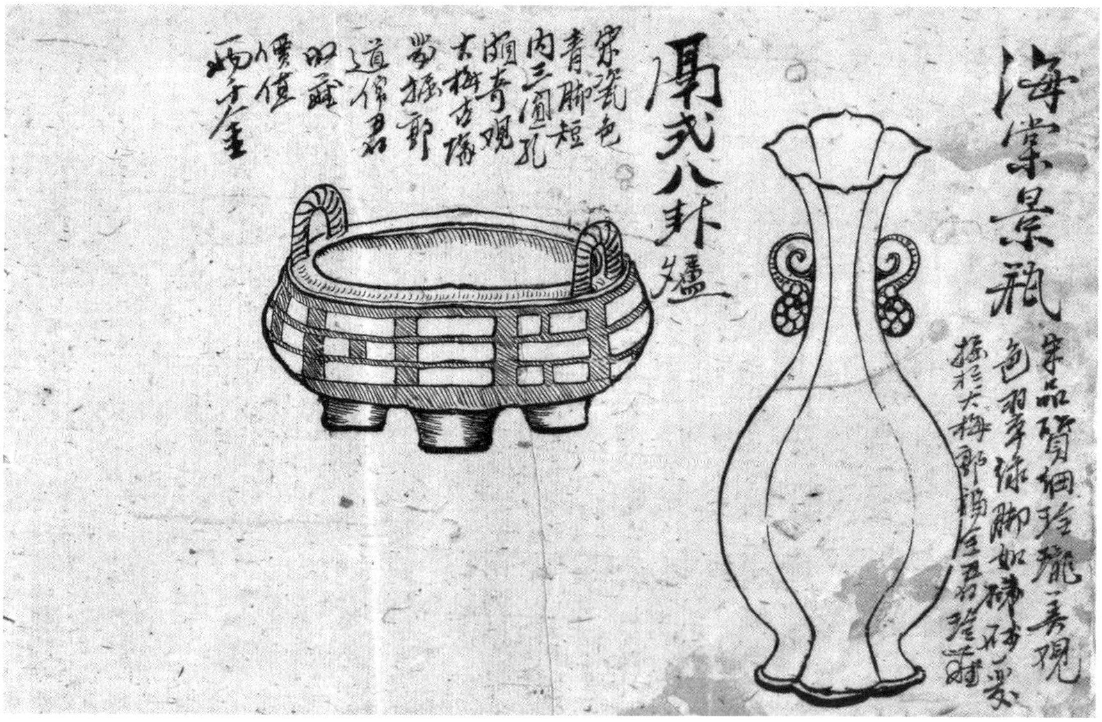

海棠景瓶

宋品。質細，玲瓏美觀。色翠綠，脚如硃砂。
發掘於大梅。郭福全君珍藏。

鬲式八卦爐

宋瓷。色青，脚短，内三圓孔頗奇觀。大梅古
塚發掘。郭道儒君收藏。價值兩千金。

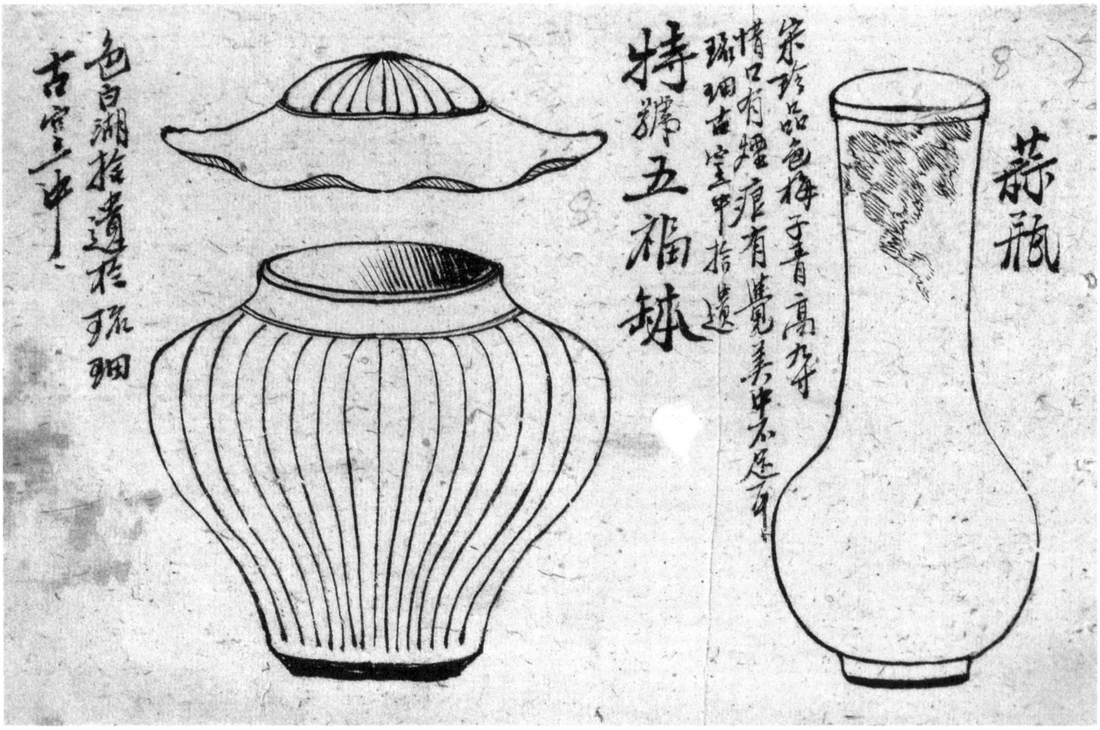

蒜瓶

宋珍品。色梅子青，高九寸。惜口有煙痕，有覺美中不足耳。琉田古窑中拾遺。

特號五福缽

色白湖。拾遺於琉田古窑中。

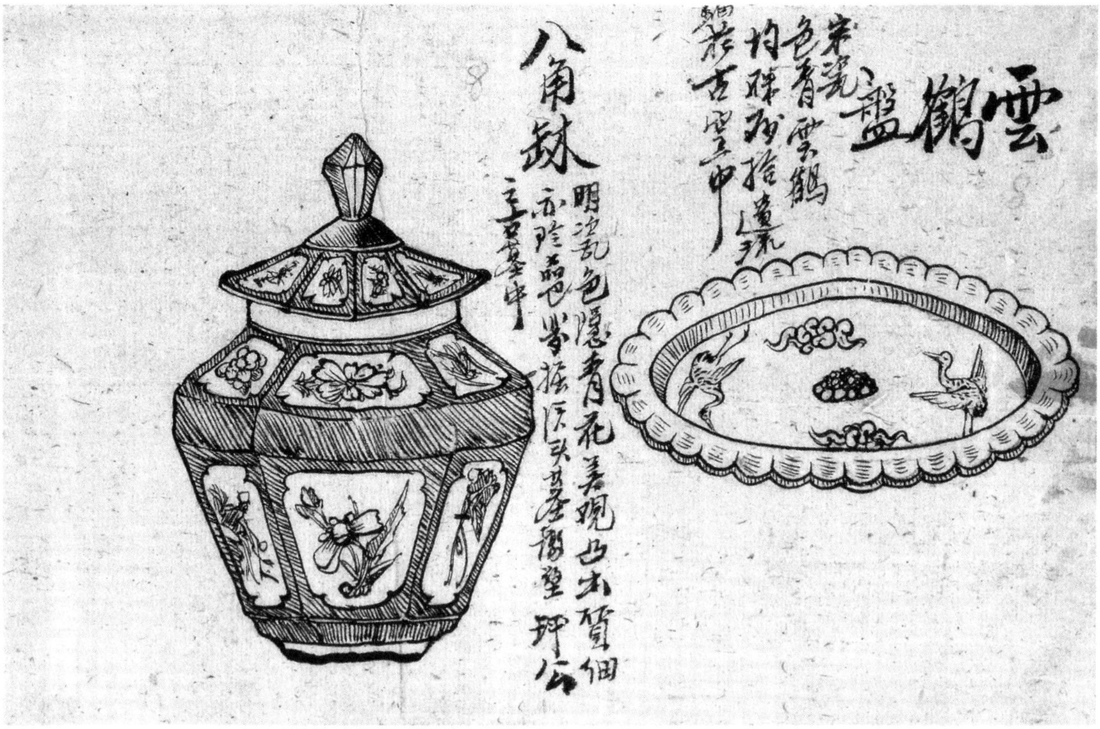

雲鶴盤

宋瓷。色青，雲鶴均硃砂。拾遺琉田於古窑中。

八角鉢

明瓷。色隱青，花美觀凸出，質細。亦珍品也。

發掘溪頭墓墩望玶公之古墓中。

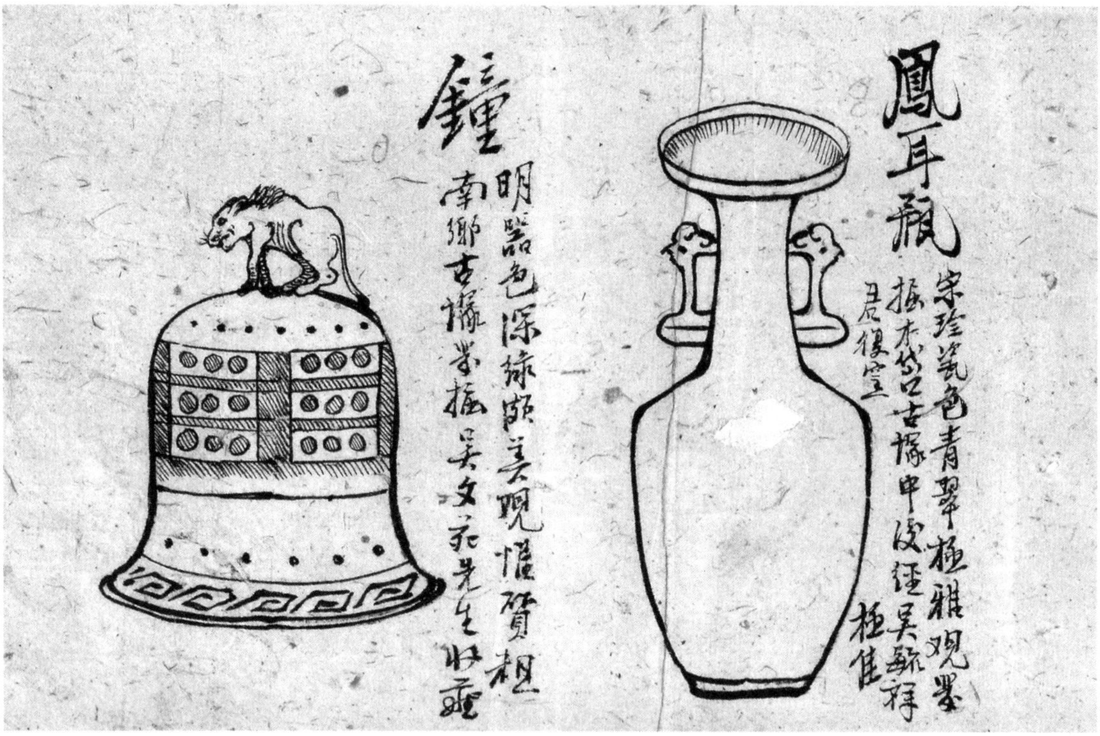

鳳耳瓶

宋珍瓷。色青翠，極雅觀。發掘木岱口古塚中。后經吴毓祥君复窑，極佳。

鐘

明器。色深緑，頗美觀，惟質粗。南鄉古塚發掘。吴文苑先生收藏。

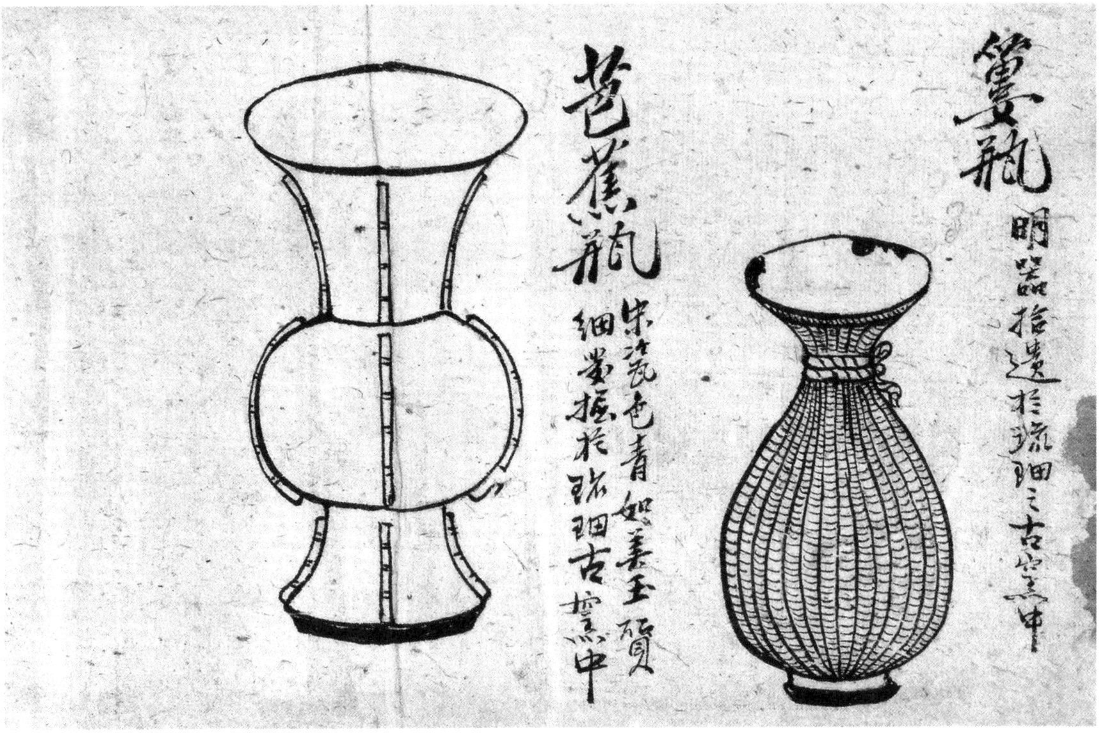

簍瓶

明器。拾遺於琉田之古窑中。

芭蕉瓶

宋瓷。色青如美玉，質細。發掘於琉田古窑中。

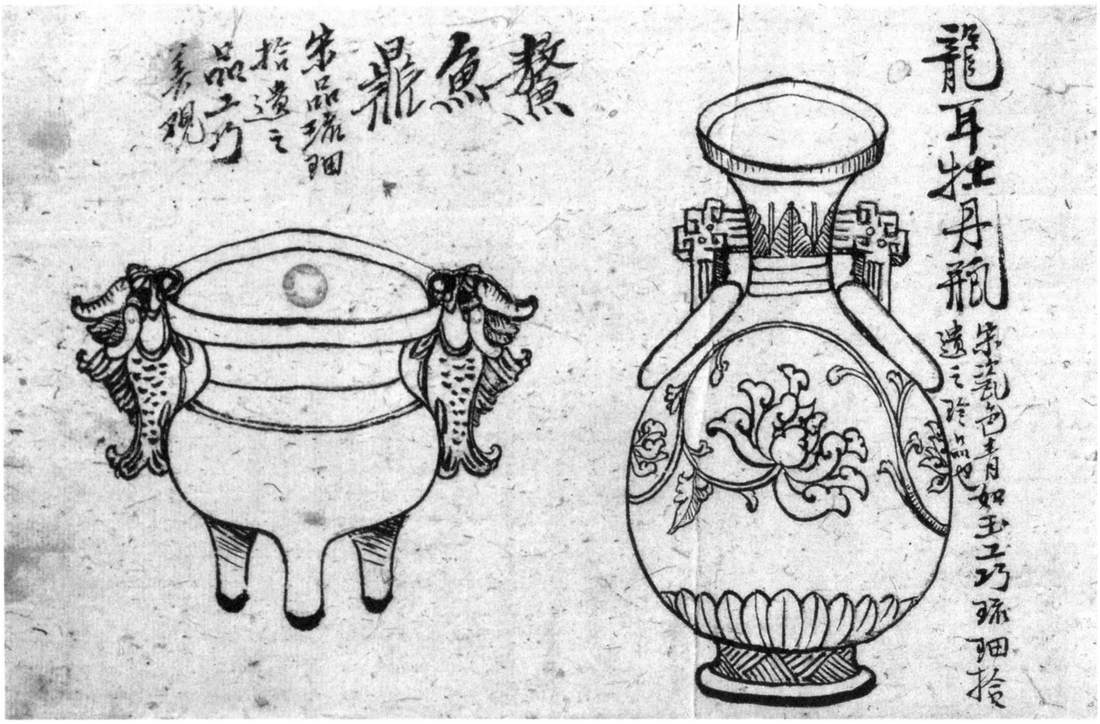

龍耳牡丹瓶

宋瓷。色青如玉，工巧。琉田拾遺之珍品也。

鰲魚鼎

宋品。琉田拾遺之品。工巧美觀。

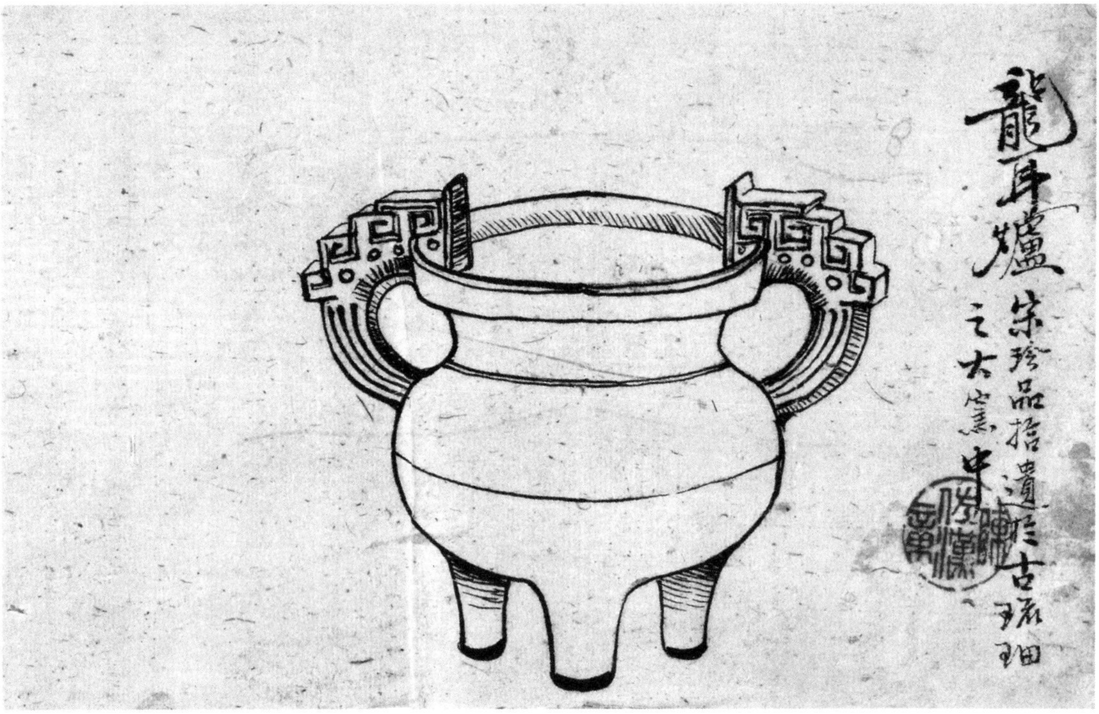

龍耳爐

宋珍品。拾遺於古琉田之大窑中。

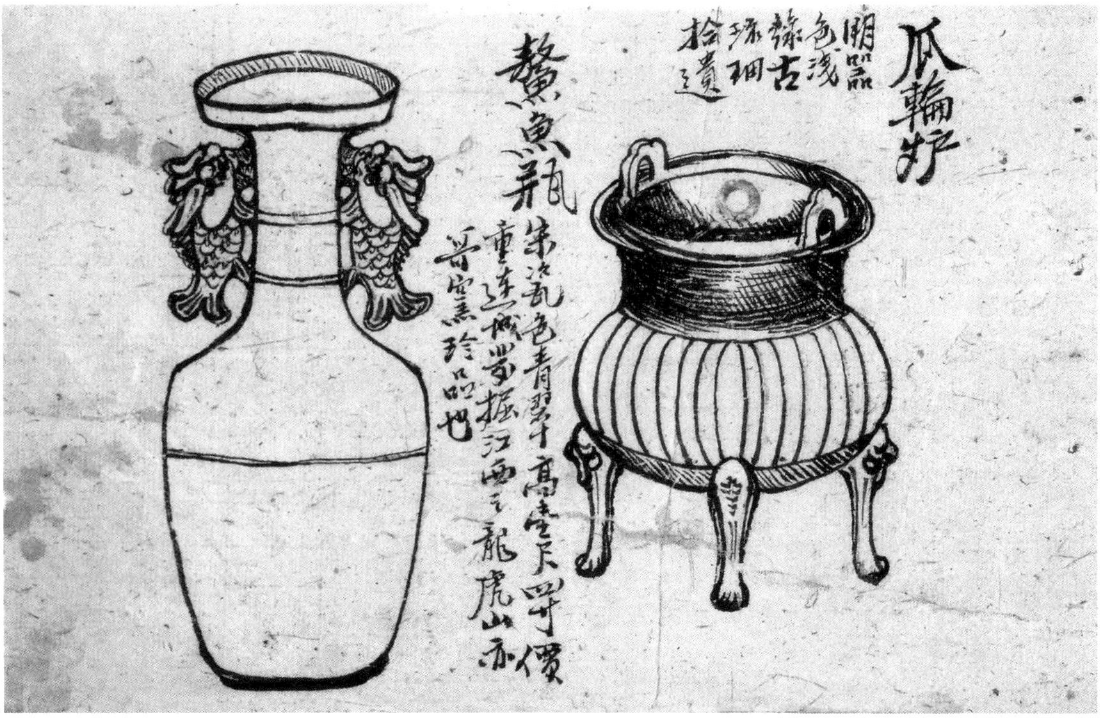

瓜輪爐

明器。色淺綠。古琉田拾遺。

鰲魚瓶

宋瓷。色青翠，高壹尺四寸。價重連城。發掘江西之龍虎山。亦哥窯珍品也。

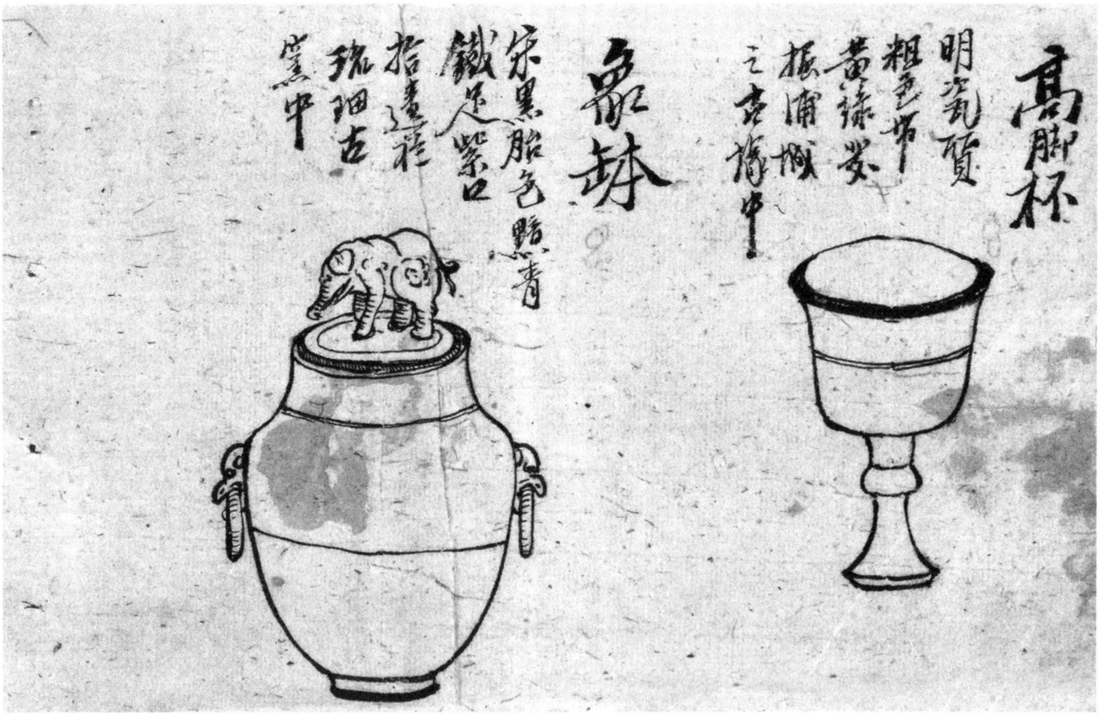

高腳杯

明瓷。質粗，色帶黄緑。發掘浦城之古塚中。

象缽

宋。黑胎，色黯青，鐵足紫口。拾遺於琉田古窑中。

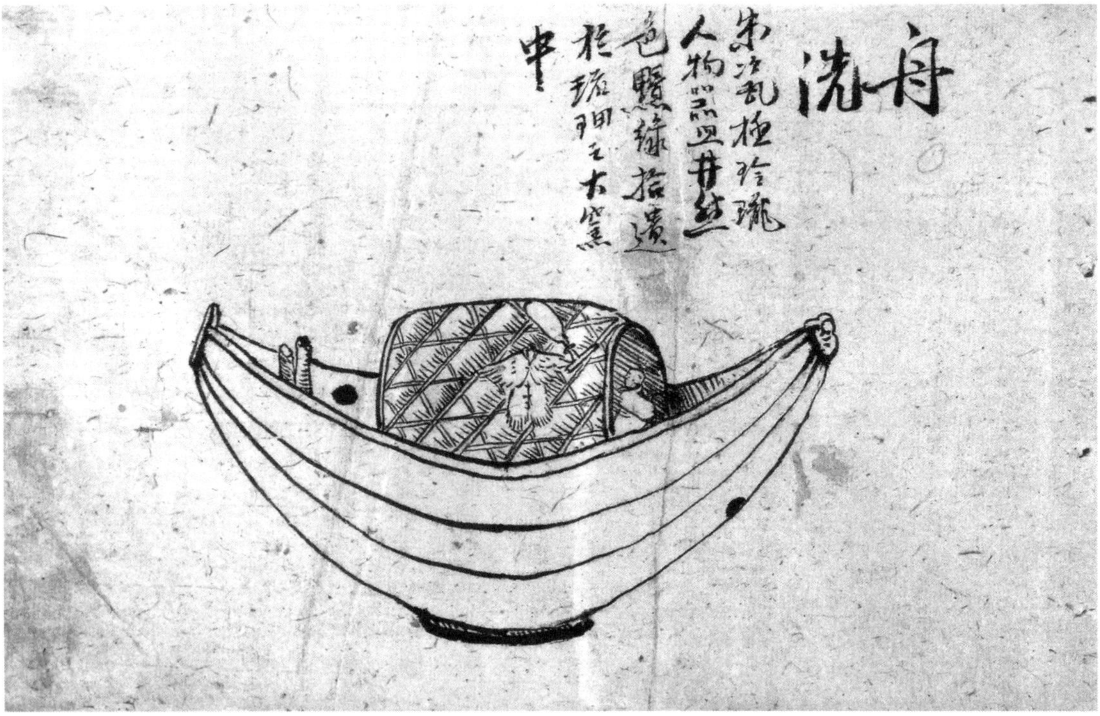

洗舟

宋瓷。極玲瓏。人物器皿井然，色黯緑。拾遺於琉田之大窑中。

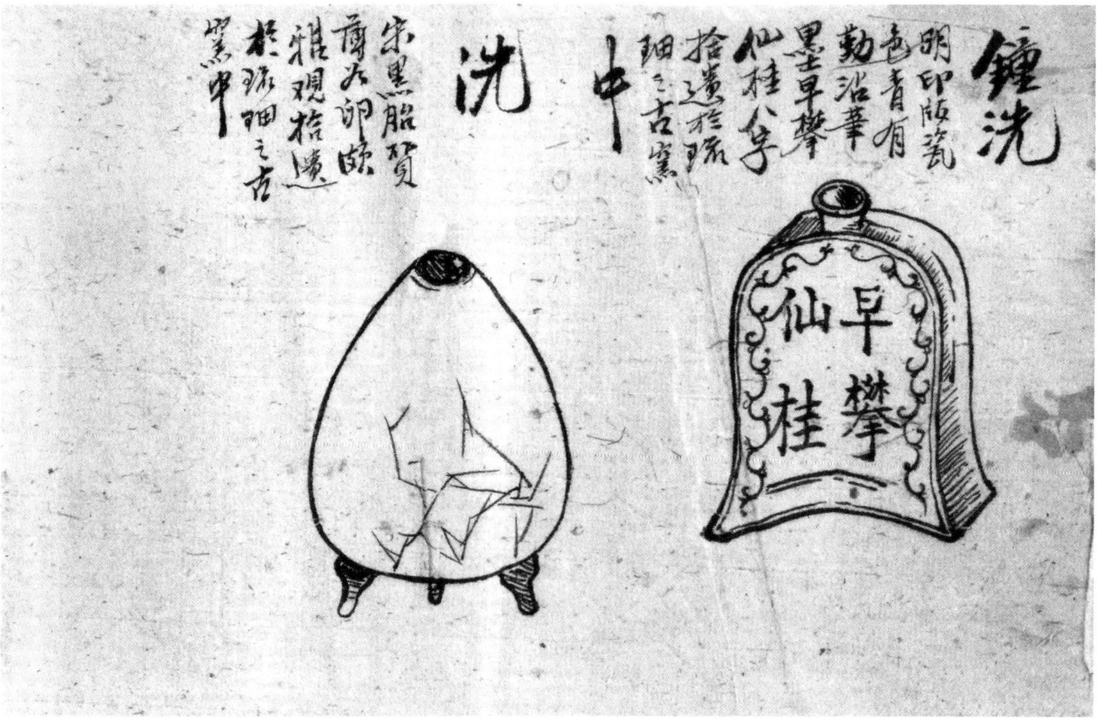

鐘洗

明印版瓷。色青。有『勤沾華墨，早攀仙桂』八字，拾遺於琉田之古窑中。

洗

宋。黑胎，質薄如卵，頗雅觀。拾遺於琉田之古窑中。

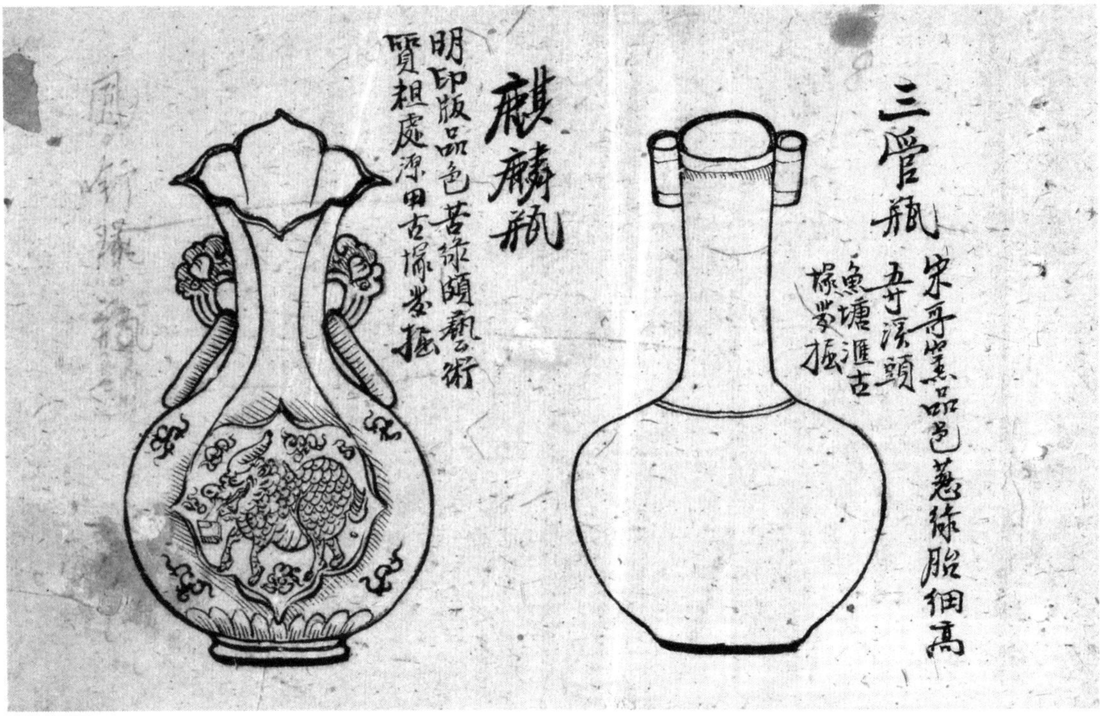

三管瓶

宋哥窑品。色葱緑，胎細，高五寸。溪頭魚塘滙古塚發掘。

麒麟瓶

明印版品。色苦緑，頗藝術。質粗。處源田古塚發掘。

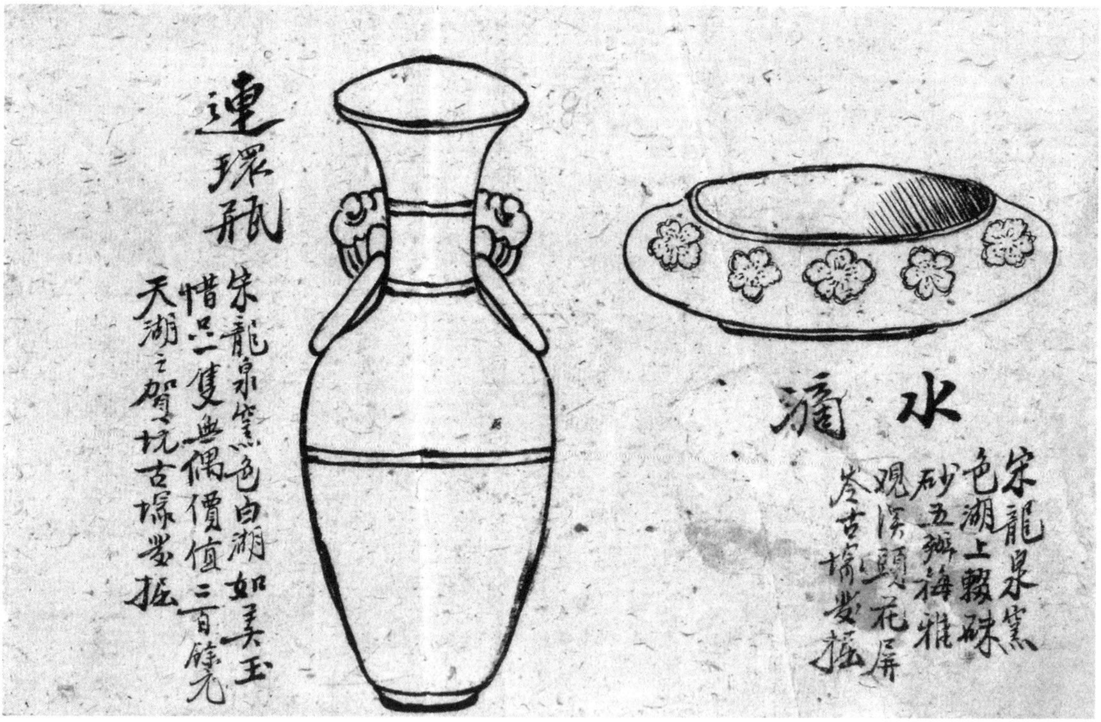

水滴

宋龍泉窑。色湖，上綴硃砂五瓣梅，雅觀。溪頭花屏嶺古塚發掘。

連環瓶

宋龍泉窑。色白湖如美玉，惜衹一隻無偶。價值三百餘元。天湖之賀坑古塚發掘。

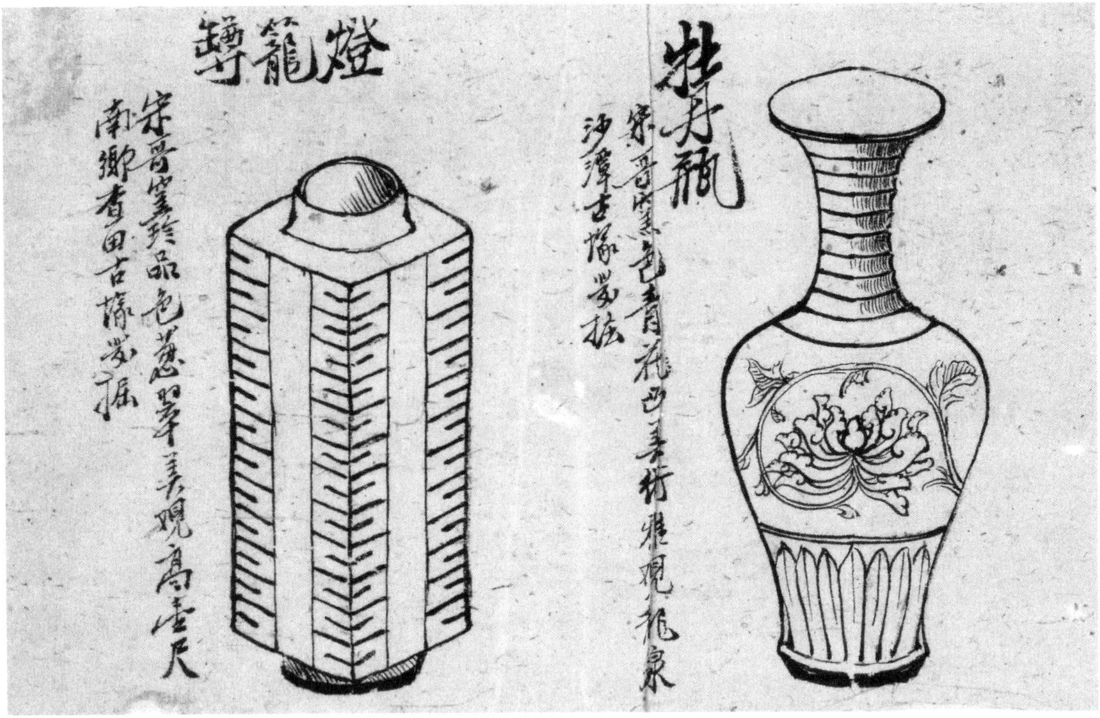

牡丹瓶

宋哥窑。色青花凸，美術雅觀。龍泉沙潭古塚發掘。

燈籠罇

宋哥窑珍品。色葱翠美觀，高壹尺。南鄉查田古塚發掘。

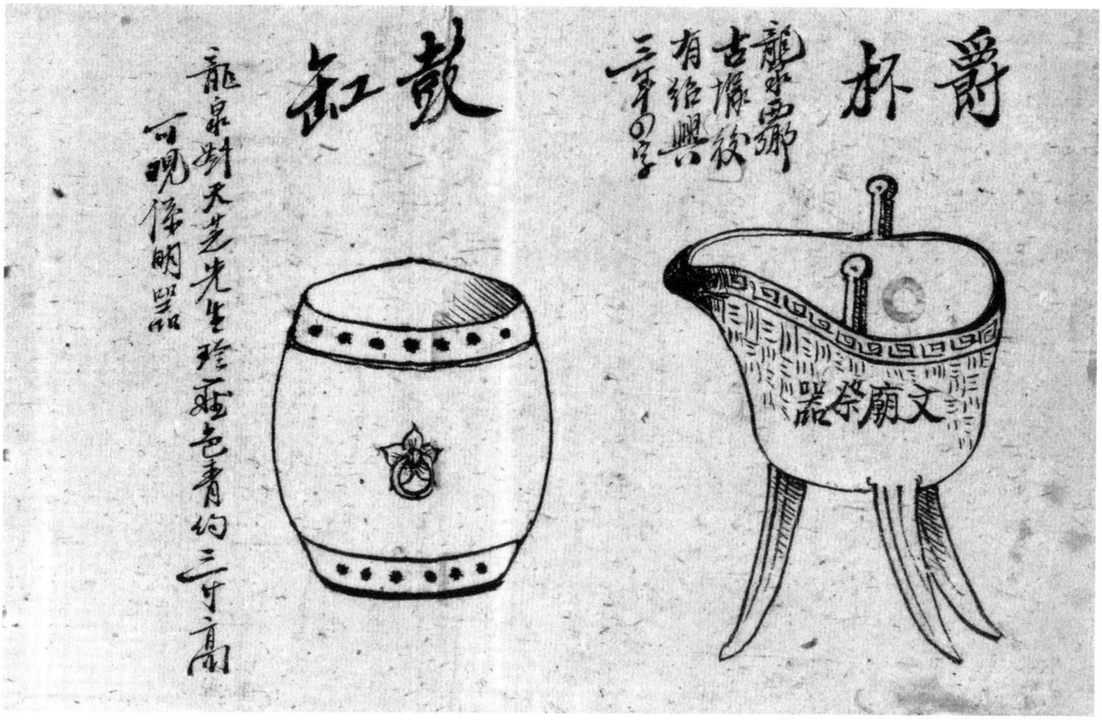

爵杯

龍泉西鄉古塚。後有『紹興三年』四字。

鼓缸

龍泉劉天芝先生珍藏。色青，約三寸高，可觀。係明器。

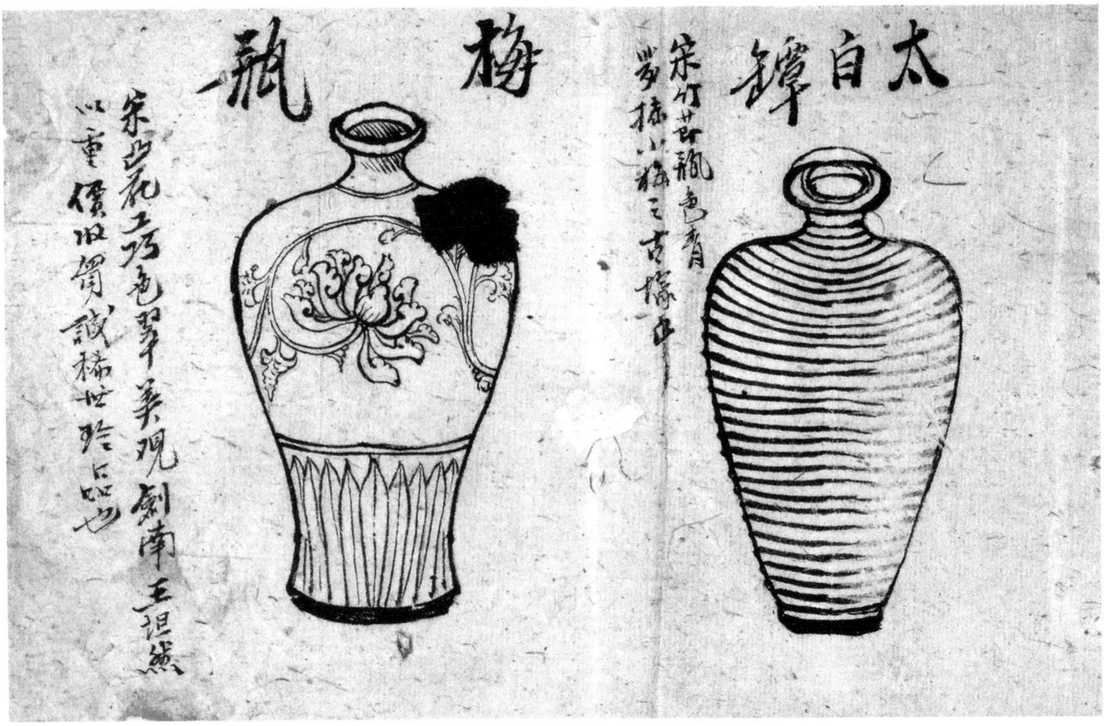

太白罇

宋竹節瓶。色青。發掘小梅之古塚中。

梅瓶

宋。凸花工巧，色翠美觀。劍南王坦然以重價收買。誠稀世珍品也。

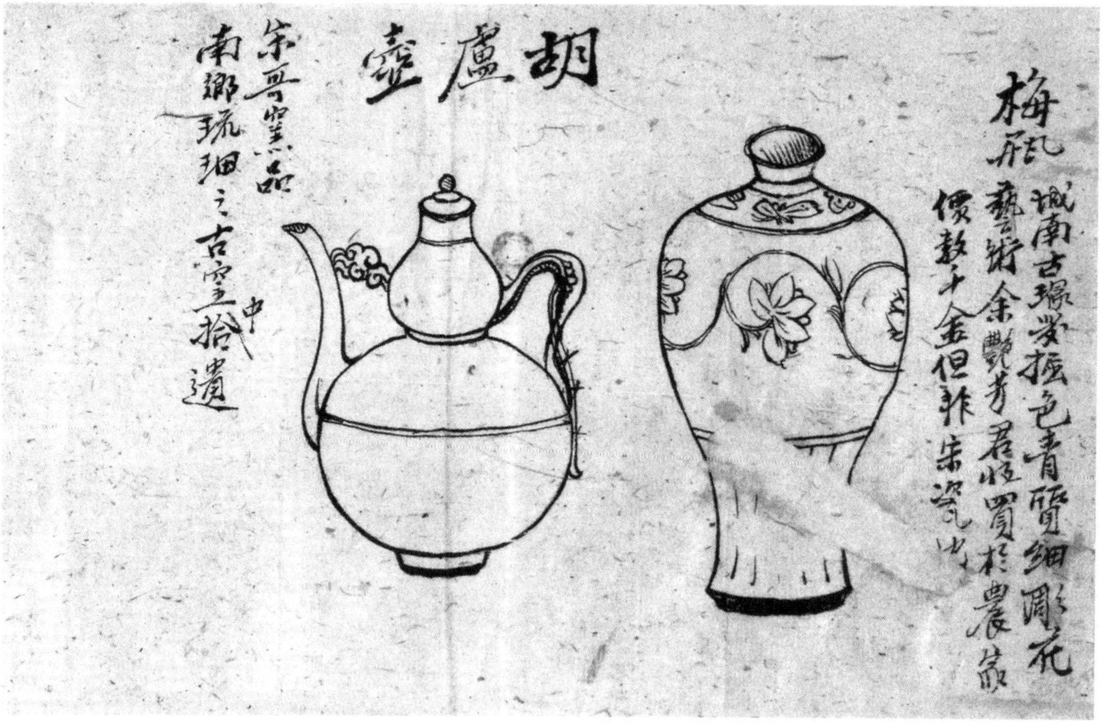

梅瓶

城南古塚發掘。色青，質細，雕花藝術。余艷芳君收買於農家，價數千金，但非宋瓷也。

胡盧壺

宋哥窑品。南鄉琉田之古窑中拾遺。

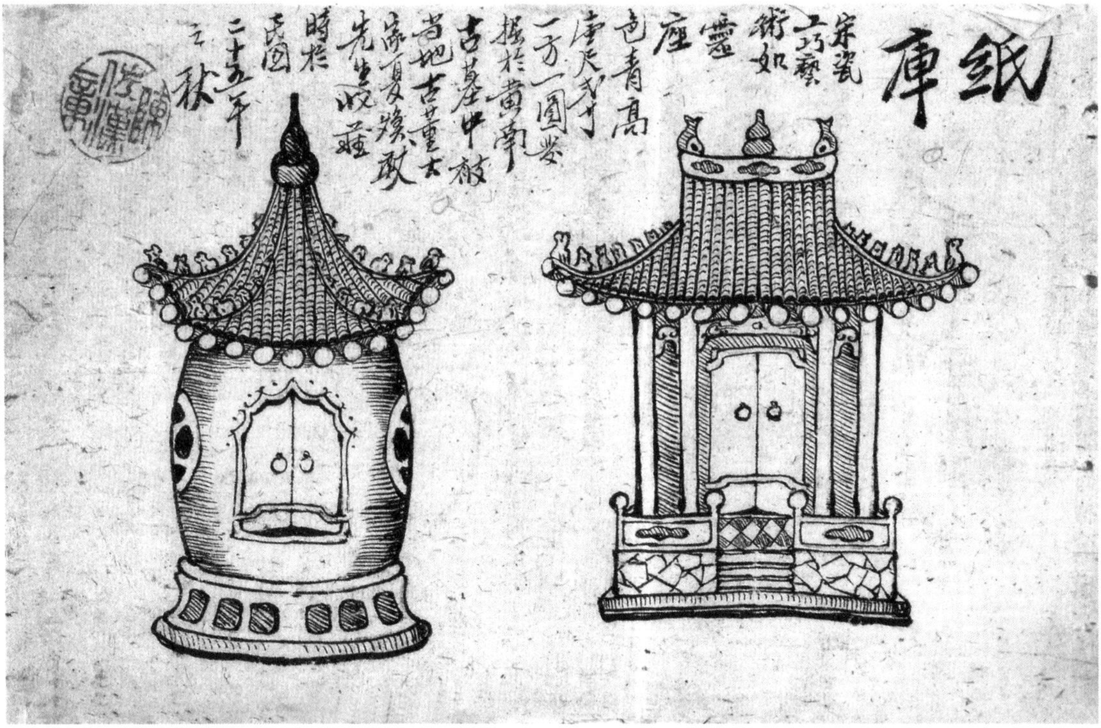

紙庫

宋瓷。工巧藝術。如靈座。色青，高壹尺貳寸。一方一圓。發掘於黃南古墓中。被當地古董大家夏煥猷先生收藏，時於民國二十五年之秋。

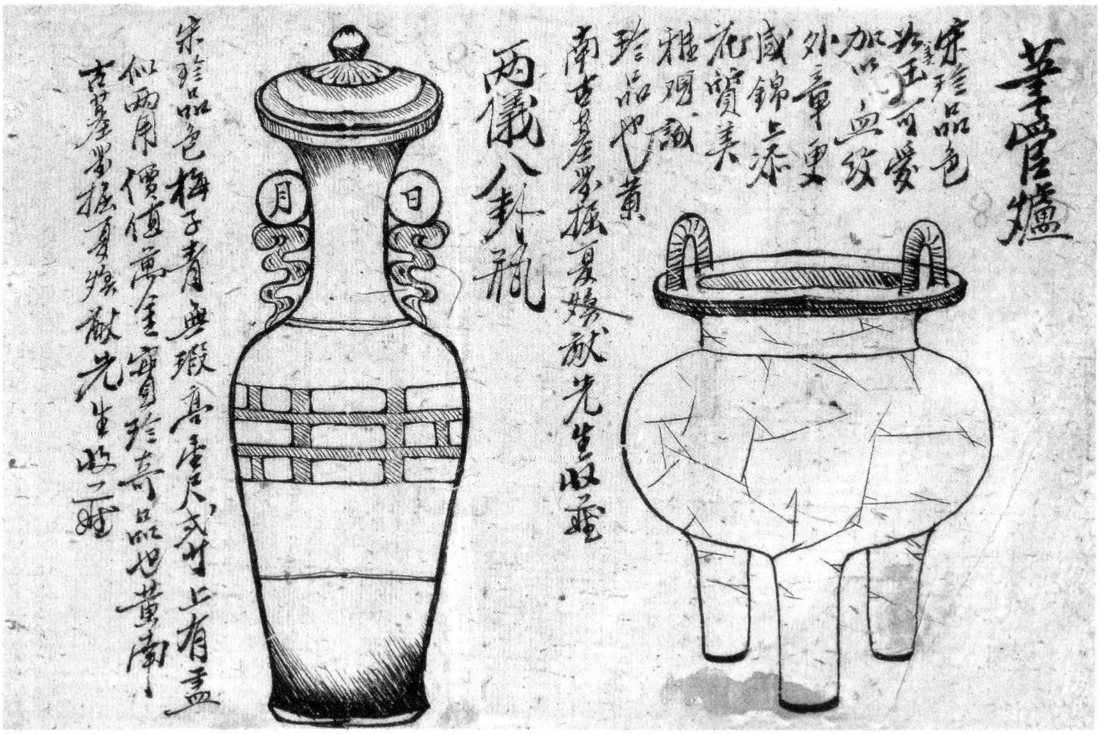

筆管爐

宋珍品。色如美玉，可愛。加以血紋外章，更感錦上添花。質美雅觀，誠珍品也。黃南古墓發掘。夏煥猷先生收藏。

兩儀八卦瓶

宋珍品。色梅子青，無瑕，高壹尺貳寸。上有蓋，似兩用。價值萬金，實珍奇品也。黃南古墓發掘。夏煥猷先生收藏。

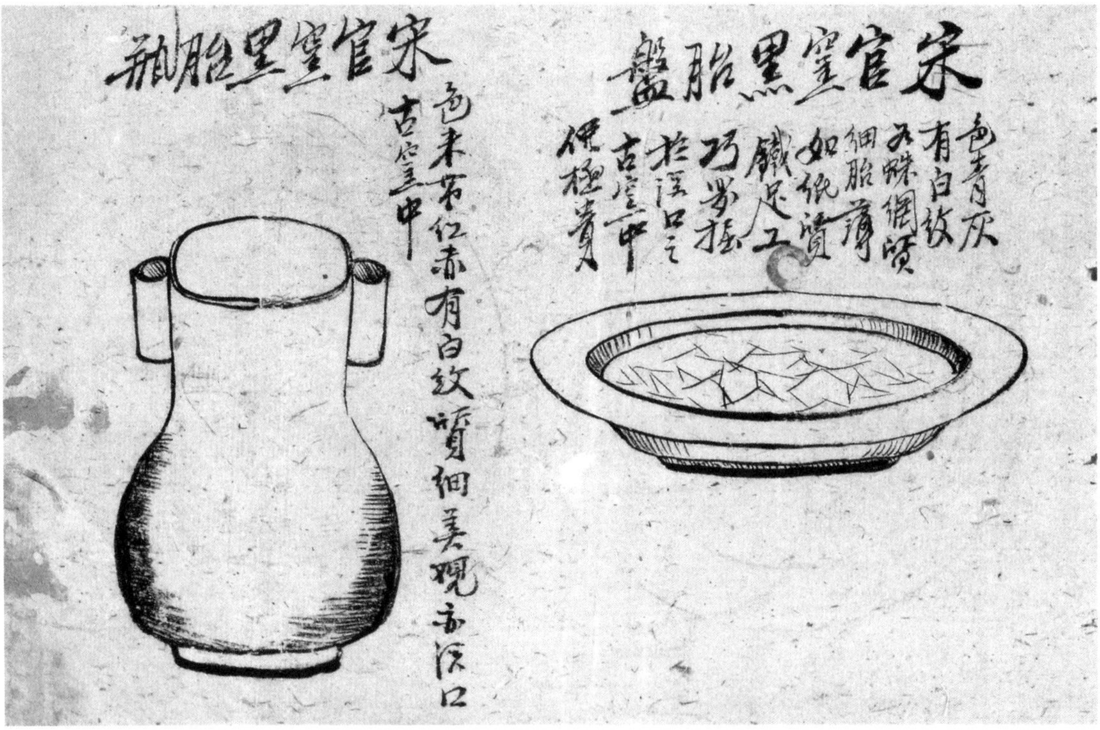

宋官窑黑胎盤

色青灰，有白紋如蜘蛛網。質細，胎薄如紙質。鐵足工巧。發掘於溪口之古窑中。價極貴。

宋官窑黑胎瓶

色米帶紅赤，有白紋，質細美觀。亦溪口古窑中。

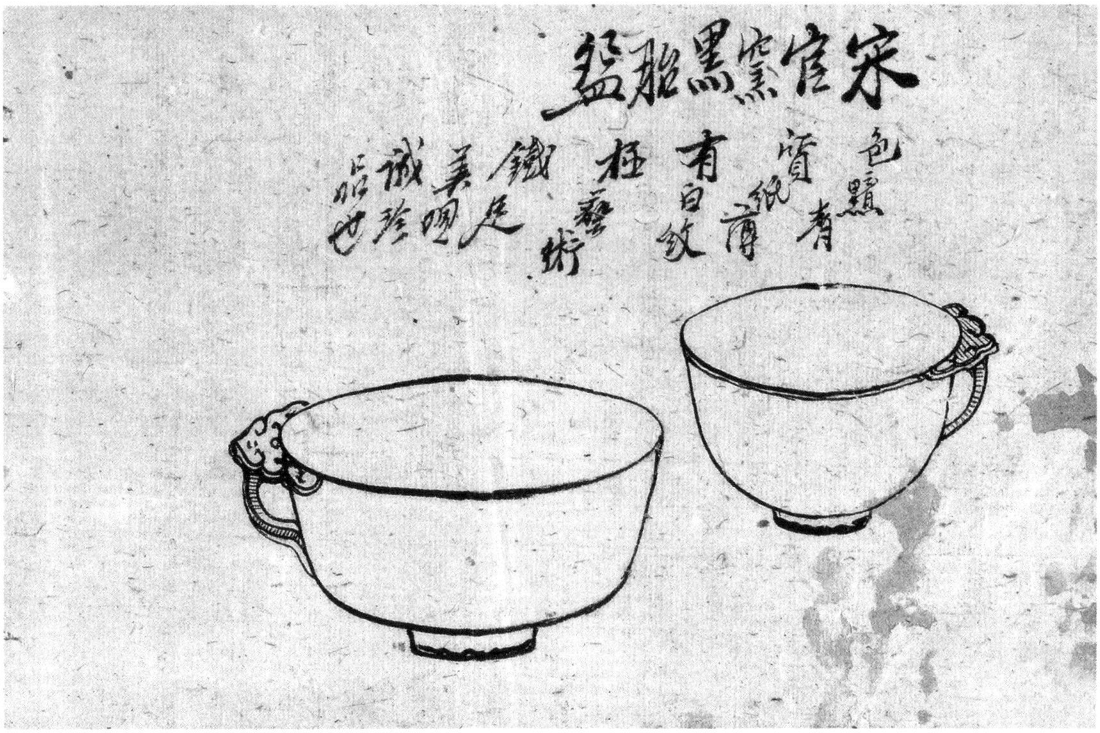
宋官窯黑胎盌
色黯青
質紙薄
有白紋
極藝術
鐵足
美觀
誠珍品也

宋官窑黑胎碗

色黯青，質紙薄，有白紋，極藝術。鐵足，美觀。誠珍品也。

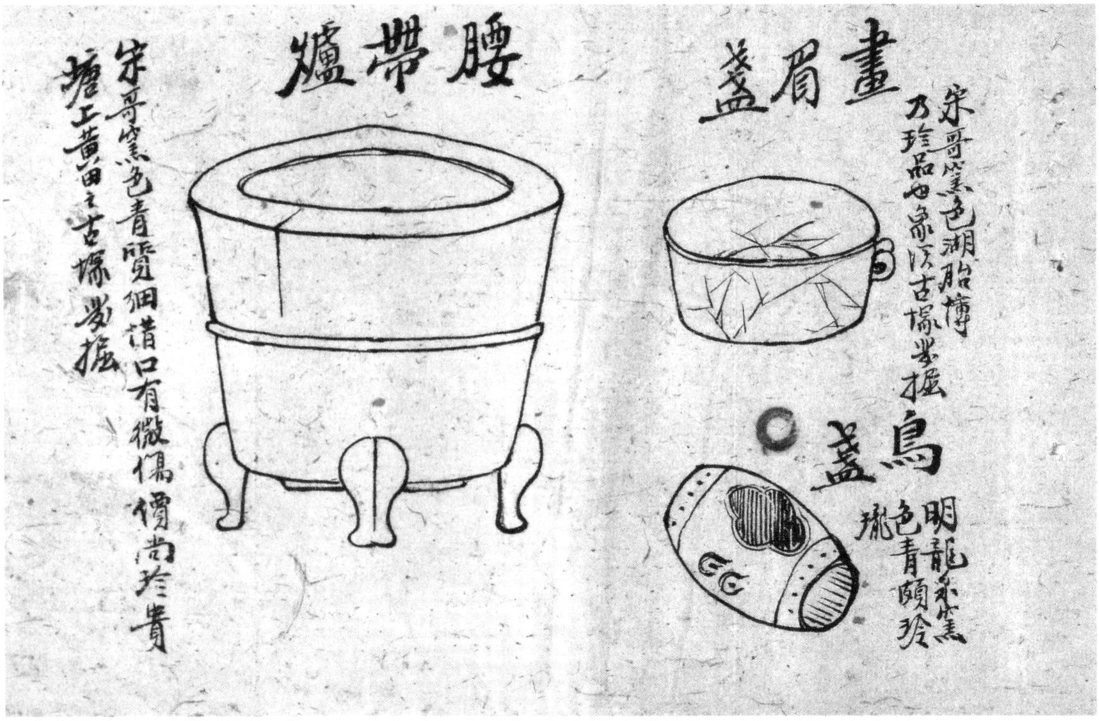

畫眉盞

宋哥窑。色湖，胎薄。乃珍品也。象溪古塚發掘。

鳥盞

明龍泉窑。色青，頗玲瓏。

腰帶爐

宋哥窑。色青，質細，惜口有微傷。價尚珍貴。塘上黃田之古塚發掘。

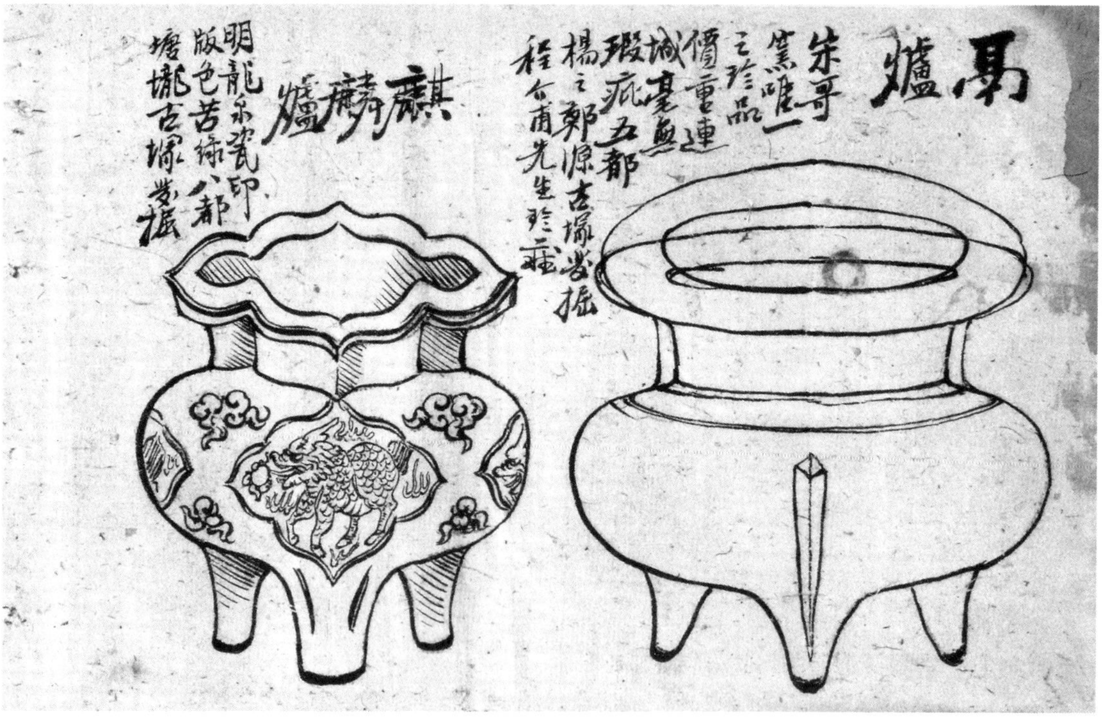

鬲爐

宋哥窑唯一之珍品。價重連城。毫無瑕疵。五都楊之鄭源古塚發掘。程介甫先生收藏。

麒麟爐

明龍泉瓷印版。色苦緑。八都塘墈古塚發掘。

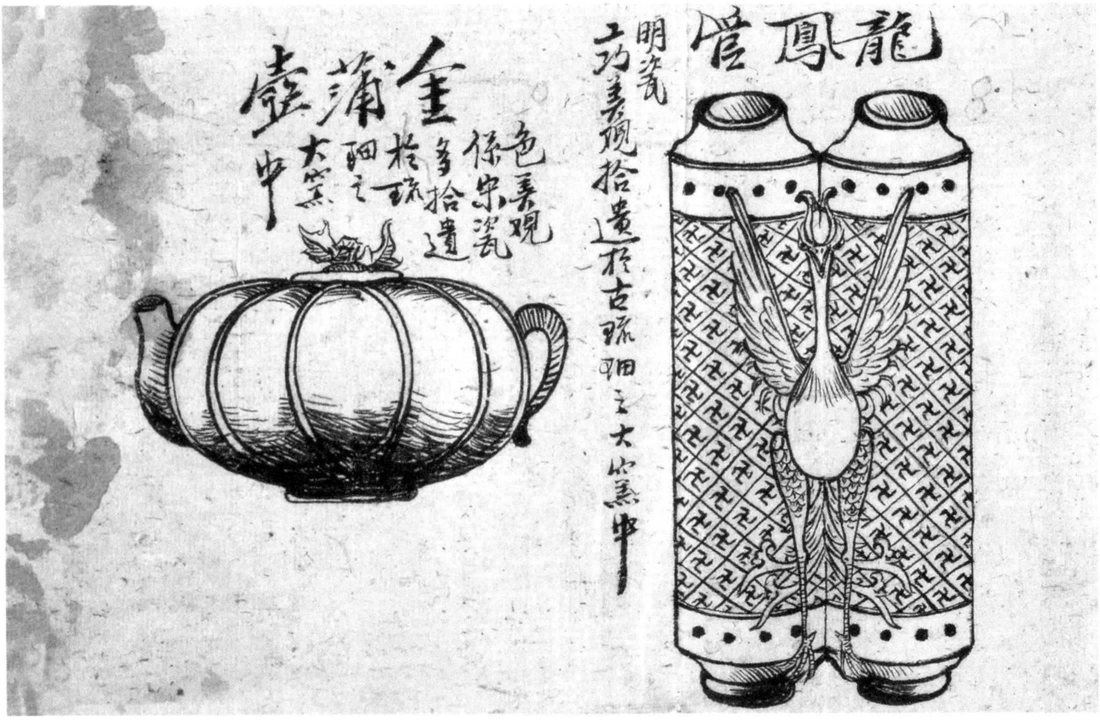

龍鳳管

明瓷。工巧，美觀。拾遺於古琉田之大窯中。

金蒲壺

色美觀。係宋瓷。多拾遺於琉田之大窯中。

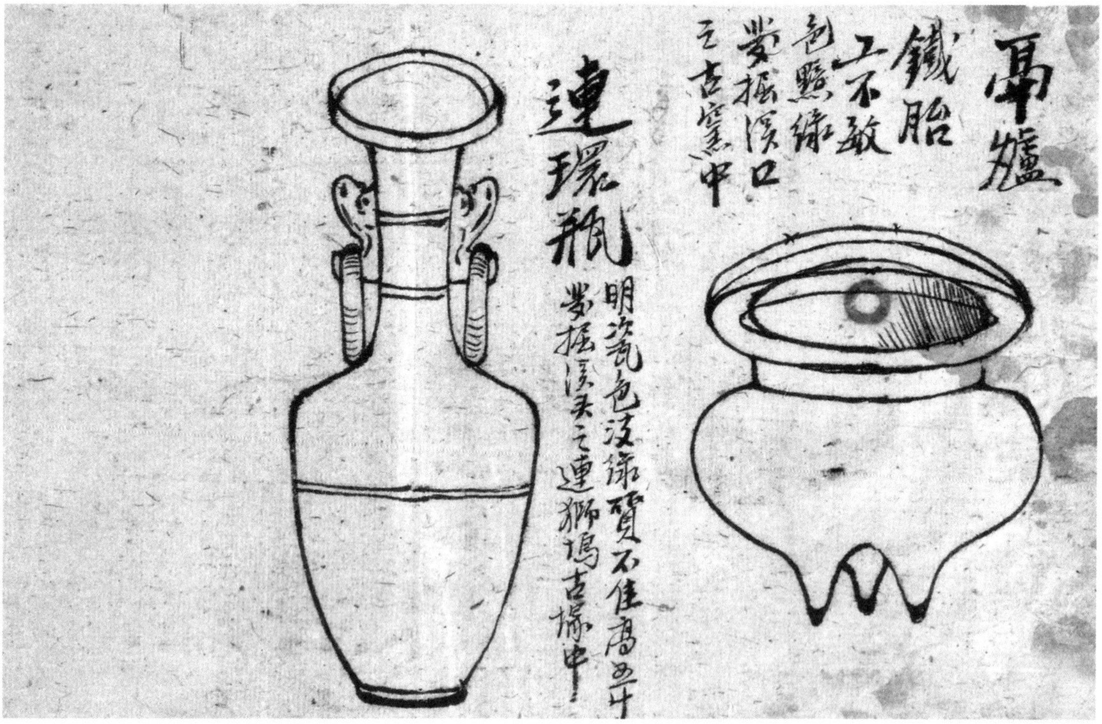

鬲爐

鐵胎，工不敏，色黯緑。發掘溪口之古窑中。

連環瓶

明瓷。色淡緑，質不佳，高五寸。發掘溪頭之連獅塢古塚中。

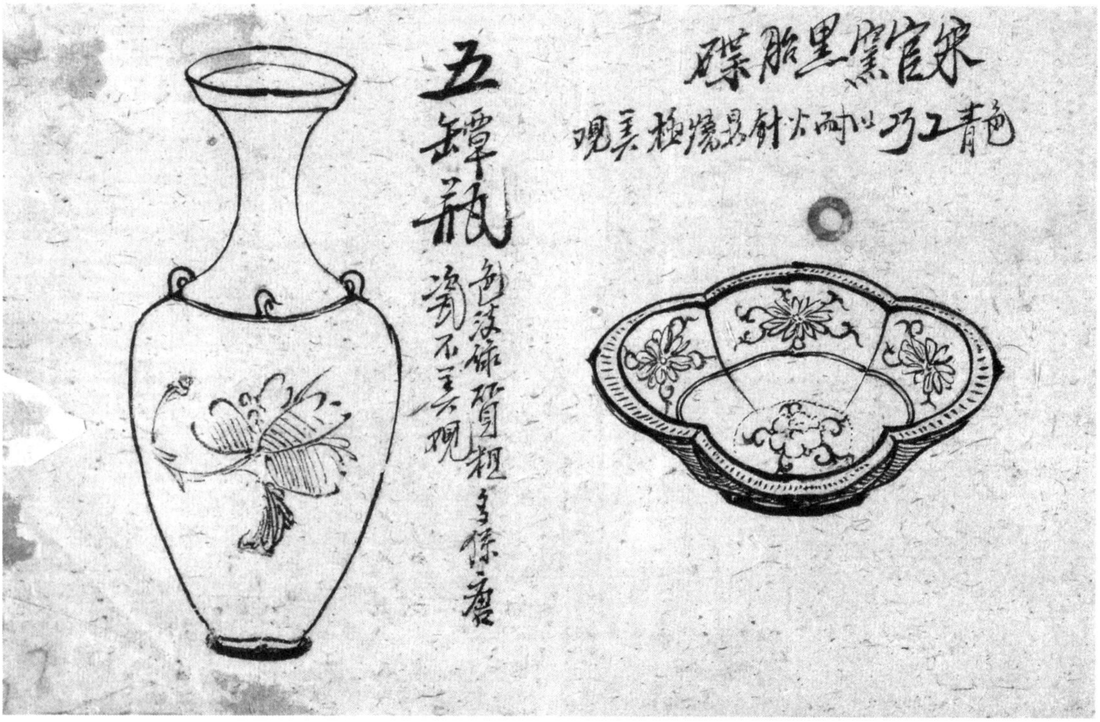

宋官窑黑胎碟

色青，工巧。以耐火針鼎燒，極美觀。

五鐔瓶

色淡緑，質粗。多係唐瓷。不美觀。

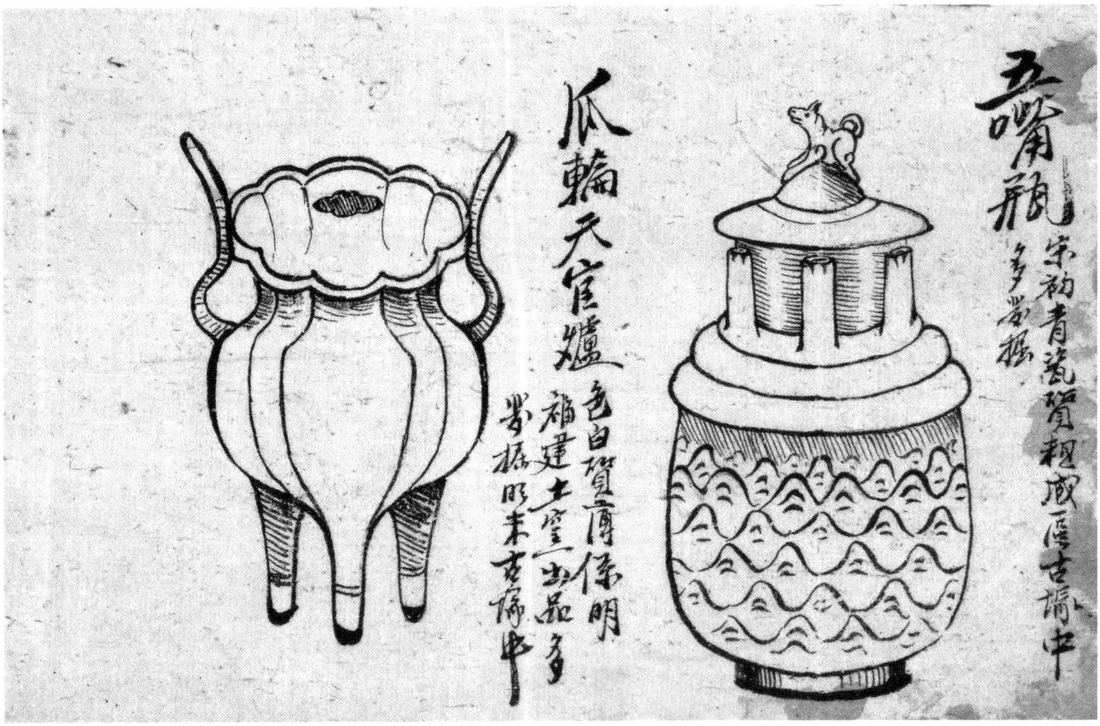

五嘴瓶

宋初青瓷。質粗。城區古塚中多發掘。

瓜輪天官爐

色白，質薄，係明福建土窑出品。多發掘明末古塚中。

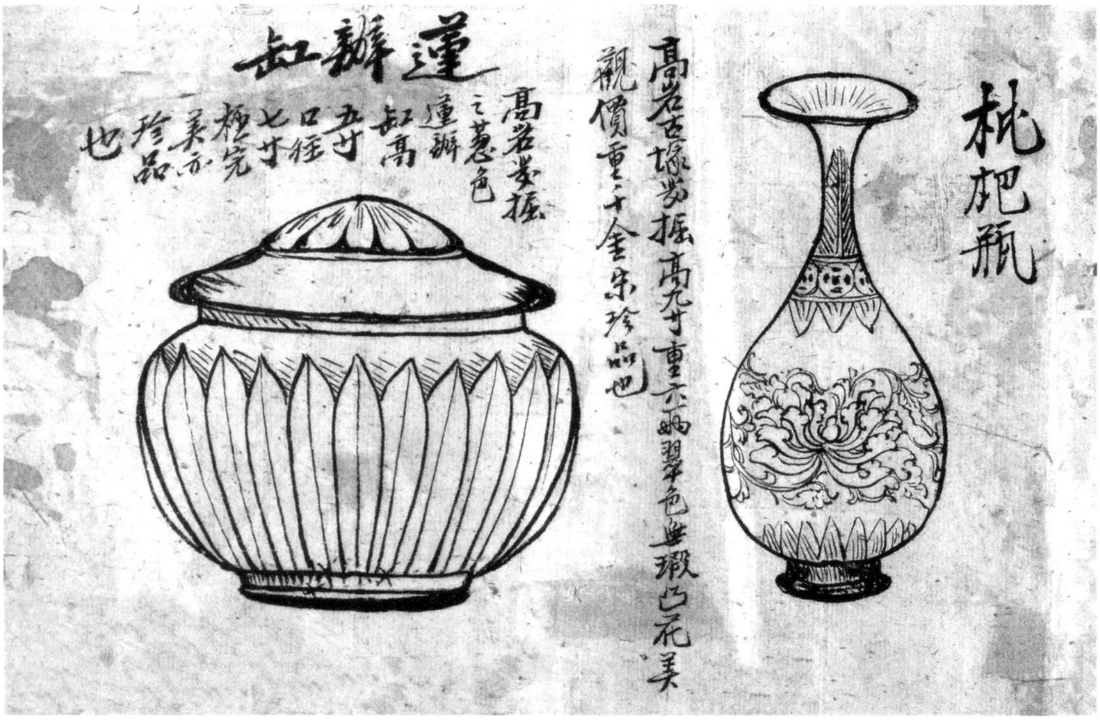

枇杷瓶

高巖古塚發掘。高九寸，重六兩。翠色，無瑕。凸花美觀。價重千金。宋珍品也。

蓮瓣缸

高巖發掘之葱色蓮瓣缸。高五寸，口徑七寸。極完美。亦珍品也。

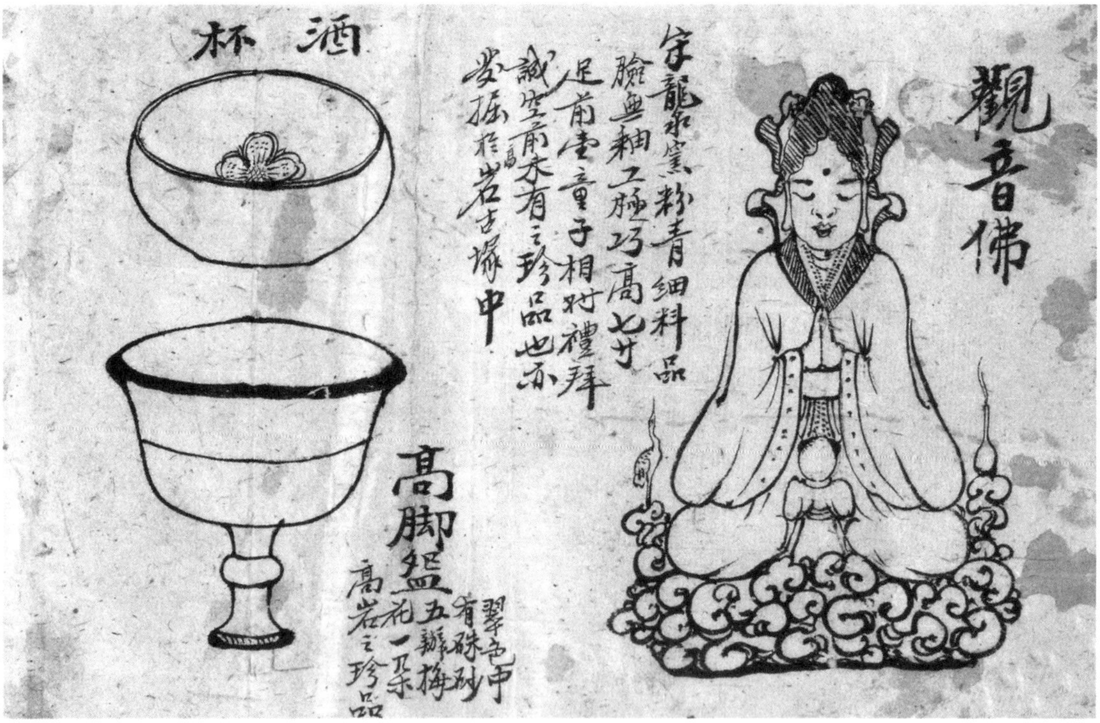

觀音佛

宋龍泉窑。粉青細料品，臉無釉。工極巧。高七寸。足前壹童子相對禮拜。誠空前未有之珍品也。亦發掘於高巖古塚中。

酒杯、高脚盌

翠色。中有硃砂五瓣梅花一朵。高巖之珍品。

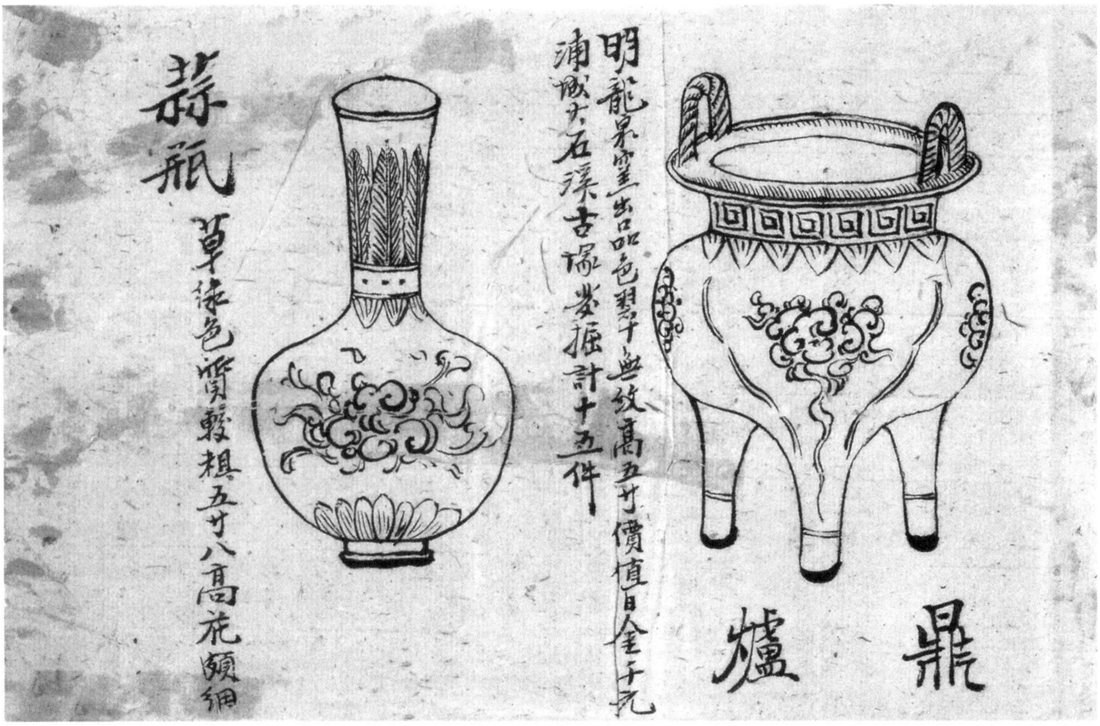
鼎爐
明龍泉出品色翠無紋高五寸價值日金千元
浦城大石溪古塚發掘計十五件
蒜瓶
草綠色質較粗五寸八高花頗細

鼎爐

明龍泉窑出品。色翠，無紋，高五寸。價值日金千元。浦城大石溪古塚發掘。計十五件。

蒜瓶

草綠色，質較粗，五寸八高，花頗細。

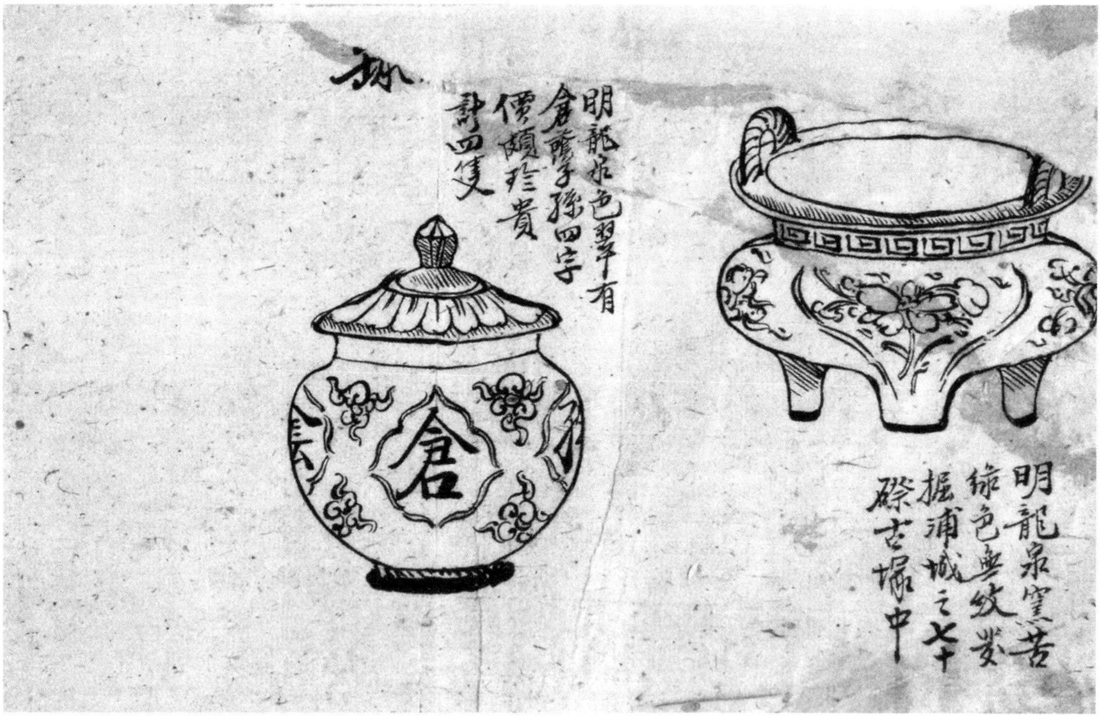

□□

明龍泉窑。苦綠色，無紋。發掘浦城之七十磜古塚中。

□□鉢

明龍泉。色翠。有『倉蔭子孫』四字。價頗珍貴。計四隻。

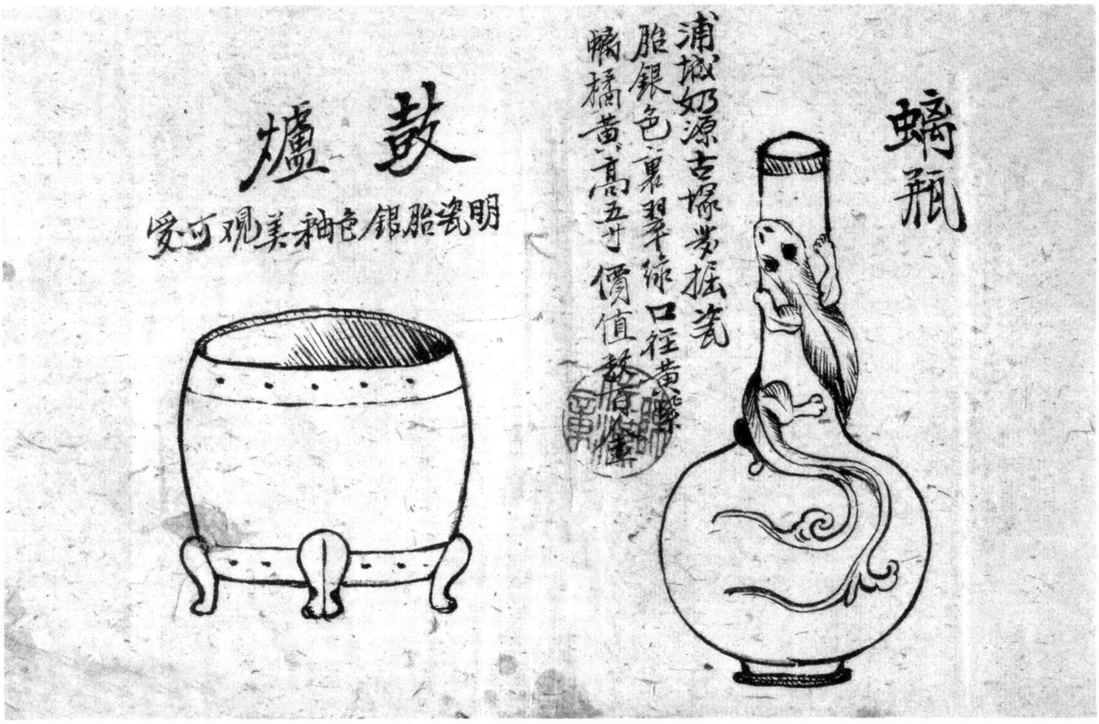

螭瓶

浦城奶源古塜發掘。瓷胎銀色裹翠緑，口徑黄紫，螭橘黄，高五寸。價值數百金。

鼓爐

明瓷。胎銀色釉，美觀可愛。

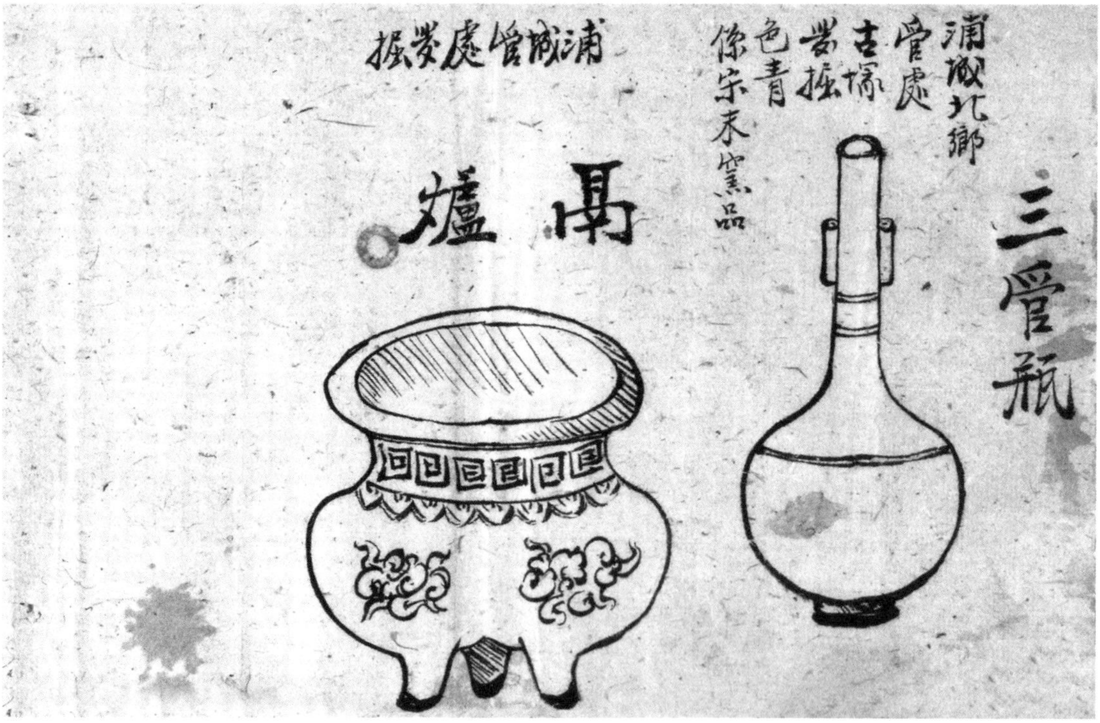
三管瓶
浦城北鄉管處古塚發掘色青係宋末窯品
鬲爐
浦城管處發掘

三管瓶

浦城北鄉管處古塚發掘。色青。係宋末窑品。

鬲爐

浦城管處發掘。

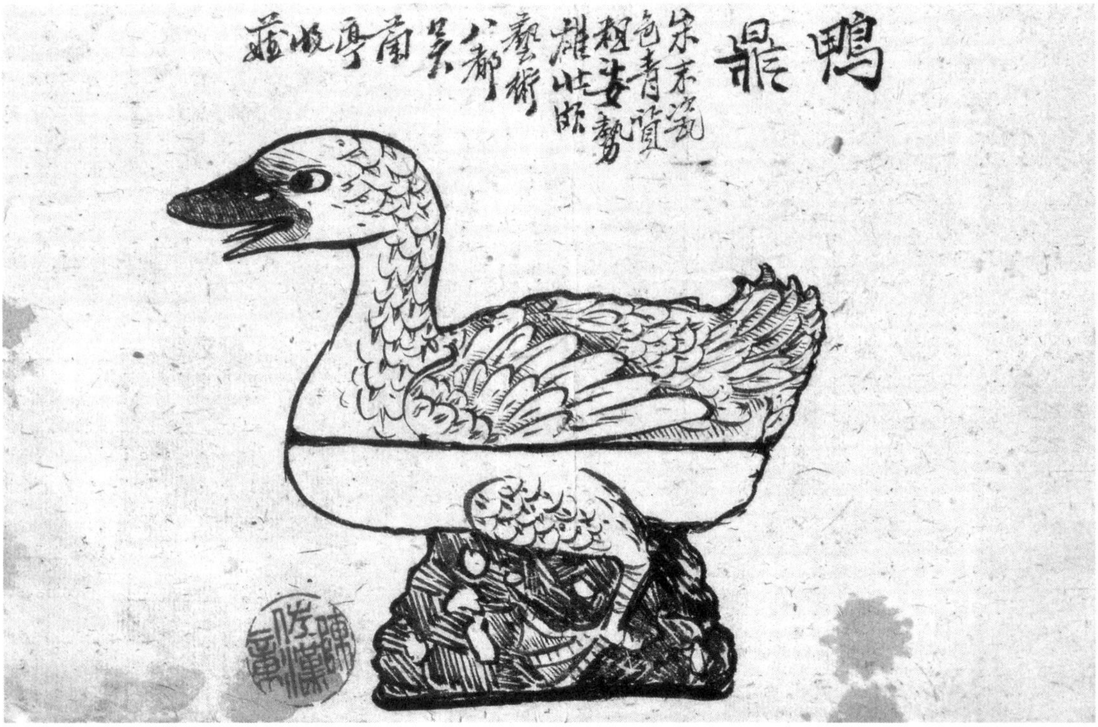

鴨鼎

宋末瓷。色青，質粗。姿勢雄壯頗藝術。八都吳蘭亭收藏。

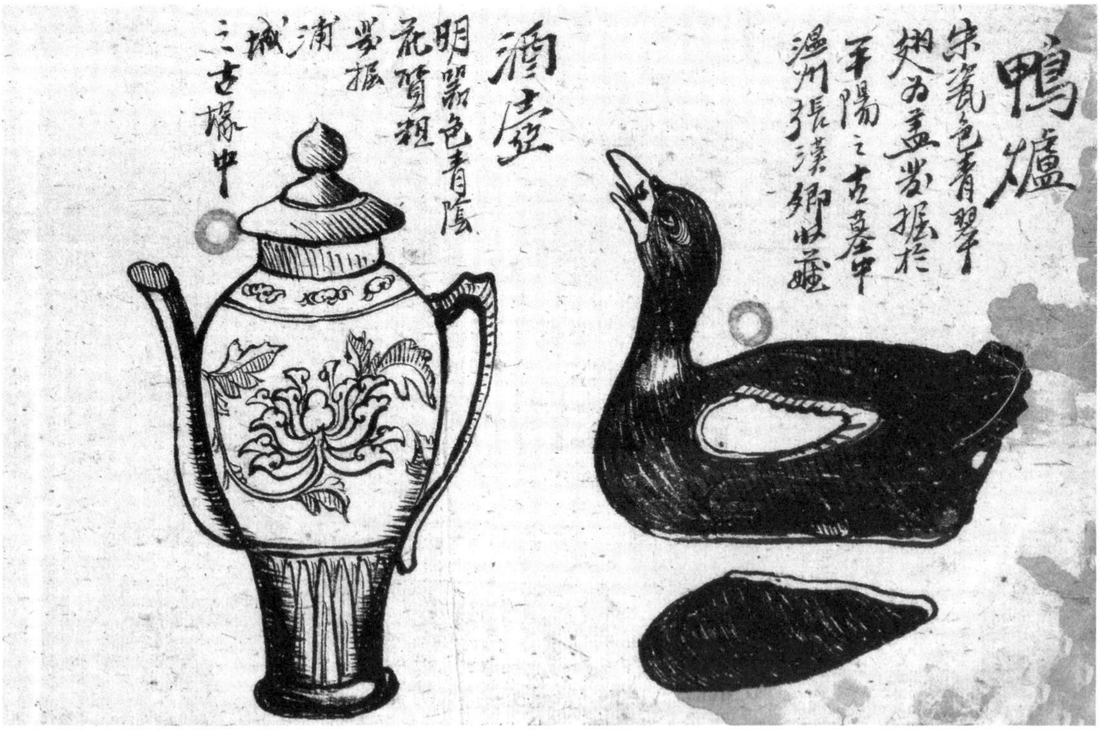
鴨爐
宋瓷色青翠
翅為蓋發掘於
平陽之古墓中
溫州張漢卿收藏
酒壺
明器色青陰
花質粗
發掘
浦
城
之古塚中

鴨爐

宋瓷。色青翠，翅為蓋。發掘於平陽之古墓中。
溫州張漢卿收藏。

酒壺

明器。色青，蔭花，質粗。發掘浦城之古塚中。

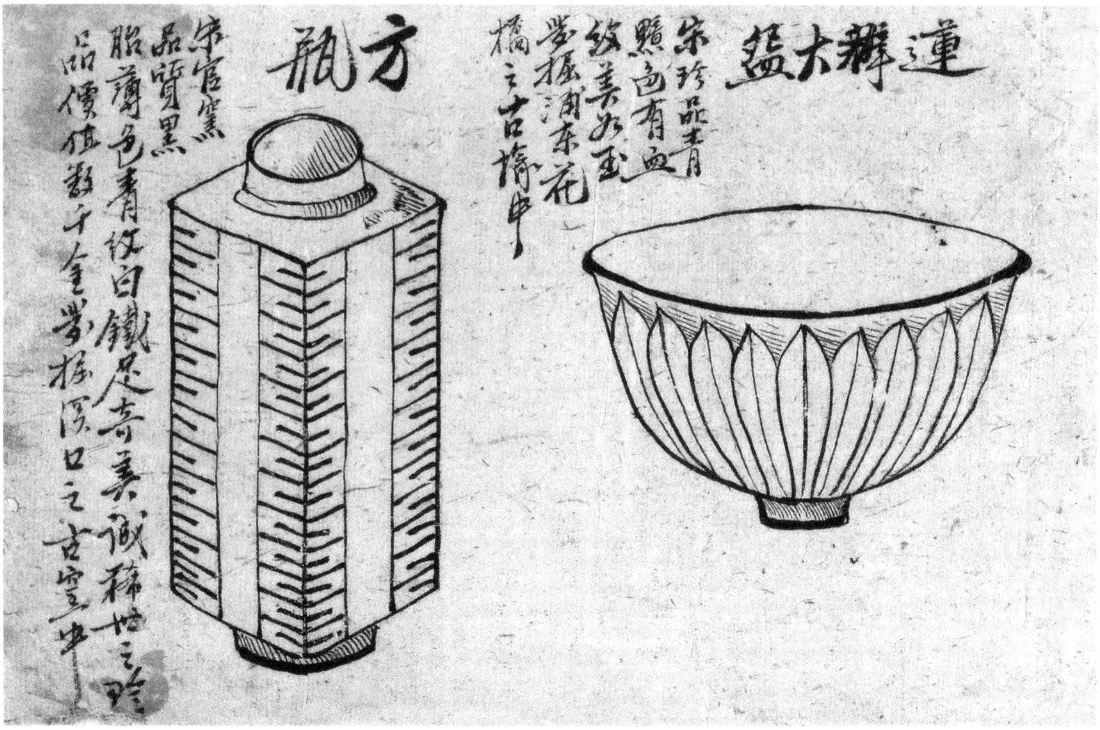

蓮瓣大碗

宋珍品。青黯色，有血紋，美如玉。發掘浦東花橋之古塚中。

方瓶

宋官窑品。質黑胎薄，色青紋白，鐵足奇美。誠稀世之珍品。價值數千金。發掘溪口之古窑中。

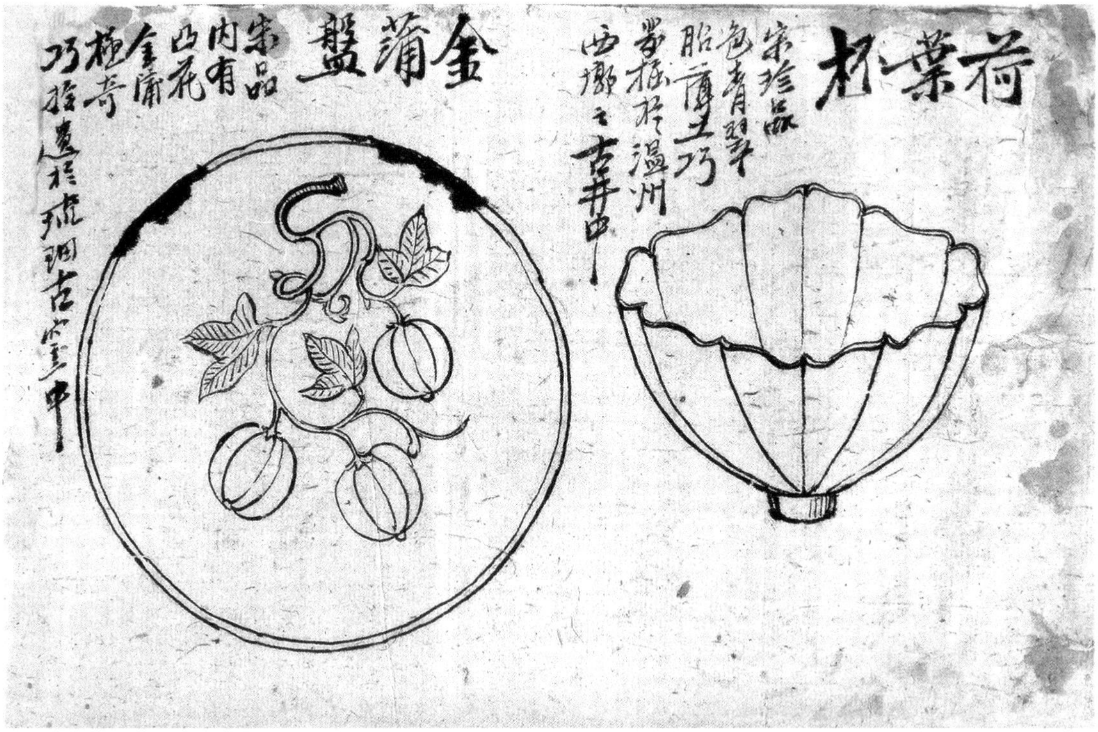

荷葉杯

宋珍品。色青翠，胎薄，工巧。發掘於溫州西墎之古井中。

金蒲盤

宋品。內有凸花金蒲，極奇巧。拾遺於琉田古窑中。

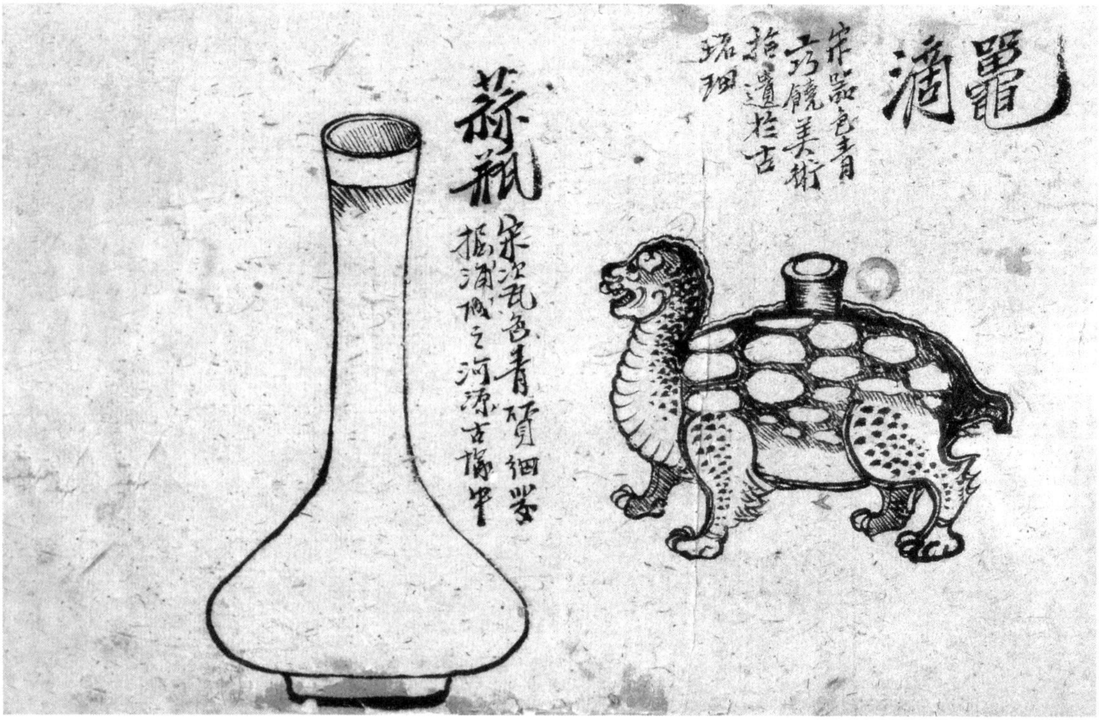

鼉滴

宋器。色青，工巧，饒美術。拾遺於古琉田。

蒜瓶

宋器。色青，質細。發掘浦城之河源古塚中。

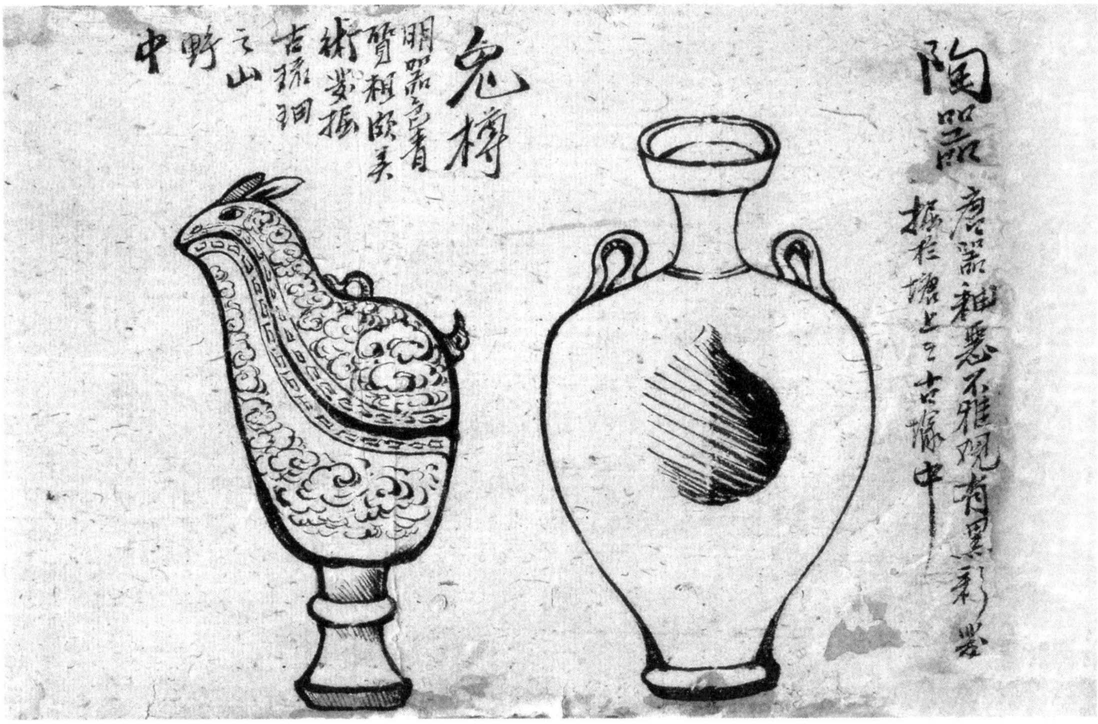

陶器

唐器。釉惡，不雅觀。有黑彩。發掘於塘上之古塚中。

兔樽

明器。色青，質粗，頗美術。發掘古琉田之山野中。

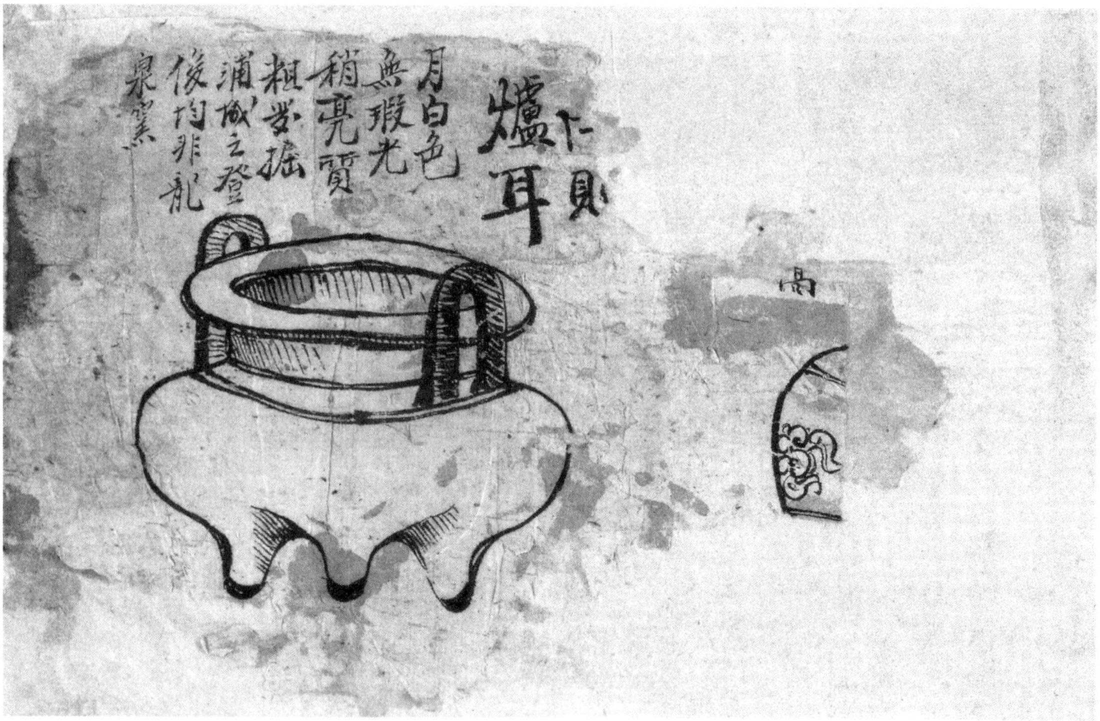

□□爐耳

月白色，無瑕，光稍亮，質粗。發掘浦城之登俊，均非龍泉窑。

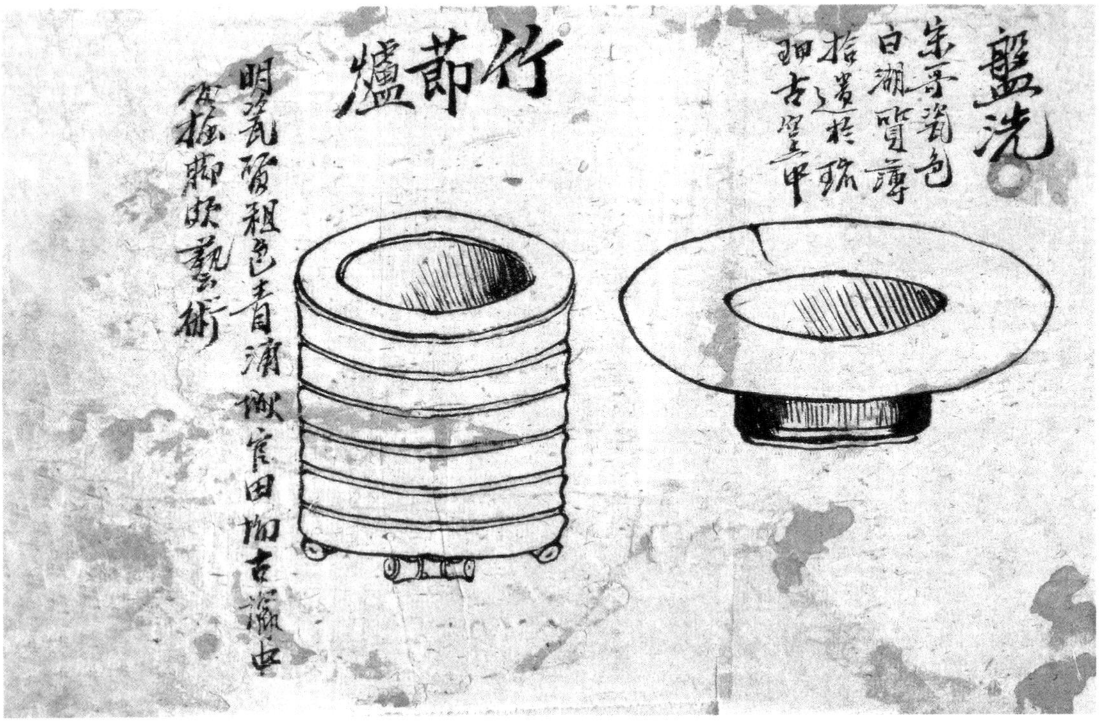

盤洗

宋哥瓷。色白湖，質薄。拾遺於琉田古窑中。

竹節爐

明瓷。質粗，色青。浦城官田場古塚中發掘。腳頗藝術。

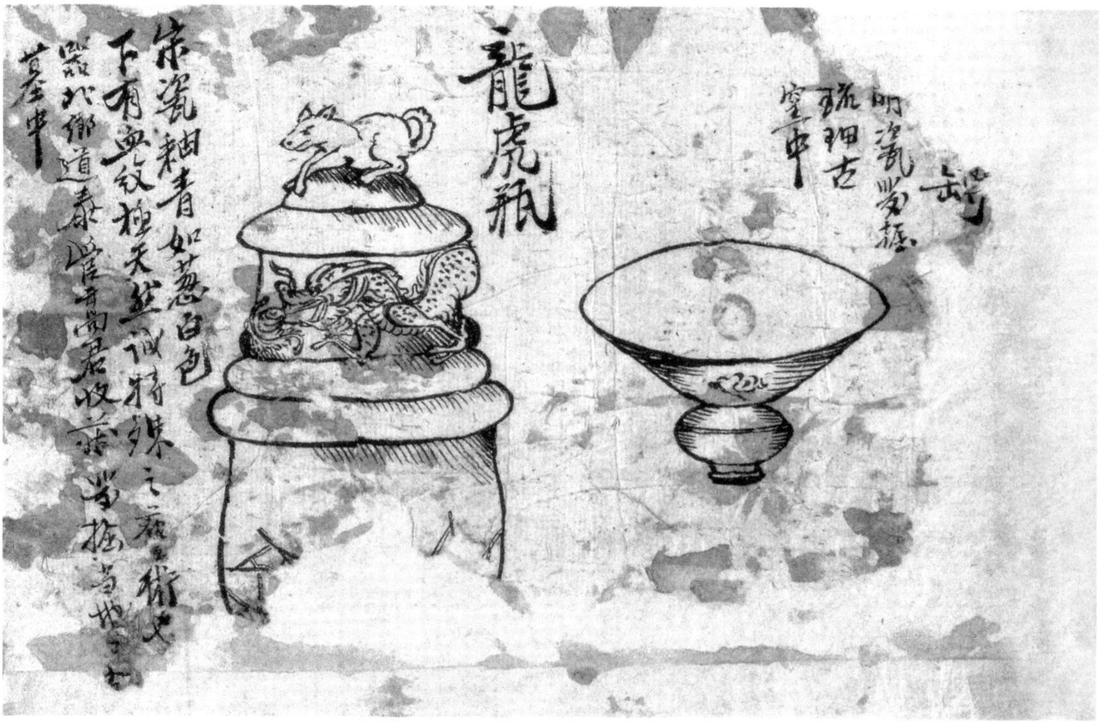

□□罇

明瓷。發掘琉田古窑中。

龍虎瓶

宋瓷。釉青如葱，白色下有血紋，極天然。誠特殊之藝術也。□器此鄉道泰管高君收藏。發掘當地之古墓中。

附錄四　龍泉青瓷詩

潘臣青著

龍泉青瓷詩序

龍泉自古燒窑之地，千年以來，代有名窑。自兩宋古龍泉窑、哥弟窑，明代之竹口、孫坑、安福等窑，正統間顧仕成窑，至民初瓷業工坊蔡氏窑，及廖氏仿古窑，以迄目今溪頭仿古窑，均有精美之出品。余生喜愛古瓷，二十八年避亂來龍，既朝夕多方購求，六七年間竟得四百餘件。乃經患難，散失十之二三。念收集之不易，而保存尤難也，爰將所藏之各名窑之瓷品，分類拍照留影，加以説明，又各賦以一詩。凡各品之中，於器用類，如瓶、爐、罐、洗、壺、盤、杯、碗；文具類，如筆筒、筆格、筆洗、硯臺、印盒、水注；造瓷工具，如頂鐘、火眼之類，種種略備。各器之胎骨，如白泥、黄土、紫泥、灰胎、厚薄鐵骨，其斷紋開片之各種形態，釉面淺深之各種彩色，花紋之分刻花、印花、劃花，款式如銅邊、燈芯邊、紫口、鐵足、朱砂底等等，亦均分别描述。至釉質有瑕疵者，如跳釉、縮釉、黏釉、麻瘌釉、鼻涕釉等；胎骨如有瑕疵者，如窑風、窑縫、茅篦、沖口，器面上之侵殘，如土蝕、土花，亦皆有述及。又器之殘破者，其胎骨釉彩能並臻神妙者，亦不删棄。瑕瑜並列，要爲詳供同好者之參考而已，此作圖咏之微意也。至於詩詞之工拙，固所不計。爲序。

涵青室主潘臣青題

雙盤

宋哥窑。白土，梅子綠，冰裂紋。
口徑十六・五，高六十四，底五・五。

黝黝梅綠古雙盤，冰裂紋凝玉色寒。
省識宋窑生一物，千秋琬琰等同看。

影青雙魚筆洗

明龍泉。白土，翠青，牛毛紋。
口二十三・五，高六，底十二。

釉色晶瑩翡翠青，汁含水眼幾星星。
劃花大洗明精品，底隱雙魚潑欲靈。

隱花梅尊

明龍泉。白土，葱翠青，蟹爪紋。梅瓶亦稱太白尊。
口四・六，高二十・二，底六，腹圍三十二。

恰稱寒梅插一枝，高齋清供最相宜。
玉瓶青艷天工巧，頸凸五英品更奇。

梅花杯

宋龍泉。黄泥胎，翠青，魚子紋。底心凸雕梅花花朵。
口八・二，高三・八，底二・六。

翠青取酌雅宜人，汲古情懷詩意新。
一朵梅花杯底見，幽香留得宋時春。

翠青瓷缸

宋龍泉。白土，淺翠青，百圾碎。底有一花押。底下劃有宋押一，在宋龍泉窑中少見的。

淺翠瓷缸百圾紋，朗然宋押底心存。
滿載春釀可三斗，寶用留傳貽子孫。

膽瓶

宋龍泉。黄泥胎，青褐，魚子牛毛紋。

紋裂牛毛釉氣磨，古瓶一日幾摩挲。
愛他火盡光芒斂，土蝕砂侵閱歲多。

描花大碗

宋龍泉。黄泥胎，青褐，魚子牛毛紋。或云唐瓷。

描花大碗赭泥胎，魚子繁紋細密開。
質薄體輕釉淺淡，一時製作費疑猜。

鼎爐

宋龍泉。白土，米黄，魚子紋。口十二·四，高十，腹圍四十。

百裂紋爐古色蒙，商彝夏鼎品高同。
焚香一卷文窗下，佐讀能添養氣功。

瓷硯 明龍泉。白土，釉綠，無紋。
徑十一，腹徑九，高二·三。

秦磚漢瓦端溪石，作硯無如此古瓷。
净綠春波渟不竭，千言日試助文思。

蓮蓬杯 宋哥窑。釉胎，油灰，細絡紋。

兩杯妙製肖蓮蓬，哥弟分陶技並工。
野酌應携湖上去，擘蓮佐飲醉荷风。

把杯 宋哥窑、弟窑。鐵骨，鱉裙色，蟹爪水沫紋，梅子青（各一）。

二難雙杯擅一時，千年完寶重尊彝。
弟陶純碧兄渾穆，相對幽然見古姿。

凸雕隱青筆筒 明龍泉。白土，翠青，魚子紋。

劃花隱隱青痕淺，百圾紋開細魚子。
古雅玉筒供插筆，小窗静對習王書。

梅花杯

宋龍泉。白土，米黄，蟹爪紋。底心凸雕梅花一朵。

琉璃滑淨瀉鵝黄，一點寒梅滴酒香。
古盞長傳春不老，介眉頌祝壽無疆。

膽瓶

明龍泉。白土，翠青，蟹爪紋。

晶光灩灩琉璃舍，湛碧瑩瑩翡翠城。
古艷膽瓶花作圍，一枝深插永鮮明。

羅針盤

宋龍泉。白土，翠青，蟹爪紋。隱花。

晶盤鏡澈淨無塵，翠色寒光慾照人。
蟹爪留紋深靜雅，影花秀媚有豐神。

小碗

宋弟窑。白土，豆青，魚子紋。蓮瓣底。

誰言生二陶無紋，久藴年深亦裂痕。
細閱此甌開片碎，與兄媲美兩難分。

雙魚洗 宋弟窑。白土，粉青，流水紋。底心浮雕雙魚。

粉青筆洗瑩如玉，釉隱疏疏流水紋。
顛倒雙魚浮底出，栩如慾活在清濆。

撇口杯 宋哥窑。白土，釉黄，蟹爪紋。

古杯撇口底傾斜，淺廓相宜品點茶。
清話遇來寒夜客，紅爐湯沸試新芽。

哥窑未熟釉鐵骨花瓶

鐵骨膽瓶釉未熟，擦泥括垢露胎真。
依稀開片仍隱見，千古遺留奇物神。

瓷器上之釉質，系屬石英類，白色者爲矽，紫綠色者爲石英，藍黄色者爲晶。研成細末後塗抹器上，用高熱度鎔解能成爲釉。火力不足，釉則不熟，但未熟之釉可以擦括盡淨而僅有其胎骨。哥窑開片，開在胚胎，故依然可見也。

酒尊瓶 宋龍泉。白土，釉黄，橘皮點。

釉黄靜穆古花尊，橘眼茸茸細點紋。
頸闊好花供一束，軒窗出韻嗅清芬。

雙魚盤

宋弟窑。白土，翠青，無紋。

雙魚出底閃鱗鱗，顛倒浮雕意態新。
釉浥嵐光成黛色，盤開月様見冰輪。

兩爐粘連

宋龍泉。白土，釉黄，蟹爪紋。口八・五，高六，底三・五。

三元桶式爐成對，粘釉相連妙不分。
蜜蠟輕黄瓷色麗，雙開蟹爪細裂紋。

鼓形扁香爐

明龍泉。白土，釉灰，無紋。口十九，高五・六，底心六・六。三足扁形香爐，實屬鮮見之。

扁圓匀淨古瓷爐，戰鼓形模矮脚扶。
灰暗釉光渾穆穆，爇香宜學坐禪枯。

蓮瓣攤邊碗

宋弟窑。白土，翠青，蟹爪紋。

葱倩玲瓏碧玉甌，弟陶遺寶歷千秋。
若同越翠紫青列，艷采精光足比儔。

蓮子碗 宋龍泉。白土，釉黄，牛毛紋。

釉色蒼蒼緑帶黄，橘皮小案淨無光。
慾求降火清心飲，一盞白菏蓮子湯。

大吉瓶 宋弟窑。白土，豆青，蟹爪紋。

瓶形大吉製尤奇，釉淨無暇碧玉姿。
供向慈雲大士座，香花奉插吉祥枝。

小盆 宋龍泉。灰胎，釉灰，牛毛紋。

釉灰暗釉色昏沉，器古黝然裂片深。
千載珍藏窑地久，瓷光多被土花侵。

小盆 宋弟窑。白土，翠緑，蟹爪紋，燈心邊。

滑潤圓和翠玉盆，精光耀艷緑氤氳。
邊圍細白燈蕊綫，别有技能識弟昆。

高足杯 宋龍泉。黄泥胎，釉黄，魚子紋。又稱馬上杯。

晶黄明耀琉璃胞，高足雙雙馬上杯。
爲客最難知友别，臨岐進酌餞新醅。

圓洗 明龍泉。白土，翠青，蟹爪紋。隱青花浮雕。

隱青圓洗淺浮雕，蟹爪紋開疏密條。
日注新泉濡秃穎，淋灕恣我快揮毫。

大碗 明龍泉。白土，米黄，魚子紋。

玉潤晶瑩釉色青，米黄大碗製彌精。
是應明仿章窑品，能手當推顧仕成。

印泥盒 明龍泉。白土，翠青，疏絡紋。

細細白絡裂紋輕，隱隱青花刻劃精。
珍貯艾泥八寶盒，硃紅相映倍鮮明。

小花瓶 宋弟窑。白土，豆青，無紋。

兩旁貫耳小晶瓶，釉色瑩瑩淺翠青。
折得幽蘭簪一朵，清芳譜入楚騷經。

膽瓶 宋哥窑。鐵骨，卵青（縮釉），魚子紋。

哥窑鐵骨瓶輕巧，古色斑斕別樣工。
滑滑涕流清如蠟，層層釉縮幻如龍。

美人肩花瓶 明龍泉。白土，豆綠，蟹爪紋。

盈盈側辨美人肩，淺綠浮雕態復妍。
好向粧臺陳作伴，仙花常蓄繡窗前。

盤 宋弟窑。白土，灰青，無紋。瑩然如碧玉，弟窑本色。

青灰釉潤如含澤，出土瑩然宜妙華。
珍品弟盤稀與匹，清純净潔玉無瑕。

蓮花瓣盤

宋弟窑。白土，卵白，無紋。

玉盤蓮瓣托中央，淺白新孵鴨卵光。
圓淨無紋具古色，弟陶窑器著名章。

直筒式爐

明龍泉。白土，灰綠，蟹爪紋。
直筒中心平底，外圍三脚懸吊，故俗稱吊脚爐。

直爐吊脚立如筒，釉綠斑斕等古銅。
默坐焚香思習靜，篆煙半榻證禪空。

高脚碗

宋龍泉。白土，豆綠，魚子紋。俗稱佛碗。

紋密釉滋綠色鮮，碗心隱隱劃花妍。
高裝柄足如登式，報食昇香供祀筵。

孔明碗

明龍泉。白土，釉黄，蟹爪紋。

凸腹皤然似鼓形，外容淺顯底空冥。
誰言食少用瞞敵，野語齊東太不經。

大碗 宋龍泉。白土，葱青，蟹爪紋。

清越淵聲一擊揚，葱青艷釉起流光。
團圓大碗留傳用，喜有三餐白粲香。

立瓜式壺 宋哥窑。白土，釉黄，蟹爪紋。

流黄耀翠色何殊，同樣瓜棱兩玉壺。
一片冰心相對冷，世情澄澈似澄湖。

鼎足水中丞 宋哥窑。鐵骨，未熟，細絡紋。

穩平鼎品水中丞，白絡紋纏細疊仌。
鐵骨薄胎工製巧，良才生一首稱能。

石榴水滴 宋龍泉。白土，梅子青。極可愛玩。

細巧身圓肖石榴，青瓷水滴碧油油。
閒中雅愛常供玩，注水簪花列案頭。

三山筆格
明龍泉。白土，翠緑。

昔人摶土工精巧，遺此玲瓏翡翠山。
賦就長言能擱筆，奇文並賞意悠閒。

油燈盞
明龍泉。白土，末綠。

綠釉燈盞淺平槽，豆點微光紅焰搖。
一卷常攤長作伴，書帷夜靜讀離騷。

印泥盒
宋龍泉。黄泥胎，翠青，蟹爪紋。刻花隱青，高大名貴。

摩挲愛有瑩瑩翠，展玩欣看縷縷紋。
玉盒外雕浮碧藻，硃泥内襯氾紅雲。

小花盒
明龍泉。白土，灰青。

花鉢圓圓形小巧，卻宜栽種石菖蒲。
瓷青葉翠幽堪賞，入畫描來博古圖。

直筒小香爐

宋弟窑。灰胎，灰青，牛毛紋。

直筒一寸小香爐，窄窄型纖訝特殊。
不炷沉檀插惠朵，幽清馨逸品高孤。

小碟

宋龍泉。黄泥胎，硃砂釉。

青瓷罕見硃砂釉，小碟鮮然出廢窑。
平底露出黄土質，作風細辨宋前朝。

各式花瓶

宋龍泉。白土，豆青。

珍重地藏幾百春，一朝出土物華新。
瓶尊大小花金屋，璀璨分形各具神。

各式酒鐘

宋龍泉。各式釉。

光瑩淨潔琉璃琖，明耀輕清琥珀鐘。
幾度糟壇爭角勝，古觴新注緑醅濃。

各式小碗　宋、明龍泉。各式釉。

玉案瑩瑩艷有光，鱔黄翠緑燦成行。
灰泥黄土分胎骨，一種良才各擅長。

各式小盤　宋、明龍泉。各式釉。

小盤艷艷列行齋，釉采紋痕恣品題。
胎骨詳分哥弟器，土花細驗宋明泥。

梅花杯　宋龍泉。白土，麻癩。

點點斑斑如麻癩，釉光盡掩色沉灰。
瑕疵古不被嫌棄，珍惜今無出土埃。

殘尊　宋哥窑。鐵骨，翠緑，白絡紋。

越瓷秘色千峰翠，柴器青於過雨天。
喜得哥窑遺妙品，兩尊釉彩各爭妍。

插花觚 宋哥窑。米黄釉。

搜奇喜得小殘觚，生一遺陶鐵骨粗。
靜穆幽然標格古，插花花韻也清孤。

各式殘器 宋哥窑。

梅綠荳青濃淡釉，兔絲橘絡淺深紋。
殘尊斷鼎並珍玩，哥弟名窑細辨分。

復窑小瓶 宋弟窑。白土，粉青。

復窑補舊小花瓶，釉色依然一抹青。
口頸天衣無縫合，誰人妙手續完玲。

碎瓷殘片 龍泉南鄉小梅鎮之大窑村，古名琉田。古窑基在該琉華山下。

幾曾過訪大窑村，遍覓遺基歷嶠雲。
碎玉當途隨俯拾，琉華遙仰古清芬。

魚罌形水盂　宋龍泉。白土，翠綠，蟹爪紋。

漁家生計在蒼波，魚罌形盂意若何。
日向研池供滴水，衹容潤筆並吟哦。

鰲魚筆格水注　宋龍泉。白土，釉黃，蟹爪紋。

筆格象山峰突兀，鰲魚吐水滴淋灕。
興來潑墨疲停管，一物用藏兩得宜。

八下大香爐　明龍泉。

徑尺香爐竹口窑，浮雕八下翠痕昭。
獸頭矮脚砞砂底，一代精工技足標。

隱花大盤　明龍泉。白土，鱔魚黃。

尺二大盤發耀光，劃花鮮映鱔魚黃。
良瓷古自孫坑出，薦果今宜列玉堂。

綠釉扁壺 明龍泉。白土，淡綠。

矮扁平元古製奇，青瓷繪藻綫絲絲。
一壺暖貯濃春酒，獨酌微吟靜舉卮。

雅花尊 宋龍泉。白土，釉黃，棕眼水沫紋。

細沫星星水沫紋，淡黃釉色雅花尊。
宋窑式仿姬周款，器靜幽幽浥古芬。

殘葵花洗

鮮明翠綠葵花洗，神物殘留得半餘。
巧奪天工人補缺，白金熔製嵌雙魚。

浮雕暗八仙灰青平心杯 明龍泉。白土，灰青，無紋。

精奇杯子號平心，一管中央矗立森。
注滿流從杯孔盡，物因滿損借規箴。

小印盒

明龍泉。白土，青褐色，黏釉。

底蓋相連黏釉密，封泥小盒有幽情。
雕荷盒面涵深義，和合萬年祝太平。

酒尊

宋龍泉。黄泥胎，米黄掛釉，魚子紋。

米黄花尊古色幽，黄泥骨底體輕浮。
露胎隙處呈奇跡，掛釉渾如鼻涕流。

弟窑杯

銀鑲。

瑩瑩純碧弟窑鍾，珍惜邊緣黏釉重。
喜有人工擅補拙，精鑲金屬紉雲龍。

哥窑花瓶

鑲金銀。

哥窑妙品尠完玲，一種遺珍鐵骨瓶。
金質裝鑲還整物，玲瓏式巧見輕靈。

哥窑插花小壺

哥窑奇製插花壺，數口環將一口扶。
遍插好花周器面，飄香垂影散流蘇。

各式小碟 八隻。

諸般小碟體纖妍，淺翠深黄釉色鮮。
分歷案頭光悦目，古芬清浥興悠然。

釉黄鐵骨膽瓶

古瓶黄亮玻璃釉，輕脆纖妍照眼新。
鐵足紫胎神物罕，邊雖茅剝亦奇珍。

各式印泥盒 七隻。印盒小者爲貴，小盒大片爲上，大盒小片爲次。

匀和圓凈玉瓏玲，印盒多般款色同。
紋密紋疏皆有致，釉綠釉黄映硃紅。

各式攤邊盤

攤邊體厚裂紋疏，盤底粗雕雙鯉魚。
古物遺傳今實用，春菘秋韭薦時蔬。

各式小粉缸 五隻。

浥翠涵青靜不濃，珠函玉匣出塵封。
小缸雖是妝臺具，調粉耑爲悦己容。

各式蔗段洗

文章日愁臻佳境，古洗妙模蔗段型。
紋具牛毛兼魚子，釉分果緑與葱青。

各式大小水中丞 二十餘件。水盂者，謂水丞、水滴、水注。

豆緑米黄釉采美，牛毛蟹爪骨紋奇。
水丞大小分行列，明宋珍瓷集一時。

图书在版编目（CIP）数据

哥窑与弟窑 / 徐渊若著. -- 杭州 : 西泠印社出版社, 2014.7
ISBN 978-7-5508-1070-9

Ⅰ. ①哥… Ⅱ. ①徐… Ⅲ. ①哥窑—介绍 Ⅳ. ①K878.5

中国版本图书馆CIP数据核字(2014)第051165号

哥窑与弟窑

徐渊若 著 江興祐 整理

出品人 江吟
责任编輯 侯輝
責任出版 李兵
裝幀設計 王欣
出版發行 西泠印社出版社
地址 杭州市西湖文化廣場32號E區5樓
郵編 三一〇〇一四
經銷 全國新華書店
印刷 浙江海虹彩色印務有限公司
製版 杭州如一圖文製作有限公司
開本 787mm×1092mm 1/16
印張 二十點二五
印数 00 001-3 000
書號 ISBN 978-7-5508-1070-9
版次 二〇一四年七月第一版 第一次印刷
定價 捌拾圓